ENZYKLOPÄDIE
DEUTSCHER
GESCHICHTE
BAND 19

ENZYKLOPÄDIE
DEUTSCHER
GESCHICHTE
BAND 19

HERAUSGEGEBEN VON
LOTHAR GALL

IN VERBINDUNG MIT
PETER BLICKLE,
ELISABETH FEHRENBACH,
JOHANNES FRIED,
KLAUS HILDEBRAND,
KARL HEINRICH KAUFHOLD,
HORST MÖLLER,
OTTO GERHARD OEXLE,
KLAUS TENFELDE

BAUERN
1648 – 1806

VON
WERNER TROSSBACH

R. OLDENBOURG VERLAG
MÜNCHEN 1993

Die Deutsche Bibliothek - CIP-Einheitsaufnahme

Enzyklopädie deutscher Geschichte / hrsg. von Lothar Gall in Verbindung mit Peter Blickle ... - München: Oldenbourg.

ISBN 3-486-53691-5
NE: Gall, Lothar [Hrsg.]

Band 19. Trossbach, Werner: Bauern 1648-1806. - 1993

Trossbach, Werner:
Bauern 1648-1806 / von Werner Trossbach. - München: Oldenbourg, 1993
(Enzyklopädie deutscher Geschichte; Bd. 19)
ISBN 3-486-55055-1 brosch.
ISBN 3-486-55056-X Gewebe

© 1993 R. Oldenbourg Verlag, München

Das Werk einschließlich aller Abbildungen ist urheberrechtlich geschützt. Jede Verwertung außerhalb der Grenzen des Urheberrechtsgesetzes ist ohne Zustimmung des Verlages unzulässig und strafbar. Das gilt insbesondere für Vervielfältigungen, Übersetzungen, Mikroverfilmungen und die Einspeicherung und die Bearbeitung in elektronischen Systemen.

Umschlaggestaltung: Dieter Vollendorf, München

Gesamtherstellung: R. Oldenbourg Graphische Betriebe GmbH, München

ISBN 3-486-55056-X geb.
ISBN 3-486-55055-1 brosch.

Vorwort

Die „Enzyklopädie deutscher Geschichte" soll für die Benutzer – Fachhistoriker, Studenten, Geschichtslehrer, Vertreter benachbarter Disziplinen und interessierte Laien – ein Arbeitsinstrument sein, mit dessen Hilfe sie sich rasch und zuverlässig über den gegenwärtigen Stand unserer Kenntnisse und der Forschung in den verschiedenen Bereichen der deutschen Geschichte informieren können.

Geschichte wird dabei in einem umfassenden Sinne verstanden: Der Geschichte der Gesellschaft, der Wirtschaft, des Staates in seinen inneren und äußeren Verhältnissen wird ebenso ein großes Gewicht beigemessen wie der Geschichte der Religion und der Kirche, der Kultur, der Lebenswelten und der Mentalitäten.

Dieses umfassende Verständnis von Geschichte muß immer wieder Prozesse und Tendenzen einbeziehen, die säkularer Natur sind, nationale und einzelstaatliche Grenzen übergreifen. Ihm entspricht eine eher pragmatische Bestimmung des Begriffs „deutsche Geschichte". Sie orientiert sich sehr bewußt an der jeweiligen zeitgenössischen Auffassung und Definition des Begriffs und sucht ihn von daher zugleich von programmatischen Rückprojektionen zu entlasten, die seine Verwendung in den letzten anderthalb Jahrhunderten immer wieder begleiteten. Was damit an Unschärfen und Problemen, vor allem hinsichtlich des diachronen Vergleichs, verbunden ist, steht in keinem Verhältnis zu den Schwierigkeiten, die sich bei dem Versuch einer zeitübergreifenden Festlegung ergäben, die stets nur mehr oder weniger willkürlicher Art sein könnte. Das heißt freilich nicht, daß der Begriff „deutsche Geschichte" unreflektiert gebraucht werden kann. Eine der Aufgaben der einzelnen Bände ist es vielmehr, den Bereich der Darstellung auch geographisch jeweils genau zu bestimmen.

Das Gesamtwerk wird am Ende rund hundert Bände umfassen. Sie folgen alle einem gleichen Gliederungsschema und sind mit Blick auf die Konzeption der Reihe und die Bedürfnisse des Benutzers in ihrem Umfang jeweils streng begrenzt. Das zwingt vor allem im darstellenden Teil, der den heutigen Stand unserer Kenntnisse auf knappstem Raum zusammenfaßt – ihm schließen sich die Darlegung und Erörterung der Forschungssituation und eine entsprechend gegliederte Auswahlbibliographie an –, zu starker Konzentration und zur Beschränkung auf die zentralen Vorgänge und Entwicklungen. Besonderes Gewicht ist daneben, unter Betonung des systematischen Zusammenhangs, auf die Abstimmung der einzelnen Bände untereinander, in sachlicher Hinsicht, aber auch im Hinblick auf die übergreifenden Fragestellungen, gelegt worden. Aus dem Gesamtwerk lassen sich so auch immer einzelne, den jeweiligen Benutzer besonders interessierende Serien zusammenstellen. Ungeachtet dessen aber bildet jeder Band eine in sich abgeschlossene Einheit – unter der persönlichen Verantwortung des Autors und in völliger Eigenständigkeit gegenüber den benachbarten und verwandten Bänden, auch was den Zeitpunkt des Erscheinens angeht.

Lothar Gall

Inhalt

Vorwort des Verfassers ... IX

I. Enzyklopädischer Überblick ... 1
1. Krieg und Konjunktur – wirtschaftliche Voraussetzungen ... 1
2. Herrschaft und Aneignung ... 6
   2.1 Strukturen der Aneignung ... 6
   2.2 Herrschaft und Gemeinde ... 20
      2.2.1 Gemeindeversammlung ... 21
      2.2.2 Gericht und Gemeinde ... 23
      2.2.3 Gemeindeeigentum ... 25
      2.2.4 Gemeindeämter ... 27
      2.2.5 Kirchengemeinde ... 29
3. Determinanten ländlicher Sozialstruktur ... 31
   3.1 Erbschaft und Übergabe ... 31
      3.1.1 Geschlossene Vererbung ... 33
      3.1.2 Realteilung ... 35
   3.2 Soziale Schichtung ... 36
4. Aufklärung und Agrarreformen ... 44

II. Grundprobleme und Tendenzen der Forschung ... 51
1. Einleitung ... 51
2. „Naturale Ökonomie" – wirtschaftshistorische Ansätze ... 53
   2.1 Hunger und Essen ... 54
   2.2 „Nahrungsgrenzen", Landhandwerk, Wanderarbeit ... 55
   2.3 Protoindustrialisierung und Protoindustrie ... 58
   2.4 „Subsistenzwirtschaft" oder „Bauernkapitalismus"? ... 64
   2.5 Frauen- und Männerarbeit: Zwischen Wirtschaftsgeschichte und Geschlechterforschung ... 71
   2.6 Die Wiederkehr der Kulturgeschichte ... 77
3. „Herrschaft, Landschaft und Protest" – politikgeschichtliche Ansätze ... 78

4. „Haus" und „Gemeinde" – sozialgeschichtliche Zugriffe	88
4.1 Das „ganze" Haus	88
4.2 Gemeinde als Lebensform	101
5. Zusammenfassung: Faktoren des Wandels und der Beharrung	113

III. Quellen und Literatur 117
   A. Quellen 117
   B. Literatur 119
     0. Allgemeine Darstellungen (zeitlich und räumlich übergreifend) 119
     1. Historiographie, Theorie 120
     2. Kriege, Konjunkturen und Wirtschaftsweisen . . . 121
       2.1 Kriege, Militär und ländliche Gesellschaft 1648–1789 (darin auch: Folgen des Dreißigjährigen Krieges) 121
       2.2 Agrarkonjunkturen, bäuerliche Wirtschaftsweisen 123
       2.3 „Nebengewerbe", Protoindustrialisierung 125
       2.4 Geschlechtsspezifische Arbeitsteilung 127
     3. Herrschaft und Aneignung 128
       3.1 Strukturen der Aneignung 128
       3.2 Politische Strukturen: Herrschaft, Landschaft und Gemeinde 131
     4. Determinanten der Sozialstruktur 133
       4.1 Das „ganze" Haus 133
       4.2 Soziale Schichtung 137
     5. Gemeindeleben und Volkskultur 139
     6. Aufklärung und Agrarreformen 142

Abbildungsnachweis 145
Register 147
Themen und Autoren 157

MARIA JAHN ZUM GEDÄCHTNIS

Vorwort des Verfassers

Eine Geschichte der bäuerlichen Gesellschaft steht „naturgemäß" in engem Zusammenhang mit der Geschichte der Landwirtschaft. Anbauverhältnisse z. B. bilden Voraussetzungen für das Zusammenleben in den Dörfern, Agrarkonjunkturen wirken sich auf die gesellschaftliche Stellung und die politischen Möglichkeiten einer Bauernschaft aus. Doch liegt die Geschichte der Landwirtschaft nicht im Zentrum dieses Bandes; sie wird – auf den Gesamtzeitraum der Frühen Neuzeit bezogen (1500–1800) – von Walter Achilles in Band 10 der EdG behandelt. Gleiches gilt für die immer mehr an Bedeutung gewinnenden Ergebnisse der Historischen Demographie. Sie werden in einem weiteren Band der EdG von Christian Pfister dargestellt.

In dem vorliegenden Band werden Grundlinien einer „Gesellschaftsgeschichte der Bauernschaft" vorgestellt, die rechtliche und soziale, aber auch politische und kulturelle Aspekte umgreift. Insbesondere die sozialen Verhältnisse und ihre Veränderungen sind freilich nicht ohne Rückgriff auf wirtschaftliche Voraussetzungen und demographische Daten zu erfassen. Insofern werden Einzelaspekte auch dieser Bereiche in der Darstellung angesprochen. Freilich wird hier die Ansicht vertreten, daß die Geschichte der ländlichen Gesellschaft weder durch die Geschichte der Landwirtschaft noch durch die Geschichte ländlicher „Bevölkerungsweisen" eindeutig determiniert ist.

Schon die regionale Vielfalt sozialer und kultureller Ausdrucksformen steht der Annahme einer solchen Determinierung entgegen. Sie in einer Überblicksdarstellung adäquat berücksichtigen zu wollen, wäre gleichwohl ein aussichtsloses Unterfangen. Insofern müssen regionale Schwerpunkte gesetzt werden, die wiederum vom neueren Forschungsstand vorgegeben sind. Es ist nicht zu vermeiden, daß verschiedene Regionen des Heiligen Römischen Reiches in den verschiedenen Bereichen des Themas ungleichgewichtig vertreten sind. Da die Betrachtung sich primär auf Themen und nicht auf Regionen bezieht, werden bisweilen, vor allem im „Enzyklopädischen Überblick" (Teil I), Kausalzusammenhänge aufgelöst, die freilich in der Diskussion des Forschungsstandes (Teil II) wenigstens teilweise wiederhergestellt werden.

Zudem ist zu bedenken, daß „bäuerliche Gesellschaft" nicht allein auf „Landwirtschaft" bezogen ist. Vielmehr stellt sie im Untersuchungszeitraum einen (quantitativ überwältigenden) Ausschnitt aus der Gesamtgesellschaft dar. Dementsprechend hat sie sich Impulsen „von außen" zu stellen. Insofern müssen hier z. B. auch Protoindustrialisierung bzw. Protoindustrie, obwohl sie von Wilfried Reininghaus (EdG 6) einer vorzüglichen systematischen Analyse unterzogen worden sind, in ihren besonderen Auswirkungen auf ländliche Lebensweisen noch einmal aufgegriffen werden. Auch Aspekte von Religiosität und Konfessionalität konnten nicht ganz ausgeklammert werden. Für den Gesamtzusammenhang sei jedoch auf die entsprechenden Bände verwiesen (vgl. S. 157–159).

Das Grundanliegen des Bandes „Bauern 1648–1806" besteht darin, die ländliche Gesellschaft dieses Zeitraums als einen flexiblen, lebendigen Organismus zu begreifen, der einen entscheidenden Beitrag zum gesamtgesellschaftlichen Wandel leistet, sich aber auch – begleitet von erheblichen sozialen und mentalen Verwerfungen – gegen „äußere" Bedrängnisse zu behaupten weiß.

Ein Buch kann nicht entstehen, wenn das „Umfeld" nicht stimmt. Zuerst danke ich meiner Frau Maria und meinem Sohn Anton, die meine körperliche Abwesenheit ertragen mußten und darauf achteten, daß die geistige nicht überhand nahm. Meine Witzenhäuser Freunde und Kollegen, allen voran Siawuch Amini und Michael Fremerey, gewährten mir in schwierigen Situationen „Schutz und Schirm" und sorgten dafür, daß vor allem in der Endphase ein nahezu störungsfreies Arbeiten möglich wurde. Meinen besonderen Dank möchte ich den Beschäftigten der Witzenhäuser agrarwissenschaftlichen Bibliothek, in erster Linie Frau Hein und Frau Zunker, abstatten, die meinen massiven und „fachfremden" Bestellungen mit freundlicher Kompetenz und steter Hilfsbereitschaft begegneten. Für wertvolle fachliche Unterstützung danke ich vor allem „meinem" Teilherausgeber, Herrn Prof. Dr. Peter Blickle, der das Manuskript mehrfach und gründlich geprüft und mit Rat und Ermunterung nicht gespart hat. Mein Dank gilt auch dem Gesamtherausgeber der Reihe, Herrn Prof. Dr. Lothar Gall, und Herrn Dr.

Adolf Dieckmann für eine ebenso gründliche wie einfühlsame Lektoratsarbeit. Bei der Ausfertigung des Registers hat Frau Dipl.-Ing. agr. Martina Schaub geholfen.

Widmen möchte ich dieses Buch dem Gedenken an meine Schwiegermutter Maria Jahn, die im Januar 1992 nach einem Leben voller rastloser Arbeit und bäuerlicher Selbstbehauptung einem Herzinfarkt erlegen ist.

Magdlos, im August 1992

I. Enzyklopädischer Überblick

1. Krieg und Konjunktur – wirtschaftliche Voraussetzungen

Am Anfang unseres Untersuchungszeitraums stand das Land noch unter dem Eindruck der Folgen, die der Dreißigjährige Krieg hinterlassen hatte. Die Kriegsschäden waren von Region zu Region extrem unterschiedlich. Beinahe unversehrt überstanden die Gebiete im Nordwesten des Reiches um Oldenburg den Krieg, da es der Fürst von Oldenburg verstanden hatte, sein Land aus dem Krieg herauszuhalten. Die Schweiz und auch Teile der anderen Alpenländer erlebten regelrecht eine kriegsbedingte Prosperität. Am furchtbarsten heimgesucht waren dagegen neben den Ostsee-Anrainerländern Mecklenburg und Pommern die Kernlande des Reiches – Thüringen, Franken, die Pfalz, die Wetterau und Schwaben. In der Feste Coburg z. B. betrug der Menschenverlust mancherorts mehr als 90%. Auch in Oberschwaben, im Gebiet um die mehrfach umkämpften Städte Ulm und Augsburg, sah es ähnlich aus: „Die Felder waren mit Unkraut überwuchert, aus fruchtbaren Äckern waren verwilderte Waldstücke geworden … Die Bevölkerung auf dem Land hatte durch Krieg, Auswanderungen und vor allem durch die Pest so stark abgenommen, daß kaum mehr genügend Menschen für die notwendige Aufbauarbeit in den Dörfern lebten. In Thalfingen bei Ulm lebten nach dem Krieg nur noch drei Personen" [ZILLHARDT].

Allerdings täuscht auch eine regional differenzierte Aufstellung, wie sie in der Karte (S. 2) vorgenommen wurde, noch immer über die genaue Verteilung der Verluste hinweg. Oft lagen selbst in den schwer betroffenen Gebieten Dörfer mit entsetzlichen Verlusten neben solchen, in denen es nicht zum Schlimmsten gekommen war. Insbesondere entlang der großen Heerstraßen, im Einzugsbereich umkämpfter Städte hatten auch die Dörfer am meisten zu leiden, während das „Hinterland" nicht selten verschont blieb. Dennoch ist nicht zu leugnen, daß unmittelbar nach dem Krieg ganze Regionen unter dem Trauma enormer Bevölkerungsverluste standen.

„Das große Sterben" – regionale Unterschiede

„Das große Sterben" – am stärksten betroffene Gebiete

Schlimmste Verwüstungen entlang den Heerstraßen

2　I. Enzyklopädischer Überblick

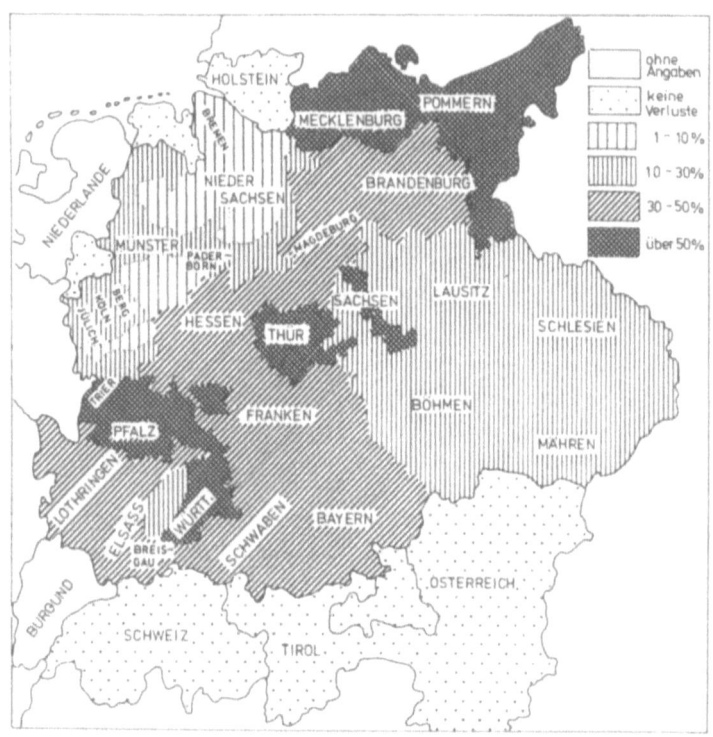

[nach 52: FRANZ, Krieg, 8]

Zuwanderer nach 1648

In vielen Territorien waren sie jedoch überraschend schnell ausgeglichen. Freilich gab es auch Landstriche, z. B. im Südwesten Thüringens, wo die Bevölkerungszahl erst gegen Ende des 18. Jahrhunderts, manchmal sogar erst später wieder den Vorkriegsstand erreichte. Die insgesamt jedoch erfreuliche Entwicklung war zu einem Gutteil einer Einwanderungswelle zuzuschreiben, die unmittelbar nach dem Krieg einsetzte. Nicht zuletzt aus der übervölkerten Schweiz strömten Neusiedler in die menschenleeren Gebiete, vor allem ins Elsaß, nach Baden, in die Pfalz, die Wetterau, sogar bis an den Niederrhein. Ein weiteres Kontingent stellten Flamen und Wallonen, sie gelangten sogar bis nach Mainfranken. In den protestantischen Gebieten Frankens wurden österreichische Religionsemigranten aufgenommen, von „mindestens 150000" ist die Rede, während nach Württemberg und ins Allgäu vorwiegend Tiroler kamen. Freilich galten solche günstigen Verhältnisse zumeist für grund-

1. Krieg und Konjunktur

herrschaftliche Gebiete. Neben Franken sind oberrheinische Territorien, aber auch Länder der „nordwestdeutschen Grundherrschaft" (Schaumburg-Lippe, Braunschweig, Halberstadt) zu nennen. Die geringere Geschwindigkeit des Wiederaufbaus in den Ländern der „extremen Gutsherrschaft" hingegen ist nicht auf das Fehlen von „Menschen schlechthin" zurückgeführt worden, sondern von „Menschen, die willens waren, sich in das schwere Joch der Leibeigenschaft spannen zu lassen" [BERTHOLD]. Auch in der Mark Brandenburg erwies sich die überkommene Agrarstruktur als hinderlich, wenngleich dort in größerem Umfang Zuwanderer, vor allem aus den Niederlanden, zur Ansiedlung bewegt werden konnten. Die Neusiedler blieben in der Regel allerdings von gutsherrschaftlichen Zwängen verschont.

In grundherrschaftlichen Gebieten kam die Erholung eher

Im Rückblick kann diese Aufnahme als Auftakt für eine gezielte „Peuplierungspolitik" erscheinen, die in Brandenburg-Preußen mit der Aufnahme der Hugenotten (1685), der Salzburger Emigranten in Ostpreußen (1733) sowie in der Kolonisierung des Oderbruchs unter Friedrich II. adäquat fortgesetzt wurde. Auch andere Territorien, z.B. das kalvinistische Hessen-Kassel, erwarben sich mit der Aufnahme von Hugenotten – in eigens gegründeten Dörfern – Verdienste. Andernorts – so im lutherischen Württemberg – wurden Zuwanderer aber schon kurz nach 1648 durch die geringe religiöse Toleranz der Behörden abgeschreckt.

„Peuplierungspolitik"

Als längerwirkende Folge des Dreißigjährigen Krieges ist vereinzelt festgehalten worden, daß sich der verbliebenen Bevölkerung angesichts der Haus- und Feldwüstungen die Möglichkeit des sozialen Aufstiegs geboten habe. Für einzelne Gebiete in Thüringen und Sachsen hat FRANZ ein „Verwischen der ständischen Grenzen im Bauerntum" erkennen können. Für das bayerische Gericht Landsberg ist errechnet worden: „56% aller 1671 ... erfaßten Anwesenbesitzer waren durch einen Kaufvertrag auf ihre Hofstelle gekommen. ⅕ hatte die Witwe oder Tochter des Vorbesitzers geheiratet, und nicht ganz ein Viertel der Haushaltsvorstände war durch Übergabe in den Besitz des Anwesens gelangt" [SCHLÖGL]. Zwar ist damit festgestellt, daß die Besitzverhältnisse in Bewegung geraten waren, andererseits ist hinzuzufügen, daß verschiedene Höfeklassen unterschiedlich davon betroffen waren. Im Gericht Landsberg wechselten 65% der großen Höfe durch Erbschaft bzw. Heirat den Besitzer. Ein anderes Bild ergibt sich bei den Kleinstellen, den Sölden oder Häusel. 70% von ihnen waren zwischen 1648 und 1671 mindestens einmal verkauft, nur 30% waren ererbt oder erheiratet worden.

Kriegsfolgen: sozialer Aufstieg?

Ähnlich war die Entwicklung der Besitzverhältnisse im Gebiet des Klosters Heilsbronn bei Nürnberg. Reichere Bauern hatten offenbar nicht nur größere Überlebenschancen, sie konnten auch Vorräte und Geld im Krieg eher verstecken, vereinzelt sogar, wie aus dem Klosteramt Heilsbronn überliefert, wenn sie Überschüsse produzierten, bescheidene Kriegsgewinne verbuchen. Der Einfluß des Krieges auf die ländliche Sozialstruktur wird in der Sicht neuerer Arbeiten geringer veranschlagt, als FRANZ es noch tat; dies wird nicht zuletzt als Zeichen für die Vitalität der Agrarverfassung gewertet, die sich schon vor dem Krieg herausgebildet hatte.

Zur Bewahrung der ländlichen Strukturen trug vielerorts auch die Politik von Grund- und Landesherren bei. Neusiedlern wurden in Bayern, in Franken und in der Pfalz zum Aufbau von Hof und Landwirtschaft Freijahre gewährt. In der Pfalz versuchte man, die alten Besitzer andernorts ausfindig zu machen; mitunter wurden ihnen Schuldenmoratorien eingeräumt, dies jedoch nicht pauschal, sondern meist abhängig von Ertragskraft und Leistungsfähigkeit des Hofes. Wo diese Praxis freilich nicht oder nur halbherzig ausgeübt wurde, kam es unmittelbar im Anschluß an den Krieg zu kleineren Bauernaufständen – so z. B. in der Lausitz und in hessischen Kleinterritorien –, die nicht zuletzt von Neusiedlern, deren Erwartungen hoch waren, getragen wurden. Besonders Geldabgaben waren in einer Zeit niedriger Getreidepreise von Bauern schwer aufzubringen. Auf den Widerstand der Bauern trafen westlich der Elbe Grund- und Landesherren, die die Situation nach dem Krieg dazu auszunutzen versuchten, ihre Stellung gegenüber den Bauern langfristig zu verbessern, insbesondere Bauernland zu Gutswirtschaften einzuziehen. Freilich konnten solche Bestrebungen, die unter anderem für Hessen nachgewiesen sind, im westelbischen Deutschland in den betroffenen Gebieten nur selten stabile gutsherrschaftliche Verhältnisse begründen. Auch für das ostelbische Deutschland sollte der „Beitrag" des Dreißigjährigen Krieges zur Herausbildung der Gutsherrschaft nicht überschätzt werden. Zwar läßt sich für die Lausitzen nachweisen, daß Gutsherren nach 1648 wüste Bauernstellen zum Gutsland schlugen und in der Folge gezielt Bauern „auskauften", in großen Teilen der Mark Brandenburg jedoch hatten Gutsbesitz und Bauernlegen schon vor 1618 beträchtliche Ausmaße angenommen, wobei einzelne Bestimmungsfaktoren bis ins Spätmittelalter zurückverfolgt worden sind.

Diese Relativierungen wären insgesamt auf die Frage nach dem Stellenwert des Dreißigjährigen Krieges in der Geschichte der länd-

1. Krieg und Konjunktur

lichen Gesellschaft auszudehnen. Zweifellos war der Krieg ein „bedeutender Einschnitt", für die Überlebenden sogar ein die Generationen übergreifendes kollektives Trauma [IMHOF]. Umstürzende Wandlungen in der Herrschafts- und Sozialstruktur hat er dennoch nicht herbeigeführt.

Die Fixierung auf den Dreißigjährigen Krieg läßt zudem leicht vergessen, daß die Friedensglocken von Münster und Osnabrück keineswegs eine Epoche der Ruhe auf dem Kontinent einläuteten. Plünderungen in der Pfalz und im Donauraum sowie am Oberrhein gab es – durch „eigene" und „fremde" Truppen – auch im Orleans'schen Krieg und im Spanischen Erbfolgekrieg. In Württemberg wurde im letzten Jahrzehnt des 17. Jahrhunderts durch die neuerlichen Kriegseinwirkungen ein Bevölkerungsaufschwung gestoppt, der bereits nach 1650 eingesetzt hatte. Eine weitere Folge des bis etwa 1720 nahezu permanenten Kriegszustandes war die strukturelle Militarisierung vieler Territorien, die in Preußen mit dem 1733 von Friedrich Wilhelm I. erlassenen Kantonsreglement systematischen Charakter annahm. *Kriegszerstörungen nach 1648*

Die unmittelbaren Kriegsschäden konnten zwar durch Einwanderungen und durch die Flexibilität der bäuerlichen Wirtschaft, die durch den geringen Kapitaleinsatz möglich war, zum großen Teil noch im 17. Jahrhundert überwunden werden, wie für Bayern und Württemberg nachgewiesen wurde, doch waren die Auswirkungen des Krieges auf die gesellschaftliche Stellung der Landwirtschaft bis ins 18. Jahrhundert spürbar. Durch den Bevölkerungsrückgang waren die Preise für landwirtschaftliche Produkte gefallen und die Löhne (z. B. für das Gesinde) gestiegen. Einer Intensivierung der Landwirtschaft war dies – zusammen mit den fortdauernden Kriegen – selbst in Gebieten wie dem Rheinland, die traditionell an der Spitze des landwirtschaftlichen Fortschritts standen, nicht zuträglich. In Württemberg, einem der am meisten geschädigten Gebiete des Reiches, wurden oft Lohnarbeitsverhältnisse und damit z. T. verbundene Nichtseßhaftigkeit „Landerwerb und bürgerlicher Niederlassung" vorgezogen, weil damit „hohe Kriegsfolgelasten in Form von Schulden und Steuern" verbunden waren. Hilflos muten die Versuche der Behörden in Württemberg an, die Preisschere, die sich zwischen landwirtschaftlichen und gewerblichen Produkten aufgetan hatte, durch eine „Flut von lokal differenzierten und häufig revidierten Taxordnungen zu schließen" [VON HIPPEL]. *Volkswirtschaft und Kriegsfolgen* *Beispiel Württemberg (v. HIPPEL)*

Erst im Laufe des 18. Jahrhunderts wurde die kriegsbedingte Stagnation überwunden, und nach 1750 befand sich die Landwirtschaft v. a. im Norden und Nordwesten Deutschlands in einem säkularen Aufschwung. Besonders den Führungsschichten der dörflichen Gesellschaft eröffneten sich damit zuvor nicht gekannte Handlungsspielräume. Der Umfang und die gesellschaftlichen Auswirkungen dieser Tendenzen sind in der Forschung freilich nicht unumstritten (s. u. S. 66 f.).

[Marginalie: Wirtschaftliche Erholung und Expansion im 18. Jahrhundert]

Dieser Trend wurde durch periodisch auftretende Krisen „du type ancien" unterbrochen, die ihre Ursachen in wetterbedingten Mißernten hatten. Für Deutschland sind zwei „kleinere" (1660 und 1680) und fünf größere, in ganz Europa spürbare Hungerkrisen festgestellt worden: 1691–1693; 1696–1699; 1709–1711; 1739–1741; 1770–1774. Wenn das Elend auch die Städte am härtesten traf und die Preise für Nahrungsmittel emporschnellen ließ, so ist doch die Annahme irrig, „das Land" habe davon profitiert. Theoretisch hätten zwar Großbauern die Möglichkeit gehabt, krisenbedingte Gewinne zu erzielen, in der Praxis sank aber auch ihre Marktquote, da sie einen großen Personenkreis auf dem Hof zu ernähren hatten. Da Obrigkeiten selten bereit waren, auf Abgaben zu verzichten, und höchstens Moratorien zustimmten, stieg in Krisenjahren, wie für Schleswig-Holstein und das badische Oberland nachgewiesen worden ist, die Verschuldung; bisweilen folgte – wie in Ostpreußen – die Vertreibung der „Morosen". Allerdings wurde – so in Württemberg – auch Saat- und Brotgetreide (als Vorschuß) zur Unterstützung aus herrschaftlichen Speichern gereicht.

[Marginalie: Hungerkrisen]

Die Probleme „Hunger" und „Krise", aber auch die säkularen Wirtschaftstrends und die Auswirkungen des Dreißigjährigen Krieges lassen erkennen, daß die ländliche Gesellschaft im interessierenden Zeitraum nicht als monolithische Einheit zu verstehen ist, daß vielmehr regionale, soziale und politische Differenzierungen zu beachten sind; diese werden in den weiteren Abschnitten verfolgt.

2. Herrschaft und Aneignung

2.1 Strukturen der Aneignung

Auch der Zeitraum zwischen dem Dreißigjährigen Krieg und der Französischen Revolution ist in Deutschland vom Dualismus zwischen Grund- und Gutsherrschaft geprägt. Die Grenze bildete – grob gesprochen – die Elbe-Saale-Linie. Allerdings gab es grund-

[Marginalie: Gutsherrschaft und Grundherrschaft: Grenzziehung]

2. Herrschaft und Aneignung

herrschaftliche Inseln in den Gebieten der Gutsherrschaft und Gutsbezirke in grundherrschaftlich geprägter Umgebung (s. u. S. 14). War der Dualismus v. a. durch die Einbeziehung der ostelbischen Territorien in den „Welt"-Getreidehandel des 16. Jahrhunderts wesentlich gefördert worden, so vertiefte er sich als Folge des Dreißigjährigen Krieges zunächst noch. Angesichts des Überflusses an Land und der Knappheit an Menschen, die unter den herrschenden Bedingungen zur Verfügung standen, griffen die Gutsherren in verschiedenen Teilen Ostelbiens zunächst zu repressiven Maßnahmen, um die Bearbeitung des Gutslandes zu sichern.

Gutsherrschaft: Entstehung

Zur Kennzeichnung des Typs „Gutsherrschaft" sind verschiedene Kriterien angeführt worden. Auf der Ebene von Recht und Verwaltung bildeten die Gutsbezirke einen kleinen „Staat im Staate"; der Gutsherr vereinigte in seiner Hand Grund- und Leibherrschaft. Vor allem aber war er der Träger der Gerichtsbarkeit, die mit polizeilichen und exekutiven Funktionen verbunden war. Die Leibeigenschaft (bzw. „Erbuntertänigkeit") beschränkte die Freizügigkeit der Bauern und nötigte sie, um den Heiratskonsens der Gutsherrschaft zu bitten, verpflichtete die Kinder zu Gesindediensten auf dem Herrenhof und zog als besonders schikanöse Erscheinung das durchaus auch ausgeführte Züchtigungsrecht nach sich. In Holstein wurde sie 1614, in Pommern 1616, in der Niederlausitz 1651 durch Landesgesetze eingeführt bzw. bestätigt; die Schollenbindung der ostpreußischen Adelsbauern war bereits 1577 anerkannt worden. In der Mark Brandenburg wurde die Leibeigenschaft 1653 im Rezeß des Landesherrn mit dem Adel zum „Normalfall" erklärt, bei den Bauern lag die Beweislast für persönliche Freiheit. Dies implizierte allerdings, daß Leibeigenschaft auch im gutsherrschaftlichen Bereich nicht überall bestand. In der Altmark und der Prignitz z. B. galten alle Bewohner als persönlich frei, in der Ukkermark der größte Teil.

Leibeigenschaft/ Erbuntertänigkeit

In Bezug auf das bäuerliche Besitzrecht gab es noch größere Differenzen. So finden sich auch in Gutsbezirken durchaus Bauern mit Erbzinsrecht, z. B. in der westlich der Elbe gelegenen Altmark. Charakteristisch für die Gebiete der Gutsherrschaft sind jedoch die „schlechten", lassitischen Besitzrechte, auch Zeitpacht ist anzutreffen. Durch die „schlechten" Besitzrechte konnte das „Bauernlegen" rechtlich legitimiert und so die Entstehung von Gutskomplexen begünstigt werden.

Besitzrechte

Gegen Versuche, Gutsherrschaft ausschließlich mit rechtlichen Kriterien zu definieren bzw. als Komplex von Herrschaftsrechten zu betrachten, sind nicht nur von marxistischen Autoren einleuchtende Argumente vorgebracht worden. Zum einen ist darauf hingewiesen worden, daß eine Konzentration von Herrschaftsrechten auch im grundherrschaftlichen Teil Deutschlands (insbesondere im Südosten) auftreten konnte. Zum anderen ist in Erinnerung gerufen worden, daß rechtliche Kriterien kaum geeignet sind, die regionalen Abstufungen zu beschreiben. So sind Gebiete mit „strenger" Gutsherrschaft von gemäßigten Varianten unterschieden worden. Zu den ersteren gehörten die Länder an der Ostseeküste von Ostholstein über Mecklenburg bis nach Pommern und Teile der Mark Brandenburg, vor allem der Norden, und die beiden Lausitzen. Hier ist die *Landverteilung* Flächenverteilung als „Maßzahl" eingeführt worden. In den Gebieten mit extremer Gutsherrschaft beliefen sich die Gutsländereien schon um 1700 auf etwa die Hälfte der landwirtschaftlichen Nutzfläche, in Schwedisch-Pommern waren es 60%, im ritterschaftlichen Bereich Mecklenburgs im gleichen Zeitraum „nur" etwa 50%.

Diese Maßzahl sagt jedoch wenig über die Arbeitsverfassung, *Betriebssysteme:* den Kern des gutsherrschaftlichen Verhältnisses, aus. Grundsätzlich *Teilbetrieb und* ist zwischen Teil- und Eigenbetrieb zu unterscheiden. Während der *Eigenbetrieb* Eigenbetrieb mit Lohnarbeitern (freilich verschiedener Rechtsstellung), Gesinde und eigenem Inventar wirtschaftete, basierte der Teilbetrieb im wesentlichen auf Fronarbeit und bäuerlichem Arbeitsvieh und -gerät. Die zweite Form ist traditionell als systembildend für die Gutsherrschaft insgesamt angesehen worden. Rechtlich wurde die Fron zwar von der Leibeigenschaft subsidiär abgestützt, sie haftete jedoch letztlich auf dem Landbesitz.

Die Arbeitsorganisation im Teilbetriebssystem variierte erheb-
Fronbelastungen lich. So waren in einigen Distrikten Brandenburgs die Dienste ungemessen, es mußte gearbeitet werden, „so lange als etwas im Feld sei". Andernorts waren „Dienstkaveln", bestimmte Flächeneinheiten, vorgegeben. Am häufigsten waren zeitliche Festlegungen, die nicht selten die Grenze zur „Ungemessenheit" erreichten. So waren vier Frontage in der Woche nichts Außergewöhnliches, und vielerorts mußte zur Saat, zur Heu- und Getreideernte sechs Tage in der Woche, z. T. „selbander" gefront werden. Letzteres bedeutete die Stellung einer zweiten Person. In Ostholstein wurde bisweilen zwi-
Fron und Struktur schen Ostern und Michaelis (29. September) sogar „der dritte *der Bauernwirt-* Mensch" gefordert. Solche Dienstverhältnisse hatten unmittelbare *schaften: extreme* Auswirkungen auf die bäuerliche Sozialstruktur. Sie waren nur von *Gutsherrschaft* großen Höfen zu erbringen, die vor allem Knechte allein für die Fron zu halten hatten. In den Territorien der extremen Gutsherr-

2. Herrschaft und Aneignung

schaft war dementsprechend oft eine zahlenmäßig starke Vollbauernschaft mit Wirtschaftsgrößen zwischen 20 und 70 ha anzutreffen. Solche Flächen waren auch zur Haltung der Tiere für das zweite, allein für die Fron laufende Gespann nötig. Dieses System erzwang nicht nur „einen ganz bestimmten Typ der Betriebsorganisation bei der Bauernwirtschaft, indem sie eine überproportionale Gespannviehhaltung nach sich zog, sie hatte auch einen ganz bestimmten Typ von Marktbeziehungen zur Folge, nämlich Großproduktion für den Markt auf den Gutswirtschaften und schrumpfende Marktquote auf den Bauernwirtschaften". Trotz des Besitzes großer Flächen war die wirtschaftliche Dispositionsfreiheit auch der Großbauern in diesem System also gering. Freilich konnte die Tatsache, daß „der Wirt" selten persönlich zur Fron erscheinen mußte, ihm gegenüber dem Gutsherrn die Position eines „Arbeitskräftevermittlers" [MELTON] verschaffen. Insgesamt überwogen die Tendenzen zur Stagnation. Dazu trugen auch die demographischen Folgen dieser Arbeitsverfassung bei: Hohe Gesindeanteile an der Bevölkerung bedeuteten hohe Quoten unverheirateter Menschen und auch ein hohes Heiratsalter, in der Summe „trotz hoher ehelicher Fruchtbarkeit ein geringes Bevölkerungswachstum und eine niedrige Bevölkerungsdichte" [HARNISCH].

In Gebieten mit gemäßigter Gutsherrschaft, wie sie um 1700 im Westen und Süden Brandenburgs anzutreffen waren, war die Belastung der Bauernwirtschaften mit einem zweiten Gespann und besonderen Fronarbeitskräften nicht die Regel. Hier konnte der Wirt freilich auch seltener Gesinde zur Fronarbeit abstellen. Dennoch wurde dieses System von den Bauern offenbar als vorteilhafter empfunden. Zwar ist nicht immer genau der Schwellenwert zu ermitteln, „von dem an die Bauernwirtschaft einer doppelten Zugviehhaltung bedarf, um gleichzeitig die Arbeitsrenten und die Bewirtschaftung des eigenen Landes bewältigen zu können", er scheint jedoch in der Regel bei zwei Tagen gelegen zu haben, da „in den feudalherrlich-bäuerlichen Klassenauseinandersetzungen immer die Steigerung der Dienste über zwei Tage in der Woche pro Bauernwirtschaft hinaus auf den hartnäckigsten Widerstand ... stieß" [HARNISCH].

Freilich gab es auch Gebiete, in denen sich hohe Dienstbelastungen auf klein- und mittelbäuerlicher Grundlage wie in Schlesien und den Lausitzen durchgesetzt hatten. Diesen Anforderungen konnte nur durch das Ausnützen aller Kräfte genügt werden. Für bestimmte Arbeiten konnte das bedeuten, daß Bauern zur Fron zusammenspannen mußten. Es ist kein Wunder, daß in solchen Verhältnissen – z. B.

Fron und Struktur der Bauernwirtschaften: gemäßigte Gutsherrschaft in den Lausitzen vornehmlich im 17. Jahrhundert – die Flucht zu einer verbreiteten Widerstandshaltung der Bauern wurde.

Teilbetriebe und Eigenbetriebe: zeitliche und regionale Verteilung

Die Konzentration auf den Teilbetrieb gibt die historische Realität jedoch nur unzureichend wieder. In Ostpreußen war schon im 16. Jahrhundert ein großer Teil der Güter eigenbetrieblich organisiert, und in Schwedisch-Pommern betrug um 1700 das Verhältnis von Eigen- zu Teilbetrieben immerhin 25,1% : 61,1%, wobei für 10,8% der Güter Angaben fehlen. Aus diesen Erkenntnissen folgen neben räumlichen auch zeitliche Differenzierungen. Der Typus des Teilbetriebs mit doppelter bäuerlicher Gespannshaltung war nämlich – insbesondere für Gebiete mit extremer Gutsherrschaft – nur für das späte 16., das frühe 17. und dann wieder das frühe 18. Jahrhundert charakteristisch. In Mecklenburg wurde das Teilbetriebssystem um die Wende vom 17. zum 18. Jahrhundert durch die Umverteilung von Land zugunsten der Güter und durch Nivellierung von Bauernstellen arrondiert. Auch in Ostpreußen und Teilen der Mark Brandenburg erlebte der Teilbetrieb zwischen 1700 und 1720 seine letzte Blüte.

Bauernlegen: Beispiel Mecklenburg (18. Jahrhundert)

Diese Tendenzen, aber auch weitere Veränderungen im Laufe des 18. Jahrhunderts sind auf gesamtgesellschaftliche Entwicklungen zu beziehen. Der Übergang vom Teil- zum Eigenbetrieb in *Mecklenburg* vor allem im letzten Drittel des 18. Jahrhunderts (als Folge einer massiven „Welle" des Bauernlegens in dieser Zeit) z. B. ist auf die Einführung der holsteinischen Koppelwirtschaft und die Steigerung der Getreidepreise in England (von 1770 an) zurückgeführt worden, wenngleich exakte Nachweise noch fehlen. Weil es dort keine starke Zentralgewalt gab, konnte der Adel das rechtliche Instrumentarium (prekäre Besitzrechte) und seine politische Macht (Patrimonialgerichtsbarkeit und Exekutionsgewalt) voll zum Bauernlegen nutzen. Das Ergebnis war vorwiegend im ritterschaftlichen Bereich der gutsherrliche Eigenbetrieb mit Vieh und Inventar auf der Grundlage von Gesinde- und Lohnarbeit. Schon im späten 18. Jahrhundert hatte sich damit ein System herausgebildet, das im wesentlichen auch nach den Agrarreformen erhalten blieb. Die Arbeiten auf den Gütern verrichteten Landarbeiterfamilien – „Insten" oder „Häker" genannt –, denen als Lohn etwas Land zugeteilt wurde. Was sie von den „Gutstagelöhnern" des 19. Jahrhunderts unterschied, war die Tatsache, daß sie – da es sich nicht selten um „gelegte" Bauern handelte – persönlich unfrei waren.

„Insten", „Häker", „Deputatisten" als Arbeitskräfte: Mecklenburg

Stehen Mecklenburg und Vorpommern für die gutsherrliche Auflösung des Teilbetriebssystems v. a. in der zweiten Hälfte des

2. Herrschaft und Aneignung 11

18. Jahrhunderts, so treffen wir in Teilen der *Mark Brandenburg* einen „bäuerlichen" Weg an. Darauf hat schon FRIEDRICH LÜTGE – freilich ohne quantitative Belege – hingewiesen, was ihm von marxistischer Seite zeitweilig den Vorwurf der Apologetik eingetragen hat. LÜTGES Sicht ist jedoch kürzlich von einer gründlichen Arbeit, die von marxistischen Positionen ausgeht, bestätigt worden. In der Uckermark hatten wegen der „Leuteknappheit" nach dem Dreißigjährigen Krieg bis zum Ende des 17. Jahrhunderts ohnehin die Eigenbetriebe überwogen. Daß die Dienstbelastung der Bauern auch in anderen Teilen der Mark Brandenburg in der zweiten Hälfte des 17. Jahrhunderts gering blieb, führt W. W. HAGEN, der in eine ähnliche Richtung argumentiert, zusätzlich auf das Steigen des Staatsanteils zurück, der v. a. in Form von Geld eingezogen wurde. Wenn Geld gefordert wurde, mußten die Bauern Zugang zum Markt haben, und Frondienste standen dem entgegen. {Konkurrenz der Rentenbezieher und „Bauernschutz": Beispiel Brandenburg (17. Jh.)}

Die Konsolidierung der preußischen Ländermassen zu Beginn des 18. Jahrhunderts gestattete den Gutsherren jedoch wieder verstärkten Zugriff auf die Dienste der Untertanen und eine Renaissance des Teilbetriebs. In diesem Zusammenhang ist die starke Belastung zu sehen, die für das Domänenamt Badingen im frühen 18. Jahrhundert errechnet worden ist. Insgesamt ist für die Uckermark freilich nachgewiesen worden, daß gerade im ritterschaftlichen Bereich, der sich verbal am rückständigsten gebärdete, die Wiederbelebung der bäuerlichen Dienstpflicht nur zögerlich geschah.

Im weiteren Verlauf des 18. Jahrhunderts kehrten sich dort dann vor dem Hintergrund bäuerlichen Widerstandes und des staatlichen Interesses an funktionierenden Bauernwirtschaften die Verhältnisse beinahe um. Großgrundbesitzer wie Bauern entwickelten zudem ökonomische Verhaltensweisen, die als ausgesprochen rational beschrieben worden sind. Der lassitische Besitz, der im späten 16. Jahrhundert die rechtliche Bemäntelung des Bauernlegens gestattet und die dörfliche Widerstandskraft gelähmt hatte, wurde angesichts einer allmählichen Auflösung gutsherrschaftlicher Strukturen insofern attraktiv, als er die Obrigkeiten zur kostenlosen Abgabe von Bauholz verpflichtete. Zeitpachtverhältnisse, de jure extrem schlechte Besitzrechte, konnten angesichts der in der Uckermark fortbestehenden „Leuteknappheit" de facto erblich werden oder den Bauern, da sie auf persönlicher Freizügigkeit beruhten, tatsächlich einen Wechsel auf eine „bessere" Stelle ermöglichen. Auch in der Mark Brandenburg gewannen in der zweiten Hälfte des 18. Jahrhunderts die aus Mecklenburg bekannten landarmen bzw. {Ökonomisches Kalkül und Bauernopposition: Beispiel Brandenburg (18. Jh.)}

landlosen Schichten in der Arbeitsverfassung der Güter an Bedeutung, nur daß es sich hier selten um „gelegte" Bauern handelte. Sie hatten auf den zunehmend zum Eigenbetrieb umgestellten Gutswirtschaften oft für „Lohn" diejenigen Dienste zu leisten, von denen sich die Bauern in zäher und langwieriger Opposition emanzipiert hatten. Was die bäuerlichen Verhältnisse betrifft, scheinen sich die Unterschiede zu bestimmten Varianten der Grundherrschaft verflüchtigt zu haben.

Konservierung der Agrarstrukturen: Schlesien, Lausitzen

Dies gilt freilich weniger für gutsherrschaftliche Territorien mit vorwiegend mittel- und kleinbäuerlicher Struktur, z. B. Teile Schlesiens oder der Lausitzen. Dort konservierten sich am ehesten die dörflichen Sozialstrukturen und v. a. die repressiven, vom Teilbetrieb dominierten Aneignungsverhältnisse, wenn auch den Bauern dort eine „dritte Phase" des Bauernlegens, wie sie in Mecklenburg und Vorpommern nach dem Siebenjährigen Krieg stattfand, erspart blieb. Auch in Zonen der gemäßigten Gutsherrschaft, z. B. der Altmark, hielt sich das Teilbetriebssystem bis zum Ende des 18. Jahrhunderts. Dies lag daran, daß dort die Feudalgüter kleiner und die Bauernwirtschaften zahlreicher waren und daß die systemnotwendige Balance zwischen Bauernland und Gutsbetrieb nicht mehr durch Bauernlegen gestört wurde.

Grundherrschaft: Überblick

Für den *grundherrschaftlichen* Teil Deutschlands ist in ökonomischer Hinsicht die Tatsache kennzeichnend, daß dort die Dienste (bei allerdings bezeichnenden Ausnahmen) nicht den Hauptpfeiler des Abgabensystems bildeten. Anders als in Territorien der Gutsherrschaft hatten sich beinahe überall erbliche Besitzformen (mindestens de facto) durchgesetzt, nur in Teilen des Rheinlandes gab es Zeitpacht in nennenswertem Ausmaß. Die Leibeigenschaft hatte sich, selbst wo sie formal noch bestand (mit bezeichnenden Ausnahmen), in ein Abgabenverhältnis von geringer Bedeutung versachlicht. Die Formen der Gerichtsorganisation war uneinheitlich. Freilich hatte sich im Titel der „Gerichtsherrschaft" auch in grundherrschaftlichen Gebieten noch am ehesten die für die feudale Aneignungsstruktur charakteristische (und in der Gutsherrschaft zum System ausgebaute) Einheit von Herrschaftsgewalt und Abgabenbezug erhalten, während sich die Grundherren meist mit einem Rentierstatus zu begnügen hatten.

Großer und Kleiner Zehnt

Quantitativ fiel in beinahe allen westelbischen Territorien, z. T. im Gegensatz zur Gutsherrschaft, als Abgabe der Zehnte erheblich ins Gewicht. Die Erhebung in natura konnte insbesondere in Gebieten, die ihren Getreidebedarf selbst nicht decken konnten, als große

2. Herrschaft und Aneignung

Härte empfunden werden. Geldäquivalente waren dementsprechend nicht selten. In Württemberg wurden die Konflikte um die Zehntung durch das Institut der Zehntpacht in die Dörfer verlegt. Vor der Ernte fand eine Zehntversteigerung statt, wobei die Bieter „auf einen Gewinn aus der Spanne zwischen gebotener Summe und tatsächlich eingesammeltem Erntegut spekulierten", freilich auch die Kosten der Naturalzehntung (Erhebung, Fuhren, Verkauf) übernehmen mußten [SABEAN]. Während der „große Zehnt" (Getreide, Wein) als Rechtsinstitut von den Bauern nicht mehr in Zweifel gezogen werden konnte, kam es im 18. Jahrhundert zu Querelen um den „kleinen Zehnt", der – z. B. in Gestalt von Kartoffel- und Kleezehnten – den Übergang zu neuen Anbauformen verzögern konnte.

Hinsichtlich der Abgabenverhältnisse und ihres Zusammenspiels mit der Struktur des bäuerlichen Landbesitzes hat sich die von FRIEDRICH LÜTGE vorgenommene Einteilung Deutschlands in regionale Agrarverfassungstypen bewährt, so daß auch im Überblick mit kleinen Modifikationen daran festgehalten werden soll. *Agrarverfassungstypen: LÜTGE*

Charakteristisch für die „westdeutsche Grundherrschaft" war nach LÜTGE die Bedeutung von Pachtverhältnissen. Neuere wirtschaftsgeschichtliche Arbeiten haben errechnet, daß v. a. am Niederrhein mindestens ein Drittel des Landes verpachtet war. Hier waren grundherrschaftliche Bindungen de facto schon seit dem Spätmittelalter aufgelöst, wenn de jure auch alte Gerichtsformen – meist sinnentleert – überlebten. *„Westdeutsche Grundherrschaft"*

Die Pachtverhältnisse bedeuteten für die Bauern im West-Ost-Vergleich durchschnittlich die höchsten Pro-Hektar-Belastungen. In den – im 18. Jahrhundert freilich seltenen – Teilbauverhältnissen, die dem Bauern nur die Hälfte des Ertrags beließen, wurden mitunter Lasten zwischen 10 und 16 Talern pro Hektar erreicht. Wenn die Besitzeinheiten und die Marktbedingungen günstig waren, wurden solche Renten freilich für die Bauern ökonomisch erträglich. Für das 18. Jahrhundert war charakteristisch, daß die Dienstbelastungen gering und die Abgaben in natura zu leisten und prozentual festgesetzt waren; dadurch wurde das Risiko bei Ernteschwankungen geteilt. Ungünstiger wirkten sich diese Verhältnisse allerdings am Nord- und Westrand der Eifel mit ihren kleinen Einheiten aus, deren Besitzer vielfach protoindustrielle Abhängigkeiten eingehen mußten.

Stärker als in den versachlichten Pachtbeziehungen des Niederrheins wirkten sich grundherrschaftliche Bindungen in Bayern aus. Dies zeigt sich schon daran, daß Dienstbelastungen bis zu 50 Tagen im Jahr dort noch um 1700 im Bereich der adligen Gerichtsbezirke *„Bayerische Grundherrschaft"* nicht unbekannt waren. In den landesherrlichen Gerichtsbezirken hingegen war die Fron schon unmittelbar nach dem Dreißigjährigen Krieg in Dienstgelder umgewandelt worden. Die adligen Gerichtsherren folgten mancherorts erst in der zweiten Hälfte des 18. Jahrhunderts nach, dann aber zu für die Bauern relativ günstigen Bedingungen. Daß die herrschaftlich-bäuerliche Bindung dennoch stark blieb, dafür sorgten einheitliche Hofmarksverbände, in denen nicht selten Grund- und Gerichtsherrschaft zusammenfielen, aber auch die (de jure) schlechten Besitzrechte. Zwar waren auch die bayerischen Leibstifte im 18. Jahrhundert de facto längst erblich geworden, die alten Unsicherheiten kehrten jedoch als hohe Besitzwechselabgaben (Laudemien) und -gebühren wieder. Allerdings war die staatliche Politik bestrebt, die bestehende Besitzstruktur und besonders den Großbesitz zu konservieren. Wie freilich der Kampf ums Überleben aussah, den die trotz dieser staatlichen Politik recht zahlreichen Kleinstellen zu führen hatten, ist kürzlich von RAINER BECK dargestellt worden.

"Nordwestdeutsche Grundherrschaft"

Noch weniger homogen als die bayerischen Verhältnisse waren die Gebiete der „nordwestdeutschen Grundherrschaft". Sie umfaßte nach LÜTGE westfälische und niedersächsische Territorien, in denen (freilich nicht ausschließlich) Meierrecht vorkam. Die Küstenländer mit ihren guten Besitzrechten und einer großbäuerlichen Struktur werden mit Recht als besonderer Typ gewürdigt. In den Kernlanden der nordwestdeutschen Grundherrschaft, den Fürstentümern Osnabrück, Paderborn, Braunschweig-Wolfenbüttel und Calenberg, waren rechtliche Kriterien auch noch im 18. Jahrhundert insofern ökonomisch relevant, als die (schon im 17. Jahrhundert erblichen) Besitzungen zu Meierrecht oft erheblich stärker als die zu Erbzinsrecht belastet waren.

In Paderborn und Braunschweig-Wolfenbüttel finden sich noch um 1700 – was die Dienstbelastung angeht – regelrechte gutsherrschaftliche Inseln. In der zweiten Hälfte des 18. Jahrhunderts waren die Dienste dort jedoch meist in jährliche Geldabgaben verwandelt, die relativ hohe Werte erreichten. Im benachbarten Kurfürstentum Hannover, v.a. in seinen südlichen Teilen, hatten sich jedoch bis gegen Ende des 18. Jahrhunderts vereinzelt hohe Fronbelastungen gehalten. Dennoch stärkte eine stabile Agrarkonjunktur gerade in diesem Zeitraum die Groß- und Mittelbetriebe des Kurfürstentums erheblich und ließ auch für die staatliche Verwaltung eine Umwandlung der Dienste in Geld als ratsam erscheinen.

2. Herrschaft und Aneignung

Problematischer als der Typ „nordwestdeutsche Grundherrschaft" ist die Konstruktion einer „mitteldeutschen Grundherrschaft". Sie rückt nicht nur geographisch an die gutsherrschaftlichen Territorien heran, zum Teil ist strittig, ob einzelne Gebiete (z. B. Teile Kursachsens) diesem oder jenem Typus zuzurechnen sind. In den anhaltinischen Fürstentümern und in den an die Mark Brandenburg angrenzenden Teilen Sachsens waren bis zur Mitte des 18. Jahrhunderts adlige Vorwerke in relativ großem Umfang zu bearbeiten. Ähnlich war die Situation in der südlich gelegenen Herrschaft Schönburg. Grund- und Gerichtsherrschaft fielen nicht selten – so in den östlichen Teilen – zusammen. Persönliche Freiheit, eine eher mittelbäuerliche Struktur und ein reges Gemeindeleben scheinen jedoch zusammen mit einem schon im 16. Jahrhundert einsetzenden landesherrlichen Bauernschutz (in Kursachsen) eine nachhaltige Entwicklung zur Gutsherrschaft verhindert zu haben.

„Mitteldeutsche Grundherrschaft"

In den Territorien des Südwestens hatte sich die „reine" Grundherrschaft am deutlichsten mit einem Rentierstatus zu begnügen. Fixierte Geld- und Naturalabgaben („Gülten") sorgten besonders auf den Besitzungen der „alteingesessenen" Bauern dafür, daß der Anteil der Grundherrschaft an der Gesamtheit der Abgaben mit Geldentwertung und Ertragssteigerungen rückläufig war. Grundherrliche Titel waren verkauft, verpfändet und teilweise erheblich zersplittert. So kannten Dörfer in der Wetterau mehr als 20 Grundherren. Freilich zeigt sich gerade am Beispiel der „südwestdeutschen Grundherrschaft", die LÜTGE vom eigentlichen Südwesten bis in Gebiete nördlich der Mainlinie ausgreifen läßt, wie sehr Agrarverfassungen im 17. und 18. Jahrhundert auf staatliche Entwicklungen zu beziehen sind. So konnten auch im „Südwesten" Grund-, Gerichts-, Landes- und auch Leibherrschaft zusammenfallen. In einer solchen Konstellation konnten Feudalherren die aus der Gerichtsherrschaft abgeleiteten Bannrechte (z. B. Wirtshaus- und Mühlenbann) sowie die Frondienste unmittelbar ökonomisch nutzen.

„Südwestdeutsche Grundherrschaft"

Von den west- und südwestdeutschen Typen weichen die österreichischen Agrarverfassungen erheblich ab. Für Oberösterreich ist von „Wirtschaftsherrschaft" gesprochen worden, ein Terminus, der auch für Niederösterreich übernommen worden ist. Charakteristisch dafür war zum einen (wie in bayerischen Hofmarken) das häufige Auftreten einer Personalunion von Grund- und Gerichtsherr. Zum zweiten stellten Besitzwechselabgaben in Oberösterreich wie in Bayern eine erhebliche, von den Grundherren variabel gehandhabte Bürde dar. Durch Abrundung ihrer Ländereien und den

Wirtschaftsherrschaft: Ober- und Niederösterreich

Kauf von indirekten Steuern wird in Oberösterreich zusätzlich eine (mit der Gutsherrschaft vergleichbare) Tendenz sichtbar, die „einzelnen Grundherrschaften in jeder Beziehung zu in sich geschlossenen, nach außen hin autarken Gebieten, förmlichen kleinen Staatswesen für sich, umzugestalten" [HOFFMANN].

Obwohl in Oberösterreich schon 1597 die Fronen de jure im Gefolge des Bauernaufstandes auf 14 Tage im Jahr reduziert worden waren, fanden sich in der Mitte des 17. Jahrhunderts vereinzelt Belastungen bis zu 72 Tagen. Dennoch konnte (nicht zuletzt durch eine Vielzahl kleinerer Aufstände im 18. Jahrhundert) eine gutsherrschaftliche Entwicklung verhindert werden. Mit dem Anfeilzwang hatten die Grundherren in Oberösterreich zudem einen Hebel in der Hand, der ihnen gestattete, an der Agrarkonjunktur zu partizipieren, ohne selbst die Produktion organisieren zu müssen. Der Anfeilzwang verpflichtete Bauern, ihre Erzeugnisse zuerst der Herrschaft anzubieten und engte so den bäuerlichen Marktzugang ein. Den Adligen hingegen kamen ihre Markterfahrungen im 18. Jahrhundert beim Anlegen von Teichen, Gaststätten, Brauereien, vor allem aber von Manufakturen zugute. Freilich hat eine neuere Untersuchung der Aneignungsstrukturen in den Wirtschaftsherrschaften diesen Aspekt für Niederösterreich relativiert und das Augenmerk wieder stärker auf die „traditionellen" Abgaben, insbesondere den Zehnten, gelenkt.

Abgaben: überregionaler Vergleich

Für den überregionalen Vergleich der Abgabenbelastungen sind nach wie vor die Überlegungen FRIEDRICH-WILHELM HENNINGS grundlegend. Nach seinen Berechnungen konnte die Feudalquote in verschiedenen Gebieten Deutschlands 26–40% des bäuerlichen Rohertrags ausmachen, wobei die flächen- wie ertragsbezogenen Belastungen von West nach Ost kontinuierlich abnahmen, freilich vor dem Hintergrund gleichfalls abnehmender Erträge. HENNING verweist darauf, daß „in den westlichen Gebieten auf Grund des höheren absoluten Reinertrags auch bei einem stärkeren Anteil der Belastungen den Bauern pro Flächeneinheit immer noch mehr verblieb als den osteuropäischen Bauern". Zum anderen ist, auf die Hofgröße und die Pro-Hektar-Belastung bezogen, in allen Regionen eine charakteristische „Progression nach unten" zu verzeichnen.

„Progression nach unten"

Dies ist auf die Pro-Kopf bzw. auch Pro-Haus-Radizierung vieler Abgaben zurückzuführen, dürfte aber auch nicht unwesentlich mit dem Problem der Fron zusammenhängen. Für das Fürstentum Paderborn wurde detailliert nachgewiesen, daß Kleinhöfe von der Fron überproportional betroffen waren. Eine solche Sicht entsprach

2. Herrschaft und Aneignung

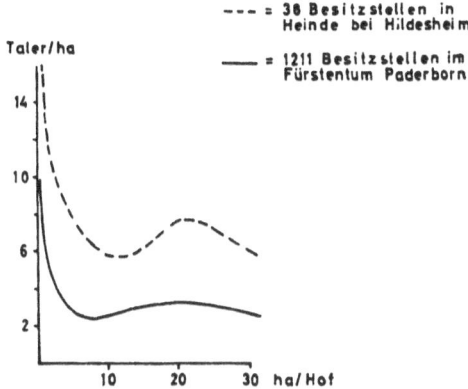

[nach 21: HENNING, Dienste, 113]

freilich nicht immer bäuerlicher Optik. Oft war für kleine Höfe, „da sie familieneigene Arbeitskräfte über den eigenen Bedarf hinaus zur Verfügung hatten ... eine Dienstbelastung ... günstiger als eine Belastung mit monetären oder naturalen Abgaben, da diese das Einkommen der Bauern aus ihrer eigenen agraren Produktion geschmälert hätten." [HENNING]. Wurden die Dienste dann in Geldzahlungen umgewandelt, konnte die scheinbare Überbelastung der kleinen Höfe zur realen werden. Es ist daher nicht verwunderlich, daß solche Maßnahmen bisweilen bäuerlichen Unwillen oder auch manifesten bäuerlichen Widerstand auslösten.

<small>Umwandlung von Fron in Geldleistungen: soziale Folgen</small>

Auch die prozentuale Steigerung des Geldanteils an den Abgaben, wie sie für Bayern und Nordwestdeutschland, aber auch für gutsherrschaftliche Territorien in der zweiten Hälfte des 18. Jahrhunderts charakteristisch ist, konnten nur jene Schichten begrüßen, die Chancen zur Realisierung über den Markt besaßen. Diese konnten dann in guten Konjunkturen allerdings erheblich davon profitieren. Bedenkt man zusätzlich, daß die bäuerliche Produktion auch durch die Gestaltung der Naturalabgaben in gewissem Umfang beeinflußt werden konnte, dann werden Interdependenzen zwischen Abgabengestaltung, Agrarkonjunkturen, bäuerlichem Widerstand und Rechtsstellungen sichtbar, die auch in den Territorien der Grundherrschaft ländliche Abschöpfungen und Herrschaftsstrukturen in einem Maße flexibel und disponibel hielten, das durch Begriffe wie „Versteinerung" [LÜTGE] eher verdunkelt wird.

Auch der Anteil der frühmodernen Staaten und Territorien an

18　I. Enzyklopädischer Überblick

der bäuerlichen Belastung ist noch vielfach ungeklärt [EdG 10, 34f.). Dies gilt weniger für solche Fälle, in denen der Staat als Grundherr auftrat, als für die genaue Bestimmung seiner Stelle im Dreieck Bauer(n)-Grundherr(en)-Staat. Nicht zuletzt die Verhandlungen von Ständeversammlungen und die Rolle von Gerichten in bäuerlich-grundherrlichen Auseinandersetzungen sprechen dafür, auch für westelbische Territorien von einer Konkurrenz der Rentenbezieher auszugehen. In diesem Kontext wäre auch der oft erwähnte „Bauernschutz" anzusiedeln.

„Staat" und
„Bauernschutz"

Interesse an der
Steuerkraft

Daß hinter den meisten staatlichen Bestrebungen dieser Art das Interesse an der Steuerkraft stand, machen die Zahlen deutlich, die für Paderborn, ein geistliches Territorium, errechnet worden sind. Danach erhielten im 18. Jahrhundert selbst von den Hintersassen des Adels der Landesherr (inklusive der Abgaben an die Gemeinden) 60%, Kirche und Schule 10% und der Grundherr 30%. Ähnlich lagen die Dinge in so verschiedenen Gebieten wie Ostpreußen und der Lüneburger Heide.

„Staatsquote"

Freilich differierten die Belastungsquoten von Territorium zu Territorium, abhängig von der Struktur der staatlichen Einnahmen und Ausgaben, erheblich. In Territorien, die einen erheblichen Teil ihrer Einnahmen auch im 18. Jahrhundert noch nach dem Muster des Finanzstaates [KRÜGER] aus Domänen, Monopolen oder auch – nach preußischem Muster – Verbrauchssteuern deckten, konnte die direkte Besteuerung der Landwirtschaft geringer ausfallen. Im deutschen Südwesten dagegen umfaßte allein die direkte Besteuerung im 18. Jahrhundert ca. 20% der Abgaben insgesamt. Für die preußische Monarchie erlauben zeitgenössische Schätzungen die Feststellung einer (freilich fiktiven und regional wenig aussagekräftigen) Pro-Kopf-Belastung der ländlichen Bevölkerung mit direkten Steuern von 1.39 Rtlrn. (1786). Ein ähnlicher Wert wurde nach dem Siebenjährigen Krieg in der Grafschaft Wied-Neuwied erreicht. Pro Haushalt (Faktor 5.2) ist eine Steuerbelastung von 7.14 Rtlrn. pro Jahr zu errechnen.

„Staatsquote" und
stehende Heere

Solche Zahlen waren für Staaten mit stehenden Heeren charakteristisch. Das Militär stellte nämlich in der zweiten Hälfte des 18. Jahrhunderts, in größeren und mittleren Territorien auch schon vorher, den größten Kostenfaktor dar. In Preußen entfielen in der zweiten Hälfte des 18. Jahrhunderts auf die Rüstung 52–57%, in Bayern 31,5%, in Österreich 48,5% der Staatsausgaben. Ähnlich hohe Pro-Kopf-Belastungen wie in Preußen oder Neuwied konnten freilich auch in Staaten ohne stehende Heere erreicht werden, zum

2. Herrschaft und Aneignung

Teil schon im 17. und frühen 18. Jahrhundert, dann aber nur vorübergehend als Reichs- und Kreissteuern im Kontext der Kriege gegen Frankreich und das Osmanische Reich. Der Modus der Steuerveranlagung differierte in der zweiten Hälfte des 18. Jahrhunderts ebenfalls von Territorium zu Territorium erheblich. In kleineren Territorien wurde die Aufteilung der Steuern mitunter noch den Gemeindeorganen überlassen, während stärker bürokratisierte Staaten wie Württemberg und Hessen-Kassel vom späten 16. bis zum 18. Jahrhundert Steuerbemessung, Vermögensbesitz und Bodenqualität immer wieder in Einklang zu bringen versuchten. In Preußen und Österreich behalf man sich in der zweiten Hälfte des 18. Jahrhunderts mit Mischsystemen von Grund- und Ertragssteuern. Dabei wurde die Steuerveranlagung in Preußen eher als in Österreich schon vor dem Einsetzen der physiokratischen Debatten um den „impôt unique" als „wirtschaftspolitisches" Instrument benutzt.

Kaum aus der Analyse rechtlich geregelter Herrschaftsbeziehungen und noch weniger aus der exakten wirtschaftsgeschichtlichen Berechnung bäuerlicher Abgaben ist ein Bereich von Belastungen abzuleiten, der in den letzten Jahren aufgrund verschiedener Ansätze der Revoltenforschung erkennbar geworden ist: die Allmende im allgemeinen und der Wald im besonderen. Zu Beginn des 18. Jahrhunderts gab es im Bereich der südwestdeutschen und der mitteldeutschen Grundherrschaft, aber auch in bayerischen Hofmarken zwischen Bauern und Herrschaften heftige Konflikte um Waldeigentum und -nutzungen. Zwar hatten einzelne territoriale Verwaltungen bei der Suche nach neuen Einnahmequellen schon im 16. Jahrhundert ihr Augenmerk auf die Wälder gerichtet, die zuvor, wie für Hessen gezeigt wurde, nur dilatorisch genutzt worden waren. Zu Beginn des 18. Jahrhunderts scheint jedoch der Zugriff von Obrigkeiten auf die Wälder allgemein geworden zu sein.

Ob der Wald als Langholzlieferant für holländischen Schiffsbau oder als Brennstofflieferant für Manufakturen ausgebeutet werden sollte, – vielerorts begannen sich herrschaftliche Ansprüche mit traditionellen bäuerlichen Nutzungen (Vieheintrieb, Brennholz-, Streu- und Futterlaubgewinnung) zu stoßen. Das Ausgreifen der Obrigkeiten auf die Wälder schloß, wie JOACHIM RADKAU formuliert, „eine offene Grenze" in der spätfeudalen Gesellschaft, die es Bauern vielfach gestattet hatte, herrschaftliche Belastungen oder naturgegebene Engpässe abzufedern.

Die Einhegung von Wäldern durch Obrigkeiten konnte auf

Allmenden

Wald: Herrschaftliche und bäuerliche Nutzung

Einhegungen vielfache Weise vor sich gehen: Durch direkte Enteignungen, durch Einschränkung rechtlich prekärer Nutzungen, schließlich durch die „Hegung" der Wälder nach den „Gesetzen" der „forstlichen Ökonomie". Damit wurde indirekt eine „moderne" Landwirtschaft vorbereitet, die weitgehend ohne Waldnutzung auszukommen hat. Freilich lag diese Absicht den Intentionen der Handelnden im frühen 18. Jahrhundert zunächst nur selten zugrunde. Der materiell begründete Zugriff auf einen (vermeintlich) rechtsfreien Raum zur Steigerung der Einnahmen paarte sich mit dem feudalen Vergnügen an einer widernatürlich „verfeinerten" Jagd, das in Gestalt von Jagdfronen und Feldschäden zusätzliche Bedrängnis für die Bauern – von Sachsen über Oberösterreich bis Schwaben – mit sich brachte.

Zur Einordnung des herrschaftlichen Zugriffs auf den Wald könnte eine wenig beachtete Anregung von FRIEDRICH LÜTGE aufgegriffen werden. Er hat die Frage gestellt, „ob nicht die Verbesserung **Wald und Agrar-** der wirtschaftlichen Lage" der Grundherren im Westen Deutsch-**verfassung** lands „als Folge des Ansteigens der Holzpreise, wovon sie in der Regel auf Grund ihres großen Waldbesitzes in erster Linie profitierten, mit dazu geführt hat, daß das Interesse an einer eigenen Gutswirtschaft verkümmerte oder gar völlig erlosch". Der Versachlichung und Monetarisierung von Abhängigkeiten und Abgaben, die in West- und Süddeutschland an erster Stelle einem in rege Marktbeziehungen eingebundenen Großbauerntum (s.u. S.65f.) zugute kamen, konnten Beschränkungen im Allmende- (s.u. S.48) und Waldbereich gegenüberstehen, die vor allem im kleinbäuerlichen Milieu erhebliche Unruhe auslösten.

2.2 Herrschaft und Gemeinde

Beim Überblick über Abgabensysteme kann man leicht vergessen, daß Herrschaft in der Frühen Neuzeit selbst in ihrer Aneignungsfunktion nicht ohne einen gewissen Konsens seitens der Beherrschten bestehen konnte. Auf bestimmten Gebieten, etwa dem Einsammeln von Natural- und Geldabgaben, war sogar eine enge Kooperation erforderlich. In noch viel höherem Maße gilt dies für die gesellschaftlichen Ordnungsfunktionen auf unterer Ebene. „Herrschaft" ist hier nicht ohne einen Gegenpart denkbar. Dies war bis ins späte 18. Jahrhundert nicht primär der „einzelne" Untertan oder gar der Staatsbürger, sondern ein Kollektivorgan, die Gemeinde.

„Gemeinde" ist aber keineswegs nur der verlängerte Arm von „Herrschaft". Zwischen beiden Polen besteht ein spannungsreiches

Verhältnis von Kooperation und Konfrontation, von Interessengleichheit und -divergenz. „Herrschaft" bedeutet in diesem Kontext zunächst „Ortsherrschaft". In den Territorien der Gutsherrschaft wurde sie vom Gutsherrn, in grundherrschaftlichen Gebieten vom Gerichtsherrn (bzw. staatlichen Instanzen) ausgeübt. Während Herrschaft teilweise noch im 16. Jahrhundert bemüht sein mußte, mit Hilfe von ausgewählten Bauern lokale Rechtsgebräuche im Weistum zu „finden", wurden im 17. und 18. Jahrhundert vermehrt Dorfordnungen erlassen. Sie kamen zwar von der Ortsherrschaft her, nahmen jedoch auf ältere Regelungen (Weistümer) und Gebräuche Rücksicht. Auch im Absolutismus bewahrt sich – freilich unter herrschaftlicher Aufsicht – die Traditionsgebundenheit des Rechts. Durch den lokalen Bezug, der auch in den (gleichfalls aus Weistümern hervorgegangenen) Allmende- und Markordnungen zum Ausdruck kommt, wurden die Wirtschaftsformen auf die lokalen „ökologischen" Bedingungen abgestellt. Im 17. und 18. Jahrhundert griffen jedoch gerade in den Allmendebereich – durch Waldordnungen – viele Territorialstaaten mit flächendeckenden Regelungen in die örtlichen Verhältnisse ein.

Herrschaft und Gemeinde: Konflikt und Zusammenspiel

Weistümer und Dorfordnungen: lokal

Waldordnungen: territorial

Schon seit dem 16. Jahrhundert hatten – insbesondere auf „sittlich-moralischem" und politischem Gebiet – die staatlichen Landesordnungen mitunter den Rahmen für die als Dorfordnungen im herrschaftlichen Geist erneuerten Weistümer abgegeben. Freilich ist selbst für ein Territorium des „klassischen" Absolutismus wie Brandenburg-Preußen unklar, inwieweit staatliche Festlegungen wirklich „unten" ankamen. Liegt die Initiative im 17. und 18. Jahrhundert bei der Rechtssetzung auf Seiten der Herrschaft bzw. des mit ihr zum Teil identischen Staates (freilich meist unter Beibehaltung der traditionellen „materialen" Rechtssubstanz), so wird die „Implementierung" zum großen Teil „der Gemeinde" überlassen. Zudem gab es auch im Absolutismus Bereiche des Zusammenlebens, deren Regelung der dörflichen Gemeinde bzw. ihren Organen überlassen blieb. Insofern stellte „die Gemeinde" (bzw. ihre Organe) – freilich abhängig von der Intensität territorialer Herrschaft – weiterhin ein Forum zur Artikulation bäuerlicher Interessen dar.

Landesordnungen: Frage der „Implementierung"

2.2.1 Gemeindeversammlung

„Was Dorfgemeinde heißt, läßt sich am ehesten über die Gemeindeversammlung erfassen" [BLICKLE]. Zu diesem nicht nur in PETER BLICKLES Sicht wichtigsten Gemeindeorgan hatten in den meisten

Regionen Deutschlands im 17. und 18. Jahrhundert alle Personen Zutritt, die „eigen Rauch" besaßen. In der Mehrzahl waren dies Männer; Frauen waren nur zugelassen, wenn sie als Witwen einem Haushalt vorstanden. Was für die Gemeindeversammlung als das am ehesten „demokratische" Organ gilt, versteht sich für nahezu alle Institutionen der Gemeinden im 18. Jahrhundert: Als Ansprech- oder Konfliktpartner der Herrschaft war „die" Gemeinde im 18. Jahrhundert männlichen Geschlechts.

<small>Teilnehmer</small>

Die Rechte auf der Gemeindeversammlung korrespondierten mit Pflichten, von denen die Anwesenheitspflicht die wichtigste war. Sie wurde streng kontrolliert. Alle Mitglieder der Versammlung hatten formell gleiches Rede- und Stimmrecht, auch wenn Besitz, Abgaben und Allmendeteile ungleich groß waren. In Franken nahmen vereinzelt auch „Hausgenossen" an den Versammlungen teil. Entscheidungen wurden durch Abstimmungen erzielt, wobei, frühneuzeitlichen Gepflogenheiten allgemein entsprechend, Einstimmigkeit angestrebt wurde. Man ging allerdings auch Mehrheitsentscheidungen nicht aus dem Wege.

<small>Abstimmungen</small>

Die Interventionen von Ortsherrschaft oder Staat blieben gering. Dies lag in den Gegenständen begründet, die verhandelt wurden. Da Arbeit und Wirtschaft im Dorf kollektiv rückgebunden waren – so ist regelrecht (für die Monate April bis September) von einem „kollektiven Arbeitszyklus" [RICHTER] gesprochen worden –, darf davon ausgegangen werden, daß in den Versammlungen Termine festgesetzt, Überfahrtsrechte geregelt und Allmendestücke verteilt wurden. In gutsherrschaftlichen Gebieten konnte dabei allerdings ein herrschaftlicher Vertreter das letzte Wort haben, da Guts- und Bauernland bis zur Mitte des 18. Jahrhunderts meist in Gemenge lagen. Ansonsten war das herrschaftliche Interesse an diesem Bereich gering, ähnliches gilt für das staatliche. Agrarreformerische Bestrebungen, wie sie verstärkt in der zweiten Hälfte des 18. Jahrhunderts einsetzten (s. u. S. 47 f.), hatten freilich als Ansprechpartner meist die Gemeinde.

<small>Verhandlungsgegenstände</small>

In den Versammlungen wurde oft auch über die Besetzung der niederen und über Vorschläge zur Besetzung der höheren Gemeindeämter entschieden. Auch die Rechnungslegung geschah vor den versammelten Gemeindegenossen, wobei im 18. Jahrhundert zunehmend herrschaftliche und staatliche Funktionsträger an Einfluß gewannen.

Auf dieser „unteren", den dörflichen Alltag gleichwohl nicht unwesentlich bestimmenden Ebene bewahrten und erprobten auch die „einfachen" Gemeindemitglieder eine Tradition der Selbstverwaltung, die sie auch auf anderen Gebieten politikfähig erhielt. Freilich war die Gemeinde bei der Ansetzung von Versammlungen im 18. Jahrhundert meist nicht mehr autonom. Im landgräflichen Hessen z. B. schließt die vielfach anzutreffende Formulierung, daß eine Versammlung nur „mit Vorwissen" des Dorfvorstehers möglich sei, zwar auch die Initiative von Seiten der Gemeinden ein, ein Selbstversammlungsrecht wurde jedoch hier und auch in Südwestdeutschland von obrigkeitlichen Instanzen nachdrücklich bestritten. Standen Gemeinden freilich im Prozeß mit Grund- oder Landesherrschaften, konnten sie mit Rückendeckung durch die Reichsgerichte ein solches Recht vielfach durchsetzen.

Herrschaft und Gemeindeversammlung

2.2.2 Gericht und Gemeinde

Die dörflichen Gerichte unterstanden in der Regel der Aufsicht des Gerichtsherrn. Wenn auch gerade auf diesem Gebiet eine erstaunliche, bisweilen schwer durchschaubare Vielfalt herrscht, so sind „autonome" bäuerliche Kollegien, wie sie z. B. in der Grafschaft Hohenlohe existierten, doch als Ausnahmen zu bezeichnen und dort, wo sie auftraten, meist mit Bagatelldelikten betraut. In solchen Fällen ist zudem eine Grenzziehung zwischen Gerichts- und Gemeindeversammlung nur schwer möglich. An der „eigentlichen" Gerichtsbarkeit nimmt auch im Bereich der Grundherrschaft die Gemeinde nur teil, veranstaltet sie nicht von sich aus. Diese Teilhabe war jedoch insofern von großer Bedeutung, als die Urteile oft noch von den bäuerlichen Schöffen gefällt wurden, während ein herrschaftlicher Beamter den Vorsitz führte.

Der „Wahl"modus für das wichtige Schöffenamt konnte von Ort zu Ort variieren. FEIGL nennt für Niederösterreich: „Ernennung durch den Gerichtsherrn, die Wahl durch die versammelte Gemeinde, die Bestellung auf Vorschlag des Gerichtsvorstehers oder die Ergänzung durch das Schöffenkollegium". Die zweite Möglichkeit war insgesamt wohl selten anzutreffen, wenngleich sie auch für südwestdeutsche Dörfer bezeugt ist.

Schöffenamt: Besetzungsmodus

Im landgräflichen Hessen und in angrenzenden Kleinterritorien wurde nicht in einzelnen Dörfern, sondern auf Grundlage des Gerichtsverbandes, einer Zusammenfassung mehrerer Dörfer, geurteilt. In Bayern trifft man formal vergleichbare, genetisch jedoch davon unterschiedene Hofmarksgerichte an, während in Altwürttemberg Dorfgerichte und größere Gebiete umfassende Verbände oft neben-

Gerichtsbezirke

einander standen. In Franken und Thüringen wiederum überwogen die Dorfgerichte. In den größeren Gerichtsverbänden Hessens war der Schultheiß des einzelnen Dorfes verpflichtet, alle Übertretungen und Frevel, die sich zwischen den Gerichtszeiten ereignet hatten, schriftlich festzuhalten und am Gerichtstag vorzubringen.

Öffentliches Verfahren vs. Kanzleijustiz

Zum Gerichtstermin hatten in der Regel sämtliche Haushaltsvorstände zu erscheinen und dem Vortrag der „Anklagen" durch den Dorfschultheißen sowie den Urteilen beizuwohnen. In manchen Territorien – etwa Thüringens – beschränkte sich die Anwesenheitspflicht im 18. Jahrhundert allerdings nur noch auf Schöffen, Vorsteher, Kläger und Beklagte. Durch eine solche „verminderte Öffentlichkeit" konnte die herrschaftliche Aufsicht an Bedeutung, z. T. aber auch die bäuerlichen Schöffen in der Gemeinde an Einfluß gewinnen. In einigen Teilen Sachsens freilich wurden schon im frühen 18. Jahrhundert die Jahrgedinge durch Kanzleijustiz abgelöst, und auch aus Hessen sind Beispiele für „vom Amt" angesetzte Strafen überliefert.

Zuständigkeiten: Gutsherrschaft

Auch die Frage der Zuständigkeiten kann nicht einheitlich beantwortet werden. Am ehesten einer Systematik zugänglich sind die Territorien der Gutsherrschaft. Dort, z. B. in Mecklenburg, wurden im 17. und 18. Jahrhundert auch „niedere Frevel" „von einer konsequent ausgeübten Patrimonialgerichtsbarkeit" [RICHTER], die keine bäuerlichen Schöffen, sondern höchstens passive Beisitzer kannte, geahndet. Mitunter war diese „Gerichtsbarkeit", weil die Strafgelder in die Kassen der Gutsherren flossen, „auf die Stufe einer privatwirtschaftlichen Ertragsquelle" gesunken [BOELCKE].

Unterhalb dieser (bisweilen mit Juristen besetzten) Patrimonialgerichte, die die „niedere Gerichtsbarkeit" ausübten, bestanden noch Dorfgerichte, die – allerdings auch unter herrschaftlicher Aufsicht – Akte der „freiwilligen Gerichtsbarkeit" (z. B. Kauf- und Tauschgeschäfte) konzessionierten. Vereinzelt konnten sie auch in Angelegenheiten, die die Feldflur betrafen, Recht sprechen. Für HEIDE WUNDER liegt die fortdauernde Funktionsfähigkeit von Schulzengerichten in der Mark Brandenburg „nicht zuletzt" darin begründet, „daß in Fragen des Erbrechts sowie der Verwandtschafts- und Besitzverhältnisse die lokalen Kenntnisse von Schulze und Schöppen ... nach wie vor unentbehrlich waren" [WUNDER].

Hegemale (Thüringen) und Hofmarksgerichte (Bayern)

Nicht sehr viel weiter als die Befugnisse der Dorfgerichte in der Gutsherrschaft gingen die der thüringischen „Hegemale". In den Erfurter Hegemalen z. B. wurden 1725 Strafen für folgende „Vergehen" angesetzt: ungebührliches Verhalten auf dem Hegemal, Viehschaden, Feldschaden, unerlaubtes Grasen, „wegen ungewöhnlicher Wege und Stege, wegen Schneiden und Beschneiden der Früchte, wegen Graben, so ohne Vorwissen des Hegemals gemacht worden, wegen Steinesetzen" [WIEMANN]. Im Hofmarksgericht der bayerischen Herrschaften Aschau und Jettenbach wurden vor Gericht immerhin schon „Beschwerden von einzelnen Untertanen gegen andere, von der Gemeinde gegen einzelne und umgekehrt" verhandelt. „Gegenstände der Konflikte waren unberechtigte Einzäunungen, die Umleitung eines Baches, die Unterhaltung von Wegen, Erleichterungen bei der Holzscharwerk oder Fragen im Zusammenhang mit Almosen" [KELLNER].

Weiter gesteckt waren die Zuständigkeiten der Schöffengerichte in den archaischen Gerichtsbezirken des Klosters St. Matthias in Trier. Die Zunahme der „nachbarschaftlichen Gebrechen" an den Gerichtsmaterien, die in diesen Gebieten für das 18. im Vergleich zum 16. Jahrhundert zu konstatieren ist, kann freilich als Verrechtlichung und zunehmende herrschaftliche Kontrolle dieses Bereichs, der zuvor womöglich in Gemeindeversammlungen verhandelt wurde, gedeutet werden.

Zuständigkeiten von Gemeindeversammlung und Gericht

Schwer durchschaubar sind die Verhältnisse in Franken und in Südwestdeutschland. Dort gab es „Dorfgerichte", „die Hochgerichtsbarkeit in- und außerhalb des Etters ausüben, und andere, deren Funktionen nicht über kleine Gegenstände des dörflichen Alltags hinausreichen: Flur-, Moral- und sonstige Bagatellgerichte ..." [BADER]. Für einzelne Gemeinden Südwestdeutschlands ist festgestellt worden, daß die Gerichtsbarkeit im 17. und 18. Jahrhundert – offenbar wegen des damit verbundenen Aufwands – nicht mehr zu jenem eisernen Bestand an kommunalen Rechten gehörte, der – wie noch im 16. Jahrhundert – sorgsam gehegt und gegen Angriffe von außen verteidigt wurde. Die Gerichtsverfassung ist dennoch ein gutes Beispiel dafür, daß „Herrschaft", gleich ob sie von lokalen oder staatlichen Gewalten ausgeübt wurde, auch noch im „Absolutismus" in ihren „Ordnungsfunktionen" auf die Mitwirkung von Bauern männlichen Geschlechts angewiesen, in diesem Sinne „Herrschaft mit Bauern" [WUNDER] war.

Vielfalt der Gerichtsorganisation in Südwestdeutschland

„Herrschaft mit Bauern" (WUNDER)

2.2.3 Gemeindeeigentum

Fragen des Gemeindeeigentums sind ähnlich wie der Bereich der Gerichtsorganisation auf die Agrarverfassung zu beziehen. Einer der beiden zentralen Orte im Dorf, das Wirtshaus, z. B. stand in vielen

Wirtshaus

Territorien der Grundherrschaft, etwa in Thüringen, Unterfranken, Hessen und verschiedenen Teilen Südwestdeutschlands im Eigentum der Gemeinde. Die Wirtshäuser waren meist an Privatleute verpachtet und brachten der Gemeinde erhebliche Einnahmen. Dies gilt auch für Brauhäuser. In den meisten Territorien der Guts- und Wirtschaftsherrschaft waren dagegen Guts- bzw. Grundherren Eigentümer des „Kruges" und der dazu gehörigen Einrichtungen und Rechte. Weniger eindeutig sind die Entgegensetzungen zwischen Grund-
Allmende und Gutsherrschaft auf dem Gebiet der Allmende. In Gutsbezirken mit schlechtem bäuerlichen Besitzrecht ist allerdings der Anspruch des Gutsherrn auf Obereigentum auch an der Allmende nachweisbar. In Gebieten mit gutem bäuerlichen Besitzrecht bildete die Allmende hingegen als Gemeinde*eigentum* das materielle Rückgrat der Dörfer, wenngleich die Ausdehnung von Ort zu Ort erheblich variieren konnte [für Hessen: 314: FLECK, 24ff.]. Diese Unterschiede wurden für Fälle der Auseinandersetzung mit Obrigkeiten (EdG 1) wesentlich, gab Allmendeeigentum doch (in Gestalt von Kreditwürdigkeit) den Gemeinden den Rückhalt, Prozesse über Jahrzehnte durchzuhalten. Es gab auch Dörfer, in denen ein durchschnittlich geringer individueller Landbesitz durch ausgedehnten Allmendebesitz kompensiert wurde. So deckte die Gemeinde Wißmar an der Lahn im 18. Jahrhundert „die zahlreichen Abgaben an die fürstliche Regierung in Weilburg ... fast restlos" aus den Erlösen, die die Nutzungen in der „gemeinen Mark" abwarfen [SCHNORR].

Die Allmenden waren verschiedenen Schichten im Dorf in unterschiedlichem Maß zugänglich, was, wie für Nordwestdeutschland dargestellt wurde, zu erheblichen Konflikten führen konnte. In Franken stand im 18. Jahrhundert die an „Peuplierung" interessierte Obrigkeit in solchen Konflikten meist auf Seiten der Unterschichten.

Neben der Allmende konnte kommunaler Gebäudebesitz dem Gemeindeleben materiellen Rückhalt geben. Auch in dieser Beziehung war die Situation im grundherrschaftlichen Bereich günstiger als in gutsherrschaftlichen Zonen. Den für Thüringen und Franken in ausreichender Anzahl vorliegenden Gemeinderechnungen sind regelmäßig Ausgaben für Reparaturen an Gebäuden zu entnehmen.
Rathäuser Aus den Gemeindebauten ragen die Rathäuser hervor. In Thüringen sowie in den Stiftern Magdeburg und Halberstadt deuten sie auf großen Reichtum hin; in hessischen, südwestdeutschen und besonders unterfränkischen Dörfern sind sie häufiger anzutreffen. Unterfränkische Gemeinden verfügten in der Regel auch über

die Schmiede. Der Schmied war in diesem Falle ein Gemeindebediener, der – so in Bayern – mit pauschalen Getreideabgaben entlohnt wurde. Durchweg eine gemeindeeigene Einrichtung war das Backhaus, selbst wenn ein professioneller Bäcker den Betrieb übernommen hatte. In Nordwestdeutschland finden sich die Backhäuser hingegen häufiger in den einzelnen Bauernhöfen. Der Blick auf diese meist großbäuerlich dominierten Dörfer zeigt, daß auch die Struktur der sozialen Schichtung Auswirkungen auf das materielle Fundament der Gemeinden haben konnte. In Franken und in den Alpenländern dagegen sind sogar gemeindeeigene Badstuben nachgewiesen, die von Männern und Frauen getrennt benutzt wurden. Wie der Wirt im Wirtshaus und der Bäcker im Backhaus, so wohnte im Badhaus der Bader, der Wundarzt und „Heilpraktiker" des Dorfes.

Schmiede, Backhaus, Badstuben

2.2.4 Gemeindeämter

Die Benennungen der Gemeindeämter unterscheiden sich zwar im 18. Jahrhundert noch von Region zu Region, im Zuge der staatlichen Entwicklungen werden jedoch die Befugnisse der Amtsinhaber zunehmend vergleichbar. Insofern ist es an dieser Stelle sinnvoll, mit HERBERT REYER den in den Quellen nur selten anzutreffenden Begriff „Dorfvorsteher" als Sammelbezeichnung für Amtsinhaber zu verwenden, die Schultheißen, Vögte, Greben, Schulzen, Bauermeister, Ammänner oder Heimbürgen genannt wurden.

Dorfvorsteher

Die Aufgaben des Dorfvorstehers hatten im 17. und 18. Jahrhundert mit der Ausdehnung der Staatsaufsicht über die Gemeinden an Umfang gewonnen. So gehörte es in Hessen zu den traditionellen Pflichten der Vorsteher, für den ordnungsgemäßen Ablauf von Fronen zu sorgen und Naturalabgaben einzusammeln. Mit der Ausdehnung des Steuerstaates war der Vorsteher zunehmend auch für die Eintreibung von Geldabgaben zuständig. Gleichfalls als Reflex staatlicher Entwicklung ist eine Zunahme von Funktionen der Vorsteher im „Polizeiwesen" zu sehen, etwa bei der Durchsetzung von Sperrstunden oder bei der praktischen Durchführung staatlich verordneter Maßnahmen gegen Bettel und Straßenraub. Eine neuere Untersuchung räumt der Gemeinde in Brandenburg im Zeitalter des Absolutismus nur mehr Funktionen „bei der Durchsetzung des staatlichen Willens auf der untersten Ebene" [HARNISCH] ein. So mußten die Gemeinden nolens volens die Bestimmungen des Kantonsreglements durchführen.

Aufgaben: zunehmend herrschaftlich bestimmt

Die vor allem in den „klassischen" absolutistischen Staaten stark von obrigkeitlichen Aufgaben bestimmte Tätigkeit des Vorstehers konnte allerdings im 18. Jahrhundert noch in einem gewissen Gegensatz zum Besetzungsmodus des Amtes stehen. Prinzipiell sind wieder sämtliche Möglichkeiten, ein Amt zu besetzen, nachweisbar, „vom freien Wahlrecht" bis hin zur „völligen Bevormundung durch adlige, geistliche oder städtische Dorfherren" [BADER]. In Württemberg mußte der Schultheiß seit der Mitte des 18. Jahrhunderts in allen Gemeinden gewählt werden, behielt dann aber meist sein Amt auf Lebenszeit. Für das landgräfliche Hessen ist hingegen kürzlich festgestellt worden, „daß spätestens seit dem 16. Jahrhundert sowohl die ‚Greben' als auch die ‚Dorfschultheißen' durchweg von der Herrschaft ‚gesetzt' werden" [REYER]. In den Territorien östlich der Elbe war das Amt an die Schulzenhufe gebunden und erblich, meist auch in weiblicher Linie. Dort versuchten Gutsherren allerdings, die Erb- und Lehenschulzen durch ihnen genehme „Setzschulzen" abzulösen, was nur selten ohne Gewaltmaßnahmen abging.

„Wahl"modus (margin)

Selbst wenn in der Gemeinde nurmehr noch der herrschaftliche oder staatliche Wille durchgesetzt wurde, war ein Vorsteheramt von beträchtlicher Bedeutung. Es war im wesentlichen der dörflichen Oberschicht reserviert. Für Bayern ist allerdings nachgewiesen, daß Angehörigen mittlerer Schichten der Zugang zu wichtigen Gemeindeämtern nicht prinzipiell versperrt war. In anderen Territorien wiederum, etwa dem Nürnberger Landgebiet, Paderborner oder westpreußischen Dörfern, gab es jeweils eigene Vorsteher für die verschiedenen ständischen „Klassen" im Dorf, die formal gleichberechtigt waren. Davon zu unterscheiden sind die in Süddeutschland anzutreffenden Kollegialorgane, die Aufgaben des Vorstehers gemeinsam wahrnahmen. Sie umfaßten oft vier, manchmal auch zwölf Personen. Naturgemäß waren daran nicht nur Angehörige der Oberschicht beteiligt.

Amt und Sozialstruktur (margin)

Im Oberrheingebiet, aber auch in Teilen Hessens, Frankens, Thüringens und Sachsens trat dem Schultheißen der Heimbürge oder der Bürgermeister an die Seite bzw. ihm gegenüber. Seine Aufgabe war vor allem die Überwachung des Gemeindeeigentums, teils auch die Rechnungsführung der Gemeinde, bei der er aber in Hessen zunehmend vom Schultheißen verdrängt wurde, der als „Kontrolleur" im Interesse der Herrschaft diese Tätigkeit schließlich an sich zog. Dies legt die Frage nahe, ob der Schultheiß im 18. Jahrhundert überhaupt noch ein Gemeindeamt ausübte. Für Südwest-

2. Herrschaft und Aneignung

deutschland, Franken und Thüringen sind dementsprechend zwei Spitzen der Gemeinden angenommen worden, von denen der einen, dem Vorsteher, herrschaftliche und der anderen, dem Heimbürgen bzw. dem Bürgermeister, gemeindliche Aufgaben zugeschrieben werden. Auch in Hessen treten in vielen Dörfern Heimbürgen bzw. Bürgermeister neben den Greben auf, einen regelrechten Dualismus hat HERBERT REYER jedoch ausgeschlossen.

Dualismus Bürgermeister – Schultheiß?

Die „niederen" Gemeindeämter sind von solchen „politischen" Fragen in der Regel nicht berührt, sie sind ausschließlich funktional definiert. Die wichtigste Stelle unter ihnen nahmen die Hirten ein, bei denen es sich oft um „Fachleute" von außerhalb handelte. Aus den Dörfern stammten die anderen Amtsträger, die Büttel bzw. Dorfknechte, Bannwarte oder Flurschützen, Grenzuntergänger, Dorfschreiber und Feuerbeschauer.

Die Vielfalt der möglichen Ämter und der damit verbundenen Tätigkeiten verdeutlicht, daß der Satz von PETER BLICKLE, nach dem „Bauern aus der Gemeinde, teils gewählt, teils eingesetzt ... im Zusammenwirken von Gemeinde und Herrschaft" z. B. Aufgaben „baupolizeilicher, feuerpolizeilicher und marktpolizeilicher Art" wahrnehmen, auch noch die Realität des 17. und 18. Jahrhunderts trifft. Freilich taten sie dies zunehmend unter staatlicher bzw. herrschaftlicher Aufsicht.

2.2.5 Kirchengemeinde

Zwar kann im Zuge absolutistischer Entwicklungen von Autonomie-, vereinzelt auch von Bedeutungsverlusten der Dorfgemeinde die Rede sein (etwa im Gerichtswesen), diese Sicht bleibt jedoch einseitig, wenn die Kirchengemeinde aus der Betrachtung ausgeklammert wird. Ihre Bedeutung nahm vor allem in protestantischen Territorien im 17. und 18. Jahrhundert eher zu als ab. Dies hing damit zusammen, daß sich staatlicher Hegemonialanspruch (mit dem Ziel der „Sozialdisziplinierung" der Untertanen) im Zuge der Konfessionalisierung seit der zweiten Hälfte des 16. Jahrhunderts zunehmend auf Theologie und Kirche stützte (EdG 12, 94ff.).

Kirchengemeinde und „Sozialdisziplinierung"

Staatliche Moralvorstellungen durchzusetzen, war die Hauptaufgabe der Pfarrer. Damit war theoretisch eine enorme Machtfülle verbunden. Ein Großteil der um Probleme von Ehre, Moral und Ehe kreisenden Fälle ging durch die Studierstube des Pfarrhauses. Freilich war die Macht des Pfarrers im Dorf nicht unumschränkt. Aus den Territorien aller drei Konfessionen ist eine Vielzahl von

Pfarrer

Querelen zwischen Dörfern und Pfarrern überliefert, in denen die Dörfer nicht selten ihren Willen durchsetzen konnten. Auch bei der Berufung der Pfarrer, die in der Regel vom adligen Patronatsherrn im Einklang mit dem fürstlichen Konsistorium vorgenommen wurde, konnten sich Gemeinden (z. B. im schleswig-holsteinischen Altsiedelland) Mitwirkungsrechte sichern.

Institutionelle Grenzen für die Macht des Pfarrers im Dorf bildeten oft die gemeindlichen Kirchenämter. In Hessen war das wichtigste das des „Opfermannes". Er verwaltete das Kirchenvermögen, war meist noch Glöckner und Küster, manchmal auch Lehrer. Im kalvinistischen Hessen-Kassel wurde der Opfermann noch im 18. Jahrhundert von der „gesamten Gemeinde" gewählt. Ein solcher Modus ist vereinzelt auch für gutsherrschaftliche Gebiete, etwa ostholsteinische Gemeinden überliefert, wenngleich der Konsens des Patronatsherrn bei der Bestellung der dort so genannten „Kirchspielsjuraten" eine größere Rolle spielte.

Mit Hilfe ihres Amtes konnten die Kirchspielsjuraten auch auf die sozialen Verhältnisse der Gemeinden einwirken. Es ist bekannt, daß das Kirchenvermögen Hauptquelle des bäuerlichen Kredits war und die meist der bäuerlichen Oberschicht entstammenden Opfermänner bei seiner Verteilung entscheidenden Einfluß ausübten. Eine andere wichtige Aufgabe der Kirchengemeinde und ihres „Kastens" war die Armenversorgung und -polizei.

Die Juraten bzw. Opfermänner gehörten auch einem Gremium an, das als „geistliches Gericht" bezeichnet werden kann. Dort nahmen sie, angefeuert vom Pfarrer und unterstützt von weiteren Mitgliedern, die Aufsicht über das sittliche Leben wahr. Solche Institutionen wurden zuerst in einzelnen kalvinistischen Territorien im späten 16. Jahrhundert geschaffen; Mitte des 17. Jahrhunderts folgten lutherische (in erster Linie Württemberg) und vereinzelt auch katholische Territorien. Durch die stärkere Verankerung der Kirchenzucht in den Gemeinden wurde freilich der staatliche Einfluß nicht völlig zurückgedrängt. Die für die Gemeindeverfassung des 18. Jahrhunderts charakteristische gegenseitige Durchdringung von herrschaftlichen und kommunalen Elementen läßt sich nämlich auch im Bereich der „Sittenzucht" feststellen. So waren die Kompetenzen zwischen „geistlichen" und „weltlichen" Gerichten (z. B. den Rügegerichten) nicht hermetisch abgegrenzt, und für die „Exekution" der Strafen waren in der Regel „staatliche" Instanzen zuständig. Bisweilen saßen auch die gleichen Personen in „geistlichen" wie in „weltlichen" Niedergerichten.

Dennoch sollte das Ausmaß der Gestaltungsmöglichkeiten, die Kirchenkonvente, Presbyterien und Synoden besaßen, nicht unterschätzt werden. Der Bereich „Sitte und Moral" war nicht nur für die Regulierung der „Emotionen" wichtig, er griff auch – als Vorhof möglicher Eheschließungen – auf den Bereich der „materiellen Interessen" über. Es ist einsichtig, daß insbesondere die großen Bauern darauf ein wachsames Auge hatten. Es scheint nämlich vorwiegend die dörfliche Oberschicht gewesen zu sein, die in den Kirchenkonventen und Presbyterien vertreten war. Auch darin unterschieden sich diese Gremien nicht von den „profanen" Gerichten. Das vielerorts übliche Verfahren, freie Stellen durch Kooptation zu besetzen, scheint diese oligarchische Tendenz noch verstärkt zu haben.

<small>Presbyterien, Kirchenkonvente, Synoden</small>

Im 17. und 18. Jahrhundert zeigt sich gerade bei der „Sittenzucht" ein subtiles Zusammenspiel von Herrschaft und Gemeinde, Hegemonie und Autonomie, das letztlich die Position der besitzenden Schichten stärkte, wenngleich ein übertriebenes Spitzelsystem im kalvinistischen Nassau-Dillenburg wie im lutherischen Württemberg als Widerspruch zu dörflichen Traditionen empfunden wurde. Die durch diese Gerichte bezweckte schärfere Aufsicht über die Einhaltung von Normen konnte möglicherweise die Position verheirateter Frauen im „Haus" stärken (EdG 12, 101 f.). Verlierer waren jedoch die Jungen und die Armen, deren Spielräume in einem nun stärker kontrollierten System der Kombination von Besitz und Moral weiter eingeschränkt wurden. Wieweit diese Einschränkungen im einzelnen gingen, ist jedoch – gerade für diesen „schlecht" erforschten Gegenstand – nicht pauschal zu ermessen und unterlag zeitlichen, regionalen und in erster Linie konfessionellen Variationen.

<small>Hegemonie der Oberschichten</small>

3. Determinanten ländlicher Sozialstruktur

3.1 Erbschaft und Übergabe

Weiter westlich als die Grenze zwischen Grundherrschaft und Gutsherrschaft verläuft eine weitere, für die Sozialgeschichte der ländlichen Gesellschaft in Deutschland bedeutsame Demarkationslinie: die „Grenze" zwischen Realteilungsgebieten (eher im Westen und Südwesten) und Territorien mit geschlossener Vererbung (eher im Norden und Osten).

<small>Realteilung/ geschlossene Vererbung</small>

32 I. Enzyklopädischer Überblick

[nach: 230: MITTERAUER, Mütter, 78]

Veränderungen im Erbrecht 16.–18. Jahrhundert

Sie war freilich noch weniger hermetisch als die Linie zwischen Grund- und Gutsherrschaft. Staatliche Bestrebungen, die zur besser überschaubaren Form der geschlossenen Vererbung drängten, konnten das Gewohnheitsrecht verändern. Dies geschah vorwiegend in der zweiten Hälfte des 16. bzw. zu Beginn des 17. Jahrhunderts, als Landrechtskodifikationen lokale Gebräuche vereinheitlichten. Das hessische Hufenedikt freilich, das die Unteilbarkeit von Höfen bestimmter Rechtsformen dekretierte, datiert aus dem Jahr 1773. Die Gegenüberstellung übersieht zudem Zwischenformen wie die Osttiroler „Gemeinerschaften", in denen Geschwistergruppen zusammenlebten.

Erbrecht und Besitzrecht

Außerdem ist festzuhalten, daß Erben und Vererben überhaupt erst zum Problem – aber auch zur Gestaltungsmöglichkeit – werden, wenn sich in der Praxis die Erblichkeit der Besitzformen ausgebildet hat. Trotz der Versuche der preußischen Könige, Erblichkeit für

Lassiten durchzusetzen, waren diese de jure in allen Territorien der Gutsherrschaft in ihrer Dispositionsfreiheit durch die Interessen der Gutsbesitzer eingeschränkt. De facto galt dies auch für die Domänenbauern in Ostpreußen, während sich die kühl kalkulierenden Zeitpächter des späten 18. Jahrhunderts ihrerseits nicht immer am Erben einer „schlechten" Stelle interessiert zeigten.

In grundherrschaftlichen Gebieten allerdings, insbesondere in Regionen mit geschlossener Vererbung, wurde Erben und Vererben nicht als technischer Akt der Übertragung, sondern als Übergabe bzw. Übernahme einer Aufgabe begriffen. Von der Volkskunde ist diese Auffassung, die den einzelnen Hoferben diachron in eine Familientradition und synchron in den Sozialverband des „ganzen Hauses" integrierte (s. u. S. 88 f.), als „Hofidee" bezeichnet worden. Sie war insbesondere auf großen Höfen ausgeprägt. Die Besitzkontinuität auf Kleinstellen war erheblich geringer. „Hofidee"

Dies mindert allerdings nicht die Gesamtbedeutung des Erbrechts als einer wichtigen Determinante der Sozialgeschichte. Zwar gab es im 18. Jahrhundert – etwa in Württemberg oder Baden – einen an Bedeutung gewinnenden Bodenmarkt, der Zugang zu Land war jedoch noch immer im wesentlichen durch Übergabe bzw. Erbschaft bestimmt.

3.1.1 Geschlossene Vererbung

Die Auswahl des jeweiligen Erben variierte von Region zu Region. In Teilen der Lüneburger Heide z. B. herrschte im 17. und 18. Jahrhundert Ältestenrecht, während in Teilen Ostfrieslands der Jüngste zum Hoferben vorbestimmt war. Dort waren allein männliche Nachkommen erbberechtigt. In anderen Territorien, etwa Bayern oder Braunschweig-Wolfenbüttel, konnten übergabewillige Eltern den Erben bzw. die Erbin unter ihren Töchtern und Söhnen auswählen. Bei Zweit- bzw. Drittehen ist für Bayern eine Bevorzugung der Kinder aus letzter Ehe zu beobachten. Dies konnte – ähnlich wie in Oberösterreich und Hohenlohe – dazu führen, daß die Familiennamen der Hofbesitzer oft wechselten. Bestimmung des Erben/der Erbin

Bei der Übergabe war der Erbe bzw. die Erbin zunächst zur Stellung des Altenteils verpflichtet. Nicht immer bedeutete eine Heirat des Erben/der Erbin allerdings sofortige Übergabe. Abgestufte Formen der Übergabe sind aus verschiedenen Territorien, z. B. aus Hohenlohe oder aus westfälischen Fürstentümern, überliefert. Die Lage der Altenteiler im Untersuchungszeitraum stellt sich in Abhän- Altenteile gigkeit von Hofgröße und Agrarkonjunktur regional extrem unterschiedlich dar. Gute Konjunktur bedeutete in der Regel frühe Übergabe, manchmal mit 50 Jahren, und in Kombination mit einer überdurchschnittlichen Hofgröße auch komfortable Ausstattung des Altenteils.

Düster klingen freilich die Nachrichten aus dem kleinbäuerlichen Milieu. Im bayerischen Unterfinning z. B. hatte die Witwe Maria Trexl 1706 ihr „leeres Häusl und Gärtl" ihrem Sohn für ganze 15 Gulden übergeben. Er konnte ihr dennoch nur „die Herberg oder Ein- und Ausgang ohn Raichung einiger Cost Zeit lebens" [BECK] zusichern. Was nach der Aufzehrung der 15 Gulden geschah, ließ der Vertrag offen. Auch die Lebensweise einer alten Frau in Holstein, die von ihrem Sohn neben der Unterkunft noch täglich „ein wenig Milch mit gutem Willen" [CZERANNOWSKI] vertraglich zugesprochen bekam, ist schwer auszumalen. Insofern kann es nicht erstaunen, daß „die Einrichtung des Ausgedinges im Rechtssinn" [MITTERAUER] unter salzburgischen Kleinhäuslern im 17. Jahrhundert gar nicht anzutreffen ist.

Zudem war Regelungsbedarf nur dann gegeben, wenn zum Zeitpunkt der Hofübergabe noch ein Elternteil am Leben war. Auf dem von IMHOF von 1552 an untersuchten Välteshof in der Schwalm war dies zum erstenmal im Jahre 1724 der Fall. Auch die Tatsache, daß in den braunschweigischen Ämtern Jerxheim und Königslutter vor 1618 von 155 Ehestiftungen nur 62 Verträge über ein Altenteil enthielten, legt nahe, daß sich Regelungen und Konflikte um die Leibzucht erst im 17. und 18. Jahrhundert mit zunehmender Lebenserwartung verbreiterten und ihr Stellenwert im Haushaltszyklus (s.u. S. 91) nicht überbetont werden darf. In Salzburger Gemeinden bildete sich das Altenteil im Laufe des 17. Jahrhunderts, nicht zuletzt aufgrund des herrschaftlichen Interesses an „tüchtigen Wirten", als Sozialform erst heraus.

Abfindung der „weichenden Geschwister"

Für die Abfindung der „weichenden Geschwister" gab es – von den Verhältnissen der Lassiten oder Zeitpächter abgesehen, die Hofwehr und Inventar nicht zu Eigentum besaßen – verschiedene Wege. Obwohl die Summe der Abfindungen selten den Wert des Hofes erreichte, war nicht auszuschließen, daß – wie für Hohenlohe festgestellt – „der Bauer durch den Kindskauf (die dort verbreitete Form der Abfindung, W.T.) vorübergehend in Schwierigkeiten kommen konnte, da in diesem Falle ... auch sofort der Handlohn bzw. Sterbfall fällig wurde" [STEINLE]. Demzufolge wurden oft Ratenzahlungen vereinbart. Sie sorgten dafür, daß der Nexus zwischen

3. Determinanten ländlicher Sozialstruktur

den Geschwistern und – im Falle einer Heirat – auch der zwischen abgebendem und aufnehmendem Hof erhalten blieb.

In der Sicht des aufnehmenden Hofes erschienen die Abfindungen als Mitgiften. Art und Umfang wurden wiederum penibel in Eheverträgen geregelt. In diesen Verträgen waren auch Bestimmungen für den Fall enthalten, daß einer der Ehepartner starb. Schon aus demographischen Gründen war eine solche Festlegung essentiell. In den schaumburgischen Ämtern Bückeburg und Arensburg lag der Anteil der Zweitehen zwischen 1740 und 1770 bei 37% aller Eheschließungen. Ähnliche hohe Prozentzahlen (besonders für Witwen) liegen für die Butjadinger Küstenmarsch in der zweiten Hälfte des 18. Jahrhunderts vor. Für die innerfamiliären Beziehungen – insbesondere auf großen Höfen – war die Situation „Wiederverehelichung" somit „von ziemlicher Bedeutung" [MITTERAUER]. Mitgift

Unter dem Einfluß staatlicher Bestrebungen zur Stärkung des „regierenden Paares" ist seit dem 16. Jahrhundert in verschiedenen Territorien – unter anderem in Braunschweig-Wolfenbüttel – die Tendenz in den Verträgen zu erkennen, die Stellung der/des Eingeheirateten für den Fall der Wiederverheiratung zu Lasten der Bindung des Hofes an die Verwandtschaft des ursprünglichen Erben zu stärken. Der Hof sollte mehr als wirtschaftliche und fiskalische Einheit verstanden werden. In der Praxis konnte dies freilich Interventionen der Verwandtschaft im Falle einer unerwünschten Erbschaft nicht ausschließen (s. u. S. 98). Erbrechtrechtliche Stärkung des „regierenden Paares"

3.1.2 Realteilung

Unter Realteilung versteht man die Aufteilung des Landes und mitunter auch der Gebäude unter verschiedene Erben. In manchen Territorien, z. B. der Markgrafschaft Baden oder dem hannover'schen Amt Grubenhagen, wurden die Gebäude en bloc vererbt, wobei das jüngste Kind bevorzugt wurde.

In Realteilungsgebieten wurden noch seltener als in Regionen mit geschlossener Vererbung die gesamten Erbteile mit der Heirat eines Kindes übergeben. Die endgültige Aufteilung erfolgte in der Regel erst dann, wenn auf dem elterlichen Hof kein weiteres Kind mehr zu erwarten war. Die Rücksicht auf das jüngste Kind verlängerte die „Regierungszeit" des Altbauernpaares, dessen Position damit auch innerfamilial gestärkt wurde. Überhaupt waren die Übergänge zwischen den Generationen insbesondere bei Wiederverheiratungen fließend und Altenteile seltener. Im hannover'schen Amt Sukzessive Übergabe

Calenberg z. B., einem Gebiet mit geschlossener Vererbung, beherbergten 1689 35% aller Kotsassen mit Kindern unter zehn Jahren ein Altbauernpaar, während es im Realteilungsgebiet des Amtes Göttingen nur 9% der gleichen Bauernklasse waren.

Zersplitterung des Besitzes und Zunahme der Bevölkerungszahl

Die Besitzzersplitterung verhinderte in der Regel zwar „schroffe soziale Abstufungen zwischen den verschiedenen Klassen im Dorf" [VON HIPPEL], führte aber zu einer im Vergleich zu Anerbengebieten hohen Bevölkerungsdichte. Im schon erwähnten Anerbengebiet des Amtes Calenberg wuchs zwischen 1689 und 1766 die Bevölkerungszahl um 31%, die Zahl der Familien um 15%, im Göttinger Realteilungsgebiet stieg die Bevölkerungszahl im gleichen Zeitraum um 62%, die Zahl der Familien um 39%. Für das oberhessische Realteilungsgebiet um Gießen wurde freilich schon für die erste Hälfte des 18. Jahrhunderts – insbesondere auf großen Höfen – „Geburtenbeschränkung aus sozialer Verantwortung" [SCHMIDT] festgestellt.

Fragen der Vererbungspraktiken strahlen insofern in andere historische Forschungsgebiete aus: in die historische Demographie, die ländliche Sozialgeschichte im allgemeinen, aber auch in die historische Haushaltsforschung, die in den letzten Jahren auch in Deutschland an Fahrt gewonnen hat. In diesem Zusammenhang sollen sie auch im Forschungsteil wieder aufgegriffen werden (s. Teil B, 4.1).

3.2 Soziale Schichtung

Begriff „Bauer"

Wort und Begriff „Bauer" sind im 17. und 18. Jahrhundert inhaltlich nicht eindeutig abgegrenzt. Einerseits konnten mit „Bauern" (im Unterschied zu Adel und Bürgern) pauschal die Landbewohner gemeint sein, zum andern war „Bauer" auch eine ständische Kategorie innerhalb der ländlichen Gesellschaft. So wurde in schwäbischen und bayerischen Dörfern zwischen Bauern und Söldnern bzw. Seldnern, in Teilen Frankens zwischen Bauern und Köblern, in nordostdeutschen Territorien zwischen Bauern und Kossäten, in Niedersachsen und der Magdeburger Börde zwischen Hufnern und Kötern (Köttern oder Kotsassen) unterschieden.

Ständische Differenzierungen und bäuerliche Unterschichten

Im 18. Jahrhundert entsprachen solche Einteilungen nicht mehr in allen Territorien ständischen oder gar sozialen Unterschieden. Im Herzogtum Braunschweig-Wolfenbüttel und im Fürstentum Paderborn war die Unterscheidung zwischen Bauern und Kossäten zwar auf eindeutig benannte Flächenmaße bezogen, ähnliches gilt

3. Determinanten ländlicher Sozialstruktur

auch für das bayerische Hoffußsystem, in dem Anwesen von einem „Sechstelhof" an abwärts Sölden genannt wurden. Aber schon im bayerischen Hoffußsystem konnten sich „reiche" Söldner oft noch allein von ihrer Landwirtschaft ernähren, waren also im funktionalen Sinne „Bauern". Gut ausgestattete Kossäten finden wir im 17. Jahrhundert auch in ostelbischen Gebieten. Im Osnabrücker Land konnte theoretisch der größte Markkötter mehr Land besitzen als der kleinste „Vollerbe". Hier hatte die Unterteilung im 18. Jahrhundert eher siedlungsgeschichtlichen als strukturell-sozialen Charakter.

Um der sozialen Realität in den Dörfern des 18. Jahrhunderts näherzukommen, muß demzufolge eine weitere Schicht einbezogen werden. Sie entwickelte sich seit dem 16. Jahrhundert in Gemeinden, die ihre Türen für Neusiedler – z.T. unter obrigkeitlichem Einfluß – „offen" hielten. Diese Neusiedler (in Anerbengebieten oft die Familien nichterbender Bauernkinder) wurden Gärtner (Schlesien), Häusler (Bayern, Sachsen), Büdner (Niedersachsen), Hüttner (Hessen) oder Brinksitzer (Westfalen, Niedersachsen) genannt. Für sie stand freilich weniger Land zur Verfügung als für Söldner und Kotsassen, die aufgestiegenen Randschichten des Spätmittelalters. Sie bewohnten mit ihren Familien eine kümmerliche Behausung und bearbeiteten nur kleine Flächen, waren also auf Nebenerwerb angewiesen (s.u. S.56). Anders als Köbler oder Kossäten konnten sie nicht überall freien Zugang zur Allmende durchsetzen. *Unterbäuerliche Schichten*

Die Entwicklung des Anteils dieser Schichten an der ländlichen Bevölkerung ist von Region zu Region stark unterschiedlich. Als Paradebeispiel für die vielfach geäußerte These von einer starken prozentualen Zunahme ihres Anteils im Laufe des 18. Jahrhunderts gilt das – freilich früh von protoindustriellen Verhältnissen erfaßte – Sachsen. Dort schnellte der Anteil der Gärtner und Häusler von 4,6% (1550) auf 30,4% (1750) hoch, während der Anteil der Bauern von 49,5% (1550) auf 24,6% (1750) abnahm. Ein ähnliches Anwachsen unterbäuerlicher Schichten ist für 53 Orte Schwedisch-Pommerns zwischen 1700 und 1760 nachgewiesen. Gleiches gilt für die hannover'schen Ämter Südniedersachsens und die Realteilungsgebiete Frankens und Schwabens sowie Teile Schlesiens. *Starke Zunahme unterbäuerlicher Schichten: Beispiel Sachsen*

Ein Grund für diese Entwicklung ist darin zu sehen, daß nach 1700 die Bevölkerungszunahme durch Kriege nicht mehr dramatisch gebremst wurde. Zugleich müssen die Auswirkungen der Protoindustrialisierung bedacht werden, die Angehörigen ländlicher Unterschichten die Gelegenheit zu Familiengründungen gab (S.60).

Politische und ökonomische Ursachen	Schließlich sind auch Tendenzen staatlicher Politik anzuführen, die diese Entwicklung verstärkten. So nahm der Anteil der Unterschichten in Preußen und Österreich vor dem Hintergrund staatlicher Peuplierungsmaßnahmen in der zweiten Hälfte des 18. Jahrhunderts noch einmal kräftig zu. Zum Teil standen hier auch die Intensivierung der Landwirtschaft, die verstärkte Nachfrage nach Arbeitskräften auslöste, oder die Ausbreitung des Eigenbetriebes in der Gutsherrschaft (s. o. S. 10f.) Pate.

Wo solche Elemente (etwa staatliche Peuplierung) fehlten, stieg der Anteil der Unterschichtenfamilien durchaus nicht immer an.

Geringe Zunahme unterbäuerlicher Schichten: Bayern, Hohenlohe	Für Bayern insgesamt ist sogar eine prozentuale Abnahme des Anteils von Häuslern und Büdnern von 19,4% (1691) auf 8,6% (1752/60) nachgewiesen worden. In Hohenloher Gemeinden scheint die prozentuale Zunahme unterbäuerlicher Schichten im 18. Jahrhundert nicht dramatisch gewesen zu sein. Ähnliches gilt für Ostfriesland, Osnabrück und die westfälischen Fürstentümer Corvey und Paderborn. Freilich ist hier das Augenmerk auf Heuerlings- oder Häuslingsverhältnisse (s. u. S. 41) zu richten.

Durch die Zunahme des Anteils von Kleinstellenbesitz wurden die sozialen Spannungen in den Dörfern nicht immer verstärkt. Dies kann der Übergang von ständisch-sozialen Begriffen auf eine Realkategorie, den Landbesitz, verdeutlichen. Direkte überregionale Vergleiche sind zwar auch auf dieser Basis undurchführbar, da Gleichsetzungen wegen unterschiedlicher Bodenqualitäten und Bewirtschaftungsweisen nicht möglich sind. Immerhin scheint sich

Großbauerntum und geschlossene Vererbung: Bayern, Westfalen, Ostseerand	bäuerlicher Großbesitz auf zwei Variablen (die sich in der Kombination verstärken konnten) bezogen zu haben: Gutsherrschaft und geschlossene Vererbung. So konzentrierten sich große Flächen (über 40 ha) in den Territorien der Gutsherrschaft am Ostseerand und z. T. auch in der Lausitz sowie in Schlesien. Auch in Bayern oder Westfalen sind solche Großbetriebe in erheblicher Zahl anzutreffen.

Das Vorhandensein bzw. Fehlen von Großbauern in den Gemeinden hatte für die Sozialstruktur insgesamt Auswirkungen. Während in den ausgesprochen großbäuerlich geprägten Dörfern der Gutsherrschaft in der Regel „eine starke Gruppe mit 7 bis 15 Hektar je Hof" [HENNING] fehlte und sich in den Dörfern eine regelrechte Klassenspaltung anbahnte, wiesen Dörfer in klein- und mittelbäuerlich geprägten Landschaften in bezug auf den Landbesitz eine geringere Streubreite und eine gleichmäßigere Verteilung auf. FRIEDRICH-WILHELM HENNING hat diese beiden Typen ländlicher So-

3. Determinanten ländlicher Sozialstruktur

zialstruktur als „Ostpreußen-Pattern" und „Paderborn-Pattern" gegenübergestellt.

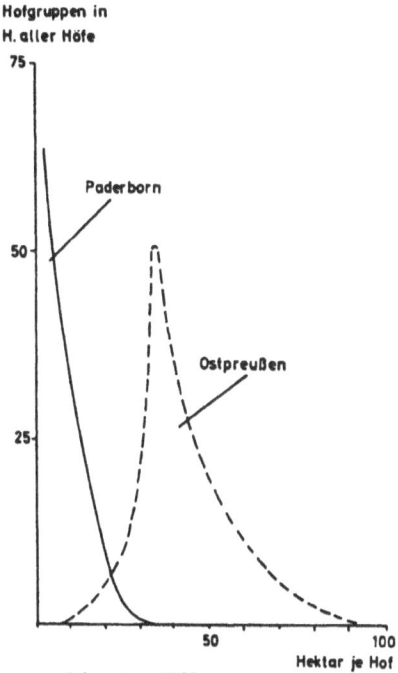

[nach: 21: HENNING, Dienste, 118]

Das „Paderborn-Pattern" herrschte (bei durchschnittlich meist noch kleineren Flächeneinheiten) auch in Hessen vor. Für die 123 „Bauern"familien von Niederaula bei Hersfeld z. B. errechnet sich ein durchschnittlicher Besitz von 6 ha, noch niedriger lagen die Durchschnitte in Nassau-Dillenburg. In den Ritterherrschaften Gersfeld und Tann in der Rhön hatten 1708 von 405 Bauernwirtschaften nur 11 mehr als 10 ha Land, 270, also mehr als die Hälfte, bearbeiteten weniger als 5 ha, und das bei kargen Böden in Mittelgebirgslandschaften. Es ist einleuchtend, daß in solchen Gebieten die Auswirkungen innerdörflicher Hierarchien angesichts der Notwendigkeiten zum gemeinsamen Überleben zurücktraten.

Anders war dies in Dörfern des „Ostpreußen-Patterns". Gerade auf großen Höfen war Platz für ein ausgeprägtes bäuerliches Standesbewußtsein. Einen Bauernstolz, „der dem Adelsstolze oft ähnlich ist", beobachtete im späten 18. Jahrhundert der schlesische

Kleinbäuerliche Gemeinden: Mittelgebirgsregionen

Selbstbewußtsein der Großbauern

Popularphilosoph Garve. Er sah ihn noch „dadurch vergrößert, wann sich mehrere solcher Familien oft untereinander und nur untereinander verheyrathet haben" [4: FRANZ, Quellen, 300]. Das von Garve beobachtete Streben nach endogamer Heirat wird verständlich, wenn man berücksichtigt, daß neben dem Erbe die Heirat die wichtigste Möglichkeit war, Land zu halten bzw. zu erwerben. In kleinen schaumburgischen Dörfern führte das Streben nach Endogamie zu einer räumlichen Erweiterung des großbäuerlichen Heiratskreises. Im westfälischen Stift Quernheim heirateten im frühen 19. Jahrhundert 91% der Groß- und Mittelbauern Angehörige der gleichen Schicht.

„Naturgemäß" konnte totale Endogamie dennoch nicht erreicht werden. Dies lag nicht zuletzt daran, daß eine standesgemäße Heirat auch auf großen Höfen nur möglich war, wenn nicht zuviele Kinder zu versorgen waren. Demgemäß ist für die zweite Hälfte des 18. Jahrhunderts bei Großbauern in der Magdeburger Börde ein Streben zur Ein- oder Zwei-Kindfamilie nachweisbar, das die Absicherung ihres Status zum Ziel hatte. In der zweiten Hälfte des 18. Jahrhunderts stellten reiche Bauern ihr unter anderem durch solches Verhalten gefestigtes Standesbewußtsein auch durch demonstrativen Konsum zur Schau.

Die Nachrichten über dieses Phänomen deuten auch die ökonomische Macht an, die sich im großbäuerlichen Milieu in der zweiten Hälfte des 18. Jahrhunderts angesammelt hatte. Die Grundlagen dieser Vermögen sind zum Teil auf die in diesem Zeitraum verstärkt einsetzende Kommerzialisierung der großbäuerlichen Landwirtschaft (s.u. S.65) zurückzuführen. Nur selten jedoch entstammten sie rein agrarischen Tätigkeiten. Die Analyse eines bäuerlichen Großvermögens des späten 16. Jahrhunderts aus Kornwestheim hat ein gut organisiertes Fuhrunternehmen und weitverzweigten Geldverleih als Basis erkennen lassen; Fuhrunternehmer waren im 18. Jahrhundert auch die reichsten bayerischen Bauern. Wie die oberösterreichischen „Bauernkönige" des frühen 17. Jahrhunderts trieben sie auf eigene Faust Handel und waren im Geldverleih engagiert. Einen Sonderfall stellten reiche Bauern an der deutschen Nord- und Ostseeküste dar, die den Transport nicht nur zu Land, sondern mitunter auch zur See organisierten und vom Ochsenhandel profitierten. Reiche Bauern fand man in Preußen und Sachsen in der zweiten Hälfte des 18. Jahrhunderts sogar als Rittergutspächter.

Die Fälle bäuerlichen Reichtums, die meist auf klugem Ausnut-

3. Determinanten ländlicher Sozialstruktur

zen von Naturbedingungen und Marktchancen, aber auch von Verwandtschaftsbeziehungen mit städtischen Oberschichten und Beamten beruhten, waren, obwohl sie im späten 18. Jahrhundert häufiger wurden, kein Massenphänomen. Ein solches war eher die Verbreitung einer Schicht (insbesondere in Gebieten mit geschlossener Vererbung), die von staatlichen Instanzen bis zur zweiten Hälfte des 18. Jahrhunderts nur indirekt erfaßt und von der Historiographie lange vernachlässigt wurde: die Beiwohner, Inwohner, Häuslinge oder Heuerlinge. Sie waren in der Regel verheiratet und konnten einen legitimen Beitrag zur Vermehrung der Bevölkerung leisten. *Die andere Seite: Inwohner, Heuerlinge*

In „offenen" Gemeinden konnte ihnen ein Auf- bzw. Ausstieg in den Kreis der Kleinhäusler oder Gärtner gelingen. Dies war insbesondere im späten 16. Jahrhundert der Fall gewesen (s.o. S.37) und wurde noch einmal in der zweiten Hälfte des 18. Jahrhunderts in Teilen Preußens und Österreichs vor dem Hintergrund landesherrlicher Peuplierung und gewerblicher Konjunktur möglich. In den meisten anderen Territorien, insbesondere im Nordwesten Deutschlands, blieben sie hingegen rechtlich an „das ganze Haus" (s.u. S.91) des Bauern gebunden. *Regionale Verteilung*

Schon unmittelbar nach dem Dreißigjährigen Krieg stellten Inwohner, wie MITTERAUERS Auswertung von „Seelenbeschreibungen" der salzburgischen Pfarreien Berndorf und Dorfbeuren ergeben hat, einen beträchtlichen Anteil an der ländlichen Bevölkerung (s.u. S.91). Im frühen 19. Jahrhundert übertraf in der Grafschaft Minden-Ravensberg (wo allerdings besondere protoindustrielle Bedingungen herrschten) die Zahl der Heuerlings- erheblich die der Bauernfamilien. Allgemein hat MITTERAUER zeigen können, daß „in Streusiedlungsgebieten mit Dominanz des Getreidebaus" weitaus mehr Häuslingsfamilien einquartiert waren als in viehwirtschaftlich geprägten Regionen. *Anteil an regionalen Bevölkerungen*

Die Inwohner waren selten (wie im südlichen Niedersachsen) bloße Mieter. Die Miete und die Pacht für ein Stückchen Land hatten sie (insbesondere ihre Ehefrauen) dem Wirt meist durch Arbeitshilfen abzudienen, während dieser Gespannshilfen leistete. Damit blieb dem Wirt bei der Abrechnung am Ende des Jahres meist noch ein Bargeldüberschuß. Da die Inwohner (und ihre Familien) rechtlich in das „ganze Haus" integriert waren, kann das Verhältnis als „quasifeudal" bezeichnet werden [MOOSER]. Den Inwohnern blieb freilich neben der Mithilfe im „Haus" des Wirtes noch Zeit für handwerkliche Tätigkeiten, die ihnen vereinzelt erhebliche Bargeldeinnahmen ermöglichten. *Rechtliche Bindung an das „Haus" des Bauern*

Insgesamt war die Situation von Häuslingen jedoch von großer Unsicherheit gekennzeichnet. Häuslingsfamilien wurden nur gebraucht (es sei denn, es bestanden entwickelte protoindustrielle Verhältnisse), wenn auf dem Hof Knappheit an Arbeitskräften herrschte, waren nur in einer bestimmten Phase des „Haushaltszyklus" (s. u. S. 91) erwünscht. Die Kontrakte waren zeitlich befristet;

Mobilität das zog häufige Umzüge und eine beträchtliche Mobilität im Nahbereich nach sich. Was der Blick auf gesättigte bäuerliche Verhältnisse in einzelnen Anerbengebieten verschleiert, tritt spätestens an dieser Stelle ans Tageslicht: Eine bisweilen festzustellende beeindruckende großbäuerliche Stabilität ruhte auf einem äußerst beweglichen, labilen Fundament, dessen „Kosten" bis hin zur völligen Pauperisierung „unterbäuerlicher Schichten", aber auch kleinbäuerliche Haushalte zu tragen hatten.

Kaum in ein Schichten- und Ständemodell einzuordnen ist das *Gesinde* bäuerliche Gesinde. Während Groß- und Kleinbauern, Häuslinge und Handwerker verheiratet und in der Regel lebenslang an ihren Stand gebunden waren, galt der Gesindestatus noch im 18. Jahrhundert größtenteils als Durchgangsstadium, dem sich teilweise auch spätere Hofbauern und -bäuerinnen zu unterwerfen hatten. Freilich stammte der größte Teil der Mägde und Knechte aus ländlichen Unterschichtsfamilien.

Im Alter zwischen 10 und 15 Jahren begann in der Regel der Gesindedienst von „Jugendlichen". Der (meist) saisonale Status eines „dienenden Kindes" auf einem fremden Hof (als „Kindsmagd" oder „Hütejunge") kann als Vorphase angesehen werden. Im Gesinde selbst gab es vielfältige Abstufungen, die auf Geschlecht, Lebensalter und Geschicklichkeit bezogen waren.

Anders als in Getreideanbaugebieten, wo man den saisonalen Arbeitsanfall eher mit Tagelöhnern oder Häuslingen zu bewältigen *Regionale* bestrebt war, sind Gebiete mit dominierender Viehzucht als die ei-
Verteilung gentlichen Gesinderegionen zu nennen. Als Extremfälle mögen große Höfe im salzburgischen Pinzgau gelten, in denen im späten 18. Jahrhundert 17 Kategorien von Knechten und sieben von Mägden aufgezählt werden konnten. Auf solchen Höfen, die herrschaftlichen Meierhöfen durchaus vergleichbar sind, konnte der Gesindestatus allerdings auch Lebensschicksal bedeuten. Alte Knechte und insbesondere alte Mägde fanden sich im Laufe des 18. Jahrhunderts zunehmend auch in anderen Gebieten, z. B. der Baseler Landschaft oder gutsherrschaftlichen Regionen mit ihrem hohen Bedarf an Gesinde. Insbesondere wenn es ihnen nicht gelungen war, auf größe-

3. Determinanten ländlicher Sozialstruktur 43

ren Höfen „Familienanschluß" zu erreichen oder von der eigenen Verwandtschaft versorgt zu werden, beschlossen sie ihr Leben oft in bitterer Armut. Im Salzburger Land verlor nach MITTERAUER im späten 18. und frühen 19. Jahrhundert das Gesinde mehr und mehr „den Charakter einer Altersklasse".

In auffälligem Kontrast zum Anteil des Gesindes an der Gesamtbevölkerung – in oberpfälzischen und niederbayerischen Ämtern (traditionellen Gesindegebieten) waren es z. B. selten mehr als 12% – stand die Aufmerksamkeit, die es in der staatlichen Gesetzgebung fand. Heiratsverbote und die Festigung der bäuerlichen „patria potestas" bis hin zum körperlichen Züchtigungsrecht sind die staatlichen Versuche zur Disziplinierung dieser jugendlichen Schicht, die sich im frühen 17. und im frühen 18. Jahrhundert verdichten. Gesetzlich festgelegte Lohnobergrenzen sind nicht nur aus Bayern, Hessen und Franken überliefert, auch in Brandenburg und Sachsen sind sie – freilich im Zusammenhang mit Gesindezwangsdiensten – vorzufinden.

Gesindeordnungen

Aussagen über tatsächliche Löhne sind nur mit großer Vorsicht zu treffen, weil zwischen den einzelnen Gruppen ein beträchtliches Lohngefälle herrschte. Während die Zeit nach dem Dreißigjährigen Krieg in literarischen Zeugnissen als „große Zeit" des Gesindes dargestellt wird, scheint sich mit der Zunahme der Bevölkerungszahl im 18. Jahrhundert die Lage des Gesindes verschlechtert zu haben, jedenfalls halten die Geldlöhne nicht mit der Verteuerung der landwirtschaftlichen Erzeugnisse Schritt. Diese Preise scheinen sich aber nicht unmittelbar auf die auf den Höfen verköstigten Mägde und Knechte ausgewirkt zu haben, zumal ein Teil der Entlohnung vor allem bei Mägden zusätzlich in Naturalien erfolgte.

Löhne

Wenn auch nicht für alle deutschen Territorien zwischen 1648 und 1800 eine absolute oder prozentuale Zunahme der unterbäuerlichen Schichten zu konstatieren ist, wenn auch nicht jede quantitative Gewichtsverlagerung zugunsten von „Köblern", „Seldnern" oder „Kossäten" eine Zunahme der „Landarmut" bedeutete, so sind doch das Anwachsen der Gärtner- bzw. Büdnerschicht in den Territorien der Gutsherrschaft, das Ansteigen der Häuslings- und Heuerlingszahlen in westfälischen und niedersächsischen Territorien und die Abnahme der durchschnittlichen Hofgrößen in den kleinbäuerlich strukturierten Mittelgebirgsregionen Indizien dafür, daß im Laufe des 18. Jahrhunderts der „Nahrungsspielraum" enger wurde. Nicht zuletzt die internen und externen Reaktionen auf diese Entwicklung, aber auch ideologische Bezugnahmen sind Teil einer gesellschaftlichen Dynamik, die von der ländlichen Gesellschaft des 18. Jahrhunderts ausgeht und die uns noch weiter beschäftigen soll.

4. Aufklärung und Agrarreformen

Zu denjenigen Faktoren, die „von außen" auf die ländliche Gesellschaft trafen und erhebliche Veränderungen zumindest vorbereiteten, gehört die geistige Strömung und gesellschaftliche Bewegung der Aufklärung. Insbesondere in ihrer Spätphase, in der zweiten Hälfte des 18. Jahrhunderts, rückte „der Bauer" vom Rande in das Bauernbild der Zentrum des gesellschaftlichen Interesses. Im Zuge der Physiokratie wurde er als „edelster Menschenschlag" entdeckt, der freilich vielfach in unverschuldetes Elend geraten und deshalb zu befreien war. Dem „edelsten Menschenschlag" haftete jedoch ein erheblicher Makel an: ein beträchtlicher Mangel an „Kultur" und Bildung.

Wenn auch diese zwiespältige Einschätzung des „Landmanns" nicht neu war, vielmehr in die Traktate des Spätbarock und sogar des Spätmittelalters zurückverfolgt werden kann, so sorgte doch ein für die Epoche der Aufklärung charakteristischer Veränderungswille dafür, daß es zu vielfältigen Versuchen kam, den „edlen Wilden" vor der eigenen Haustür zu „zivilisieren". Daß eine solche Tätigkeit nicht aussichtslos war, wurde dem Publikum durch den Verweis auf verschiedene „Musterbauern" vorgeführt. Sie vereinigten nach Angaben ihrer „Förderer" in sich traditionelle und moderne Landbaukenntnisse, aufgeklärte Gesinnungen und Fähigkeiten, aber auch sittliche, ständisch gebundene Bescheidenheit. Auch in dieser Hinsicht knüpfte die Aufklärung an ältere Strömungen an. So war die Aufklärung eng mit dem Kameralismus verbunden, dessen Hauptziel es war, die Einkünfte der frühmodernen Staaten zu heben. Gerade in der Landwirtschaft sah man in diesem Sinne noch Möglichkeiten für Wachstum.

Die Zivilisierung des „edlen Wilden" zum Zwecke der Produktivitätssteigerung sollte auf allgemein-„kulturtechnischer" Ebene und auf technisch-landwirtschaftlichem Gebiet vor sich gehen. Bei aller Breite des politischen Spektrums waren sich die Protagonisten der im letzten Drittel des 18. Jahrhunderts massiv einsetzenden Volksaufklärung „Volksaufklärung" zunächst in diesen beiden grundlegenden Zielsetzungen einig. Das Hauptmittel zu diesen Zwecken sah man in der „Hebung des Schulwesens".

4. Aufklärung und Agrarreformen   45

Landschulen konnten in verschiedenen deutschen Territorien durchaus auf eine vor die Epoche der Aufklärung zurückreichende Tradition blicken. Rechtlich befand sich die Schule zu Beginn des 18. Jahrhunderts im Aufgabenbereich der Kirche(n), womit wegen der Verquickung der Institutionen auch staatliche Eingriffe möglich waren. De facto übte aber die dörfliche (Kirchen-) Gemeinde meist den entscheidenden Einfluß aus, zumal sie den Großteil der Kosten zu tragen hatte. Befriedigende Schulverhältnisse konnten demzufolge vor allem dort entstehen, wo die die Kirchengemeinde verfassungsrechtlich tragenden „Hausväter" (s. u. S. 84) auch privat daran interessiert waren. Dies scheint im späten 18. Jahrhundert z. B. in der stark protoindustriell geprägten Grafschaft Tecklenburg der Fall gewesen zu sein.

Schulen

Bei aller Ergiebigkeit der theoretischen Diskussion scheinen die Volksaufklärer allerdings die Objekte ihrer Bestrebungen unterschätzt zu haben. So stellten gegen Ende des 18. Jahrhunderts Reiseschriftsteller und Volksaufklärer – mitunter zu ihrer eigenen Überraschung – einen hohen Grad von Lesefähigkeit in den Dörfern fest. Die wenigen für deutsche Territorien vorliegenden quantitativen Forschungen haben die Eindrücke des späten 18. Jahrhunderts bestätigen können, wenn auch zunächst nur für Territorien der Grundherrschaft. Für die katholische Residenzstadt Koblenz ist nachgewiesen worden, daß um 1800 86,9% der Männer und 60,4% der Frauen ihre Heiratsurkunden unterschreiben konnten. Bei den vom Umland zugewanderten Menschen betrugen die Prozentsätze 87,4 bzw. 46,8%. Ähnlich hohe Prozentzahlen errechnet eine Untersuchung zu evangelischen und katholischen Kirchspielen des Oldenburger Landes für den gleichen Zeitraum. Im 17. Jahrhundert war die Analphabetismus-Rate im allgemeinen höher. In der Butjadinger Küstenmarsch betrug sie 1675 39,7%, während im mecklenburgischen Amt Dobbertin im gleichen Zeitraum noch weniger Menschen lesen konnten. Um 1750 jedoch war die Bevölkerung in der Butjadinger Küstenmarsch beinahe vollständig alphabetisiert. Freilich bestanden sowohl im Amt Dobbertin wie in der Butjadinger Küstenmarsch erhebliche soziale und geschlechtsspezifische Unterschiede in der Beherrschung der Kulturtechniken.

Alphabetisierung

Für die Debatten der Spätaufklärung spielte, wenn *Lesefähigkeit* als vorhanden konstatiert wurde, die Frage nach den *Lesestoffen* eine entscheidende Rolle. Katechismen, „biblische Geschichten", auch Gebrauchsliteratur, die, wie der märkische Gutsbesitzer und Schulreformer Friedrich Eberhard von Rochow postulierte,

Debatte um Lesestoffe

46 I. Enzyklopädischer Überblick

„gehorsame Untertanen und tüchtige Landwirte" [WITTMANN] bilden sollten, wurden propagiert. Der Gipfel dieser Literaturgattung, Rudolf Zacharias Beckers „Noth- und Hülfsbüchlein" scheint auch in erheblichem Maße seinen Adressaten, das „gemeine Volk" (zumindest in protestantischen Territorien) erreicht zu haben. Charakteristisch sind freilich die Wege, auf denen dies gelang. So bestellten Landesregierungen (z. B. Ansbach-Bayreuth insgesamt 2300), aber auch Beamte und Pastoren aus „privatem" Antrieb erhebliche Stückzahlen, die dann an die „Untertanen" verteilt werden sollten. Nicht der „gemeine Mann" selbst, sondern diese Vermittlerschicht, die dem gleichen Milieu angehörte wie der Verfasser, stellte die weitaus meisten Käufer. Im „Volk" traf das Büchlein auf inhaltliche Kritik, so daß es sich im wesentlichen um eine oktroyierte Lektüre gehandelt haben dürfte.

Bäuerlicher Buchbesitz Erzeugnisse der Volksaufklärung finden sich dementsprechend im bäuerlichen Buchbesitz, soweit er bisher in stichprobenartigen Analysen inventarisierter Nachlässe festgestellt worden ist, nur selten. Neben Kalendern dominieren statt dessen – in so verschiedenen Territorien wie Württemberg oder Braunschweig-Wolfenbüttel – die bei den Obrigkeiten oft verpönten pietistischen Trostbüchlein. Die „aufrührerischen Schriften", die im Gefolge der Französischen Revolution auch den „Landmann" erreichten, treffen offenbar auf eine schon vorher auf dem Lande existierende literarische Volkskultur.

Dörfliche Lesegesellschaften: Beispiel Artland Weniger spektakulär zeigt sich der damit verbundene Eigensinn auch in einer dörflichen Lesegesellschaft des späten 18. Jahrhunderts. Für die „Menslager Lesegesellschaft" (Artland) ist nachgewiesen, daß Bauern und die darin organisierten Angehörigen der Unterschichten in ihrem Leseverhalten keineswegs immer den Anschaffungswünschen der die Lesegesellschaft leitenden Lehrer und Pastoren folgten, sondern eigene Interessen anmeldeten.

Schriftlichkeit und Mündlichkeit Sicherlich dominierte trotz eines beachtlichen Niveaus der Lesefähigkeit auch im 18. Jahrhundert Mündlichkeit in der bäuerlichen Lebenswelt. Deren spezifische kulturelle Ausprägung – Anschaulichkeit, Gemeinschaftlichkeit, Gedächtniskraft – wird von der Alphabetisierungsforschung nicht immer mitbedacht. Nicht-Lesen-Können war in der dörflichen Gesellschaft kein Grund zur Diskriminierung. Letztlich schlossen Mündlichkeit und Schriftlichkeit einander auch nicht unbedingt aus. Durch gemeinsames Lesen und Vorlesen – auch von „aufrührerischen Schriften" – konnte eine spezifische ländliche Leseöffentlichkeit zudem noch ausgedehnt werden.

4. Aufklärung und Agrarreformen   47

Die Bereitschaft der Bauern, zu lernen und sich am gesellschaftlichen Leben zu beteiligen, zeigt sich auch in der Bedeutung, die der Schriftlichkeit in den Bauernbewegungen des 17. und 18. Jahrhunderts (EdG 1) zukam. Da die meisten dieser Bewegungen als Prozesse vor Reichsgerichten geführt wurden und Abgesandte an die meist weit entfernten Gerichtsorte zu schicken waren, spielte das Medium „Brief" zur Abstimmung bäuerlichen Vorgehens eine entscheidende Rolle. Auch die komplizierten Regelungen des Rechtssystems wurden von Bauern meist schnell durchschaut, bisweilen virtuos eingesetzt. Als passive Objekte von „Volksaufklärung" ließen sich Bauern hingegen ungern gebrauchen.

Schriftlichkeit in Bauernbewegungen

Dies galt auch für die akademisch-landwirtschaftlichen Bestrebungen der „Gebildeten". Eine Reform der Landwirtschaft war im späten 18. Jahrhundert dasjenige Thema, das nicht nur auf Universitäten und eigens dafür gegründeten Akademien, sondern auch in Salons und auf Gesellschaften die Gemüter bewegte. Am meisten war dabei den Reformern die bäuerliche Feldgemeinschaft (EdG 10, 19) ein Dorn im Auge. Der in der Feldgemeinschaft verankerte Flurzwang verhinderte in ihrer Sicht individuelles, wirtschaftlich orientiertes Verhalten, für sie der Hebel landwirtschaftlichen Fortschritts. Gegen den in wechselndem Rhythmus nur von einem Brachjahr unterbrochenen überwiegenden Getreidebau hatten die Reformer das Ideal der „englischen Landwirtschaft" gesetzt. Die großflächige Einführung „neuer" Pflanzen, wie sie in Teilen Kurhannovers versucht wurde, scheiterte indes nicht selten kläglich.

Reform der Landwirtschaft

Den „Königsweg" zur Umgestaltung sah man deshalb, von englischen „enclosures" inspiriert, in der Aufteilung der Allmenden. In Preußen war es Friedrich II. persönlich, der erstmals im Jahre 1750 anregte, die Gemeinheiten aufzuteilen. Besonders nach dem Siebenjährigen Krieg intensivierte sich in allen Landesteilen die Diskussion um die Gemeinheiten.

Aufteilung der Allmenden

In der Praxis trafen Teile dieser aufgeklärten Bestrebungen in verschiedenen Teilen Deutschlands auf unerwarteten Widerspruch. Die Gemeinheiten boten nämlich gerade den ärmeren Dorfbewohnern vielfach Gelegenheit, mehr Vieh zu halten, als dies auf ihren oft knapp bemessenen Stellen möglich war. Wenn dies auch nur bis zum Herbst galt, so war damit doch für einen Teil des Jahres die Subsistenz gesichert. So war der Viehbesatz (bezogen auf den Landbesitz) auf braunschweigischen Kothöfen um 1700 doppelt so hoch wie auf Ackerhöfen, in der schlesischen Herrschaft Pleß betrug das Verhältnis gar 4:1. Es war daher kein Wunder, daß die unter dem

Bäuerliche Reaktionen

Einfluß der Physiokratie nach 1770 versuchten Teilreformen auf dem Gebiet der gemeinen Weide in Baden den Widerstand der ärmeren Dorfbewohner hervorriefen. Wie in Baden, so sträubten sich die Besitzer von Kleinstellen auch in Nordwestdeutschland in der Regel dagegen, die Allmende aufzulösen, während größere Bauern das meist begrüßten. In Teilen Südwestdeutschlands konnten allerdings Anstöße zur Gemeinheitsauflösung auch „von unten" ausgehen. Dies war dort der Fall, wo Unterschichten schon im 16. und 17. Jahrhundert Teile der Allmende zum Anbau von Faser- oder Futterpflanzen gepachtet hatten.

Widerstand

Initiative

Gemeinsam scheint diesen auf den ersten Blick konträren Konstellationen zu sein, daß die Aufteilung der Allmende im Interesse jener Schichten lag, die ihre Landwirtschaft am meisten auf Marktbedürfnisse eingestellt hatten. Dies zeigt sich gerade in solchen Gebieten, wo die Allmendeaufteilungen im 18. Jahrhundert den größten Fortschritt gemacht hatten. In Teilen der Mark Brandenburg und der Magdeburger Börde gingen Bestrebungen dazu auch von Bauern aus, ähnliches läßt sich für die „Vereinödung" im Allgäu und die „Verkoppelung" in Schleswig-Holstein nachweisen, die wenigstens partiell mit der Auflösung der Allmende verbunden waren. Letztere ist auf den Kommerzialisierungsschub zurückgeführt worden, den der internationale Ochsenhandel diesen norddeutschen Gebieten schon seit dem 15. Jahrhundert beschert hatte.

Nicht selten standen, z. B. in Sachsen, aber auch in Bayern, Franken und der Kurmark die Hut- und Triftrechte der Guts- und Grundherren solchen bäuerlichen Initiativen im Wege. Die facettenreiche Geschichte der Versuche zur Allmendeauflösung im 18. Jahrhundert bestätigt somit das Bild, das die Schilderung anderer aufklärerischer Reformbestrebungen ergeben hat: Zum einen gingen keineswegs alle Initiativen „von oben" aus, sie konnten dort sogar auf Widerstand treffen. Ein pauschales Gesamtbild vom „rückständigen Bauern" entspricht also nicht der Realität. Andererseits traten Bauern (und andere ländliche Schichten) dort den Reformen entgegen, wo sie (in durchaus rationaler Sicht) ihre Interessen und die Balance der dörflichen Sozialstruktur in erheblicher Weise gefährdet sahen.

Adlige Triftrechte

Die Vorstellung vom „rückständigen Bauern" ist falsch

Neben den Gemeinheiten wurden die Fronen als Haupthindernis für den landwirtschaftlichen Fortschritt kritisiert. Die Schriftsteller der Aufklärung betraten dabei allerdings kein Neuland. Im wohlverstandenen Eigeninteresse hatten (s. o. S. 11) schon im frühen 18. Jahrhundert brandenburgische Gutsherren die Dienste ihrer

Ablösung der Fron

4. Aufklärung und Agrarreformen 49

Bauern in Geldleistungen umgewandelt, und im Südwesten Deutschlands bestand schon im 16. Jahrhundert, zum Teil als Folge von Bauernaufständen, Einsicht in die Unproduktivität von Zwangsleistungen. Die Festsetzung relativ niedriger Fronverpflichtungen auf ostpreußischem Domänenland im ersten Drittel des 18. Jahrhunderts paßt ebenfalls in dieses Bild. *Preußen*
In anderen preußischen Ländern stand die von Herrschern und Beamten im Laufe des 18. Jahrhunderts immer wieder geäußerte Kritik an Fron und „Gutsuntertänigkeit" im Widerspruch zu den Praktiken im Bereich der unmittelbaren königlichen Zuständigkeit, dem Domänensektor. Hier folgten relativ spät (halbherzige) Taten. So wurde am 17. Juli 1777 die Fron auf den kurmärkischen Domänen auf drei Tage in der Woche reduziert. Erst 1799, zehn Jahre nach Beginn der Französischen Revolution, wurde allen Domänenbauern das Recht auf Loskauf von den Fronen eingeräumt. Einzelne Domänenpächter hatten auch hier aus eigener Initiative früher gehandelt. Die Verbesserung des Besitzrechtes der Domänenbauern (gleichfalls 1777 verfügt) entsprang immerhin königlichem Entschluß.

In der theoretischen Konsequenz erheblich weiter gingen die Reformversuche Josephs II. und eines Teils seiner Bürokratie in den habsburgischen Ländern. Zwar scheiterten sie schon nach einer kurzen Anlaufphase in der Praxis, sie deuten jedoch die Potenzen an, die auch in absolutistischen Staaten reformorientierte Kräfte mobilisieren konnten. Schon 1783 (nach der Abschaffung der Leibeigenschaft 1781/82) wurden die Fronen auf den Kronländereien aufgehoben, und im November 1789 sollte gleiches auf den adligen Gütern geschehen. Erbitterter Widerstand des Adels und weiterführende Bestrebungen der Bauern bedingten jedoch, daß das im Geiste der Physiokratie verfaßte „Steuer- und Urbarialpatent", das dem Adel einen Anteil von zwei Fünfteln an der bäuerlichen Gesamtbelastung (die weitgehend in Geldleistungen verwandelt werden sollte) beließ, widerrufen wurde. Letztlich waren auch die dem Adel zu radikal erscheinenden Bestimmungen halbherzig gewesen. Immerhin hatte es unter den Beratern Josephs II. auch Stimmen gegeben, für die ein völliger Verzicht auf alle „Urbarialschuldigkeiten" im Bereich des Denkbaren lag. *Österreich*

Erst mit der Französischen Revolution, durch die auch in Deutschland darauf folgenden ländlichen Unruhen und durch die Niederlagen in den Revolutionskriegen kam in den deutschen Territorien die Einsicht auf, daß die ländlichen Aneignungsverhältnisse *„Bauernbefreiung": Vorbereitung in den 1790er Jahren* für einen modernen Staatsaufbau unangemessen seien, und es entstand ein politisches Klima, das umfassende Agrarreformen möglich machte. Doch mußte erst noch das (vorwiegend kleinbäuerliche) Aufbegehren in der Revolution von 1848 kommen, damit die Gesetzgebung zur sog. Bauernbefreiung zum Abschluß gebracht wurde. Freilich war dies – im Gegensatz zu Frankreich – eine „Befreiung", deren Kosten die zu Befreienden, zum Teil bis zum Ende des 19. Jahrhunderts, selbst zu tragen hatten. Feudale Überreste – etwa die politische Privilegierung der Gutsbesitzer – blieben zudem bis in die Weimarer Republik hinein bestehen.

II. Grundprobleme und Tendenzen der Forschung

1. Einleitung

Die „Deutsche Agrargeschichte", ein sechsbändiges Werk, das zwischen 1962 und 1974 herausgegeben wurde, schien für den Zeitraum zwischen 1648 und 1800 eine geordnete wissenschaftliche Welt hinterlassen zu haben. Entlang den Kompetenzen ihrer führenden Vertreter sind drei Richtungen festgeschrieben worden: eine wirtschaftsgeschichtliche [ABEL], eine verfassungsgeschichtliche [LÜTGE] und eine Richtung, die sich am ehesten mit dem Begriff „politische Sozialgeschichte" [FRANZ] charakterisieren läßt. Während die in LÜTGES Arbeit enthaltenen Anregungen (s. o. S. 20) selten aufgegriffen wurden, vermochten die ABEL- und die FRANZ-Richtung weitere Produktivität zu entfalten. Letztere wurde von PETER BLICKLE und einer auf seinen Arbeiten aufbauenden Protestforschung grundlegend demokratisiert, während erstere methodisch verfeinert und als „Geschichte der Landwirtschaft" regional weiter aufgefächert wurde. [„Deutsche Agrargeschichte" in den 60er und 70er Jahren]

Beide Ansätze hatten sich einem Themenwechsel zu stellen, der in den letzten beiden Jahrzehnten in der deutschen Geschichtsschreibung vor sich gegangen ist. Dies gilt – graduell unterschiedlich – für die alte Bundesrepublik Deutschland ebenso wie für die ehemalige Deutsche Demokratische Republik. Protest-, Bewegungs- und Organisationsforschung sind zunehmend von Ansätzen abgelöst worden, die „Alltag" und Lebensweisen „breiter" Schichten behandeln. Forschungsleitendes Unbehagen an einer Betrachtungsweise, die Sozialgeschichte zur Geschichte der sozialen Institutionen, etwa einer „Arbeitergeschichte ohne Arbeiter", entleert hatte, verband sich mit dem gesellschaftlichen Bedürfnis nach kritischer Reflexion der modernen Lebensweise [40: PEUKERT, 15 f.]. [Paradigmawechsel in den 70er und 80er Jahren] [Alltagsgeschichte]

Retrospektiv wurden mit diesem Themenwechsel auch einige Defizite der „Deutschen Agrargeschichte" deutlich. So hatten in ihren Rahmen weder die Ergebnisse volkskundlicher Forschungen Eingang gefunden, noch war die historische Demographie (die in [Defizite der „Deutschen Agrargeschichte"]

BRD und DDR in den sechziger Jahren freilich kaum präsent war) berücksichtigt worden. Gleiches gilt für sozialgeschichtliche Arbeiten, die sich an den Paradigmen „Haus" und „Familie" orientierten. Diese Richtungen erlebten im Zusammenhang mit dem Interesse am „Alltag" einen wohlverdienten Aufschwung. Freilich ist die Euphorie bei diesen Neuentdeckungen schon früh gedämpft worden. Für einige Varianten der „Alltagsgeschichte" wurden Tendenzen zur „Entpolitisierung der Sozialgeschichte" [38: LÜDTKE, 328, 330f.; 46: ZIMMERMANN, Dorf, 107] aufgewiesen. Zum andern wurde die Vorstellung von (wie immer überformten) materiellen Interessen als Movens für das Handeln historischer Subjekte – die der „Organisationsgeschichte" zugrunde lag – tendenziell zugunsten von Konzepten in den Hintergrund gedrängt, die historisches Handeln als von „Sitten" oder „Mentalitäten" [kritisch: 41: REICHARDT, 132] prädisponiert und damit vorhersehbar erscheinen ließen [kritisch: 201: TROSSBACH, Bewegung, 14].

Alltagsgeschichte: Entpolitisierung der Sozialgeschichte?

In den letzten Jahrzehnten sind Forschungen zu den Themen „Emotionen und materielle Interessen" erschienen, durch die die skizzierten Entgegensetzungen überschritten wurden und größtenteils gegenstandslos geworden sind. Das Bild von der ländlichen Gesellschaft ist dadurch differenzierter, das Bild von „dem" Bauern plastischer geworden. Bauern werden nicht mehr (wie in der Geschichte der „Agrarverfassung") passiv im Schnittpunkt politischer und ökonomischer „Entwicklungen" verortet, sie erscheinen nicht mehr nur dann als aktive Subjekte, wenn sie institutionell Interessen durchsetzen. Auch die „große Geschichte" muß – so ist gezeigt worden – durch Individuen, „Häuser" und Gemeinden hindurch, wird dort beschleunigt, gebrochen, mehr oder minder zu beeinflussen versucht. Konsequent durchdacht und durchgeführt, können solche Forschungen – statt der Entpolitisierung der Sozialgeschichte Vorschub zu leisten – die verborgene Politisierung des „Alltags", auch in „vorindustriellen" Gesellschaften [197: SABEAN, Schwert, 37f.], aufdecken.

Alltagsgeschichte: Einheit von „Emotionen und materiellen Interessen"?

In der folgenden Darstellung kann dem Differenzierungsgrad dieser meist „fallbezogenen" Studien nicht immer Rechnung getragen werden. Es soll vielmehr gezeigt werden, welche Beiträge „traditionelle" und „moderne" Richtungen zu einer solchen im Ansatz greifbaren „integrierten" Schau der ländlichen Gesellschaft geleistet haben bzw. zu leisten in der Lage sind. So sollen die klassischen Bereiche „Ökonomie" (s. Teil I. 1) und „Politik" (s. Teil I. 2) vorgestellt, auch die (nicht in allen Varianten) „moderne" [35: JEGGLE,

23f.] Volkskulturforschung gestreift werden, bis zwei Richtungen der Sozialgeschichtsschreibung ins Zentrum rücken, die Schichtungsvorstellungen (s. Teil I. 3.2) transzendieren und eine enge Verbindung mit der historischen Demographie („Haus") bzw. Ethnologie und Volkskunde („Gemeinde") eingegangen sind.

Ein solcher Überblick macht dann zusammenfassend noch einmal eine realgeschichtliche Gewichtung von Faktoren des Wandels und der Beharrung in der ländlichen Gesellschaft des 17. und 18. Jahrhunderts notwendig, die keineswegs parallel zu der angeklungenen Scheidung nach forschungsleitenden Begriffen wie „Alltag"/ Verfassung, Mentalität/Bewußtsein, Mikro-/Makrohistorie verlaufen muß.

2. „Naturale Ökonomie" – wirtschaftshistorische Ansätze

Forschungen zur Wirtschaftsgeschichte, die in Deutschland untrennbar mit dem Namen WILHELM ABEL verbunden sind, haben einen erheblichen Beitrag zum Verständnis von Entwicklungen in der ländlichen Gesellschaft geleistet. Dies gilt zunächst für die schon angesprochene (s. Teil I. 1) makroökonomische Betrachtungsweise. Gerade weil über 80% der Bevölkerung in der Frühen Neuzeit ihr Einkommen (wenigstens zu Teilen) in der Landwirtschaft erzielten, wirkten sich Krisen und Konjunkturen, die von diesem Bereich ausgingen, unmittelbar auf die Gesamtgesellschaft aus. Ebenso sind auf dieser Grundlage gegenläufige Wirkungen von außerlandwirtschaftlichen Faktoren, etwa von Kriegen, in die ländliche Gesellschaft hinein erfaßt worden.

Wilhelm Abel und die „Abel-Schule"

Mehr noch als die Erforschung volkswirtschaftlicher Zusammenhänge ist durch die Arbeiten von WILHELM ABEL die „Mikroanalyse" von Einzelhöfen auf ein neues Fundament gestellt worden. Freilich ist dieser Aspekt der ABELschen Arbeiten auch stärker als seine Konjunkturforschungen in den wissenschaftlichen Meinungsstreit geraten. Dies gilt sowohl für Einzelfragen, die hier nur insoweit thematisiert werden können, wie sie über den „Sektor Landwirtschaft" hinaus Aussagen zur Entwicklung der ländlichen Gesellschaft betreffen, wie auch für die Grundfrage nach der Angemessenheit bzw. Reichweite wirtschaftsgeschichtlicher Ansätze für sozial- und mentalitätshistorische Fragestellungen.

2.1 Hunger und Essen

Für die Forschung eine Einzel-, für die historischen Subjekte jedoch eine Grundfrage stellt das Thema „Hunger und Essen" dar. Auch hier hat ABEL (neben seinen Konjunkturforschungen) die methodischen Fundamente für die Analyse des Mikrobereichs gelegt. So hat er in seiner Bilanzierung von Aufwand und Ertrag eines „idealtypischen" vorindustriellen Bauernhofes [15: ABEL, Landwirtschaft, 102 ff., 225 f.] die Aufwendungen mit dem mittleren Kalorienbedarf der Hofbewohner in Beziehung gesetzt. Für die Geschichte der Ernährung hat ABEL aber nicht nur den Rahmen harter Kaloriendaten vorgegeben. Er hat auch nachdrücklich auf die Veränderung der Nahrungsgrundlage beim Übergang vom Spätmittelalter in die Neuzeit hingewiesen. So hat er einen scharfen Rückgang des Fleischverbrauchs nachweisen können [Ebd., 113 f.] und ist darin von neueren Studien im wesentlichen bestätigt worden [85: SANDGRUBER, Konsumgesellschaft, 154 f.]. Dieser Rückgang ist darauf zurückzuführen, daß sich mit der Zunahme der Bevölkerung der Getreideanbau stark ausbreitete, denn auf Getreidebasis können von der gleichen Fläche bis zu zehnmal mehr Menschen ernährt werden als mittels Viehwirtschaft von Grünland. Freilich ist auch diese Rechnung abstrakt: Nicht alle Gebiete eignen sich zur „Umstellung" von Viehwirtschaft auf Ackerbau: Feuchtgebiete oder extreme Hang- und Gebirgslagen sind in der Regel dem Ackerbau kaum zugänglich.

ABEL: Rückgang des Fleischverbrauchs beim Übergang in die Neuzeit

Insofern hat die volkskundliche Ernährungsforschung die Ergebnisse ABELs regional differenziert. GÜNTER WIEGELMANN hat für das 17. und 18. Jahrhundert zwei Varianten unterschieden: die auf Schweineschmalz basierende „derbe Gemüse-Fleisch-Kost" Norddeutschlands und die verfeinerte, auf Butterschmalz beruhende Mehl-Milch-Küche Süddeutschlands und Österreichs. Dazwischen, in den kargen Mittelgebirgslandschaften, siedelte er vielfältige Mischformen an, die er weniger durch eigene Beiträge als durch das Fehlen von Fettbestandteilen charakterisiert sieht [90: WIEGELMANN, Alltags- und Festspeisen, 52 ff.]. Neuere Forschungen haben für Süddeutschland und Österreich [63: SCHLÖGL, Bauern, 192; 68: BECK, Ökonomie, 161 ff.; 85: SANDGRUBER, Konsumgesellschaft, 135 ff.] die Bedeutung der Milchspeisen und Getreidebreie (als Vorläufer des Brotes vorwiegend im 17. Jahrhundert) betont.

WIEGELMANN: Regionale Differenzierung der Ernährung

Diese Arbeiten haben zwar dazu beigetragen, daß der vorindustrielle Speisezettel nicht mehr per se als Ausdruck der Mangelernährung gelesen werden kann, als den ihn eine moderne, industrie-

2. „Naturale Ökonomie" – wirtschaftshistorische Ansätze

gesellschaftliche Ernährungsweisen idealisierende Geschichtsschreibung dargestellt hat. Sie konnten aber auch die Tatsache nicht widerlegen, daß die Bevölkerung vor allem in Hungerkrisen (s. o. S.6) nur geringe Abwehrkräfte gegen Krankheiten mobilisieren konnte [77: MEDICK, Hungerkrisen, 99], weil, besonders durch feudale Abschöpfung bedingt, bestimmte Komponenten der Nahrung, vor allem Vitamine, oft fehlten.

MEDICK: Mangelernährung als Folge feudaler Abschöpfung

2.2 „Nahrungsgrenzen", Landhandwerk, Wanderarbeit

Nicht nur in Krisenjahren, selbst in normalen Zeiten konnte sich ein im Laufe des 18. Jahrhunderts immer größer werdender Teil der Landbevölkerung von der Landwirtschaft allein nicht mehr ernähren. Auch diese Erkenntnis ist – in exakter Form – den von ABEL entwickelten Methoden zu verdanken. Er hat das Wort eines dänischen Historikers, nach dem eine durchschnittliche Bauernwirtschaft in vorindustrieller Zeit „auf der Spitze" balancierte, auch für die deutsche Agrargeschichte bestätigt [15: ABEL, Landwirtschaft, 107]. War das „Durchkommen" schon für einen mittleren Bauernhof ein Balanceakt, so konnten Besitzer von Kleinstellen nicht damit rechnen. Für Bayern, das sich erst im 19. Jahrhundert zum gepriesenen „Bauernland" entwickelte [255: HANKE, Sozialstruktur, 268], ist festgestellt worden, daß z.B. im Amt Rosenheim 35,3% der Söldner und Häusler 1671 den Behörden angaben, sie könnten den Hunger ihrer Familien nicht aus „eigener Getreideerzeugung stillen" [63: SCHLÖGL, Bauern, 196].

Eigene Getreideerzeugung für kleinere Höfe nicht hinreichend

Für Bayern insgesamt hat SCHREMMER errechnet, daß 1691 52% aller Sölden diese Bedingung nicht erfüllen konnten [117: SCHREMMER, Wirtschaft, 353]. In ärmeren Gebieten, z.B. im Westerwald [122: TROSSBACH, Schatten, 50ff.], galt dies für einen Großteil der ländlichen Bevölkerung [19: BLICKLE, Untertanen, 508f.]. Diesem Teil blieb nichts anderes übrig, als sich alternative Erwerbsmöglichkeiten zu suchen. Am nächsten lag, wie SCHREMMER und HANKE für Bayern herausgearbeitet haben, auf dem Dorf die Ausübung eines Handwerks; doch waren die traditionellen Ernährungsgewerbe (Metzger, Bäcker, Müller, Wirt) meist mit einem vollbäuerlichen Betrieb oder herrschaftlicher Privilegierung verbunden. Dennoch konnten nach SCHREMMERS Berechnungen 1691 32% aller Söldner in einem Handwerk Unterschlupf finden [117: SCHREMMER, Wirtschaft, 350, 353].

Handwerk als „Nahrungsergänzung"

Daß die Zahl der Landhandwerker „am Ende des 18. Jahrhun-

II. Grundprobleme und Tendenzen der Forschung

Hohe Handwerkerdichte im 18. Jahrhundert

derts" auch in anderen deutschen Territorien „größer als je war", hat schon ABEL im Anschluß an SKALWEIT [15: ABEL, Landwirtschaft, 216] festgestellt. Neuere Forschungen haben zwar den Zusammenhang zwischen einer Zunahme der „Landarmut" und dem Zug zum Handwerk im 18. Jahrhundert [119: SCHULTZ, 63] bestätigt, haben jedoch noch eine Reihe weiterer Bestimmungsfaktoren für die „Handwerkerdichte" [EdG 3, 66 ff., 70] nennen können. So bestand ein deutliches Gefälle zwischen grund- und gutsherrschaftlichen Territorien. HARNISCH erklärt dies damit, daß die bäuerlichen Betriebe in grundherrschaftlichen oder von der Gutsherrschaft nur schwach erfaßten Gebieten eine größere Marktquote hatten; dadurch hatte das Handwerk bessere Absatzchancen [72: HARNISCH, Produktivkräfte, 148]. HELGA SCHULTZ dehnt dieses Argument großflächig auf Südwestdeutschland aus: Durch den Anbau von Wein und Handelsgewächsen (Flachs auf der Schwäbischen Alb) waren die bäuerlichen Betriebe hier ohnehin schon stärker in den Markt integriert als im Norden, und so verdichtete sich entsprechend auch der Besatz von Handwerkern auf den Dörfern [119: SCHULTZ, 58; 58: v. HIPPEL, Bevölkerung, 428 f.]. Insgesamt steht allerdings fest,

„Flucht ins Handwerk" nicht immer möglich

daß eine „Flucht" ins Handwerk bei knapper werdenden Nahrungsspielräumen nicht überall möglich war [EdG 3]. In Gebieten, die insgesamt als „arm" galten, mußten weitergehende Lösungen gefunden werden. Während die vorher genannten bayerischen Söldner ihren Bedarf an Nahrungsmitteln bei den großen Bauern „ihres" Dorfes decken und ihnen dafür z. B. Handwerksarbeiten ausführen konnten [63: SCHLÖGL, Bauern, 196], gab es in den Mittelgebirgen mit kleinen Stellen und kargen Böden ganze Regionen, in denen die Dörfer insgesamt nicht genug Nahrungsmittel für sich erzeugen konnten [118: SCHUBERT, 98; 172: ENDRES, Wandel, 219].

Wie die „armen Leute" auf eine solche Situation reagierten, ist zur Zeit höchstens in Umrissen zu erkennen. ERNST SCHUBERT hat dargestellt, daß die dörfliche Armut, wenn z. B. Hilfe durch bessergestellte Verwandte ausfiel, ein immer größeres Reservoir für das im Laufe des 18. Jahrhunderts anschwellende Heer der Bettler und Vaganten bildete. Gleichzeitig hat er aber auch darauf hingewiesen, mit welchem Einfallsreichtum sich diese Schicht der drohenden Pauperisierung entgegenstemmte [118: SCHUBERT]. Auch DAVID SABEAN hat sein Hauptaugenmerk auf diese Seite gerichtet. Im schwäbischen Realteilungsgebiet sieht er im 18. Jahrhundert im Anschluß

„Ökonomie des Notbehelfs"

an westeuropäische Forschungen eine unterbäuerliche „Ökonomie des Notbehelfs" entstehen. „Sie umfaßte saisonale Wanderarbeit

2. „Naturale Ökonomie" – wirtschaftshistorische Ansätze   57

ebenso wie Sammeltätigkeit (Pilze, Bucheckern, Holz und Dünger), Hausiergewerbe, Bettel und Diebstahl. Eine solche Art von ‚Ökonomie' erforderte außerordentliche Flexibilität, die Wahrnehmung gelegentlicher Jobs, dann wieder Unterbeschäftigung, kurzum Findigkeit im alltäglichen Kampf ums Überleben" [114: SABEAN, Unehelichkeit, 67]. Nur indirekt wird allerdings aus dieser Aufstellung der Grad an Unsicherheit und wohl auch Entwürdigung sichtbar, den eine solche „Ökonomie" mit sich brachte.

Freilich konnte Armut, wenn sie sich regional quasi verallgemeinert hatte, auch zu solidarischen Handlungsformen zwingen. So findet SABEAN eine auch für einzelne Handwerke im 18. Jahrhundert festgestellte Spezialisierung als Überlebenschance [231: MITTERAUER, Formen, 253] auf dörflich-kollektiver Ebene wieder: „So gab es beispielsweise ein Dorf, das eine ganze Reihe von Kirschsorten anbaute, die jeweils ganz besondere Vermarktungsmöglichkeiten hatten – eine wurde an Weinhändler zum Dunkelfärben von Wein verkauft. Ein Dorf mochte sich auf den Anbau und Verkauf von rohem Flachs spezialisieren, ein anderes auf die Bearbeitung von Flachs und ein Drittes auf das Spinnen von Leinengarn" [114: SABEAN, Unehelichkeit, 22]. Auch in Franken spezialisierten sich ganze Dörfer, z. B. auf den Anbau von Buchweizen, auf Töpferei oder Ziegelei. Zusätzlich hielt man sich durch Korbflechten, Besenbinden oder Reifenmachen über Wasser, wobei haushälterisch die dörflichen Ressourcen genutzt wurden. In der Rhön wurden z. B. aus den Fasern der Esche Peitschen hergestellt, in anderen fränkischen Dörfern wurden selbst die Schnecken gemästet und als Delikatessen verkauft [118: SCHUBERT, 79 f.].

Spezialisierung als Ausweg

Diese Spezialerzeugnisse wurden oft gemeinsam (oder doch im Auftrag der Dorfgemeinde) vermarktet. Die „Armutsgewerbe" zogen, wie für Franken und Südwestdeutschland gezeigt worden ist, einen weiträumigen Handel nach sich. Hausierer trugen Rhöner Peitschen nach England und Frankreich, Holzarbeiten aus Altdorf fanden den Weg nach Spanien [Ebd., 80 f.]. Die Hausierer des schwäbischen Killertals trugen ihre Holzlöffel nach Paris und nahmen 1792 von dort revolutionäre Ideen mit [190: PRESS, Bauernrevolten, 106]. Die Schwarzwälder Glasträger hingegen brachten neue Waren und Bedürfnisse nach Hause. Sie waren straff organisiert, in „Kompanien" nach ihren Bestimmungsländern eingeteilt [95: ASSION, Handwerk, VII].

Hausierhandel

Nicht viel mehr als ihre Arbeitskraft führten die agrarischen Saisonarbeiter mit sich. Bekannt sind die westfälischen und nieder-

Wanderarbeit

sächsischen Heuerlinge [102: KAUFHOLD, Nebentätigkeiten, 184], die sich zur Heuernte und zum Deichbau in Holland einfanden, die Schnitterinnen aus dem Odenwald [96: ASSION, Lohnschnitter, 283], die in der Wetterau den Weizen mit der Sichel ernteten. In Österreich umfaßten solche (freilich mit Sensen ausgerüsteten) „Schnitterpartien" mehrere Familienangehörige, „jeweils gleichgewichtig Männer und Frauen" [229: MITTERAUER, Formen, 256].
Davon zu unterscheiden sind die Wandergewerbe, die meist noch längere Abwesenheiten für die Ausübenden mit sich brachten. Die Vorarlberger Maurer hielten sich vor 1750 nur in den Wintermonaten zu Hause auf und schufen auswärts Kunstwerke, die heute noch bewundert werden [98: FITZ, 31]. Vergänglicher waren die Spuren der Arbeit der Schweineschneider, die aus Tirol bis ins Osmanische Reich gelangten, aber auch die der Hirten, Krauthobler, Ölträgerinnen und Wurzelgraberinnen [229: MITTERAUER, Formen, 256]. Von der langen saisonalen Abwesenheit von Haus und Hof bis zum endgültigen Verlassen der Heimat war es gleichwohl kein kleiner Schritt. Im frühen 18. Jahrhundert nahm die Auswanderung mit einer „Welle" aus Franken, der Pfalz und Südhessen erstmals Massencharakter an [20: FRANZ, Bauernstand, 207; 120: SELIG; 101: v. HIPPEL, Auswanderung, 47 ff.].

Annäherung von Agrar- und Gewerbegeschichte nötig

Auf der Basis von exakten Berechnungen der landwirtschaftlichen Grundlagen, wie sie die ABEL-Schule vermittelt, konnten Agrar- und Gewerbegeschichte sich einander annähern [117: SCHREMMER, Wirtschaft, 346], gemeinsam erst lassen sie die Dynamik der ländlichen Gesellschaft im 18. Jahrhundert erkennbar werden. Diese Dynamik ging deutlich in Richtung auf eine Ausweitung von Marktbeziehungen und Lohnarbeit, auf eine Vorbereitung kapitalistischer Verhältnisse „von unten" her. Allerdings zeigen die steigenden Auswandererzahlen, daß besonders in den Realteilungsgebieten die Ausdehnung der „Nahrungsgrenzen" immer weniger mit der Zunahme der Bevölkerungszahl Schritt halten konnte.

2.3 Protoindustrialisierung und Protoindustrie

Während die mit „Armutsgewerben" und Wanderarbeit befaßten Forschungen mit theoretischen Schlußfolgerungen vergleichsweise sparsam umgehen, ist dies einem anderen für die Erforschung der Kapitalismusgenese gleichfalls bedeutsamen Konzept bisher nicht vorgehalten worden. Das Projekt „Protoindustrialisierung" in seiner von den Göttinger Autoren KRIEDTE, MEDICK und SCHLUMBOHM

2. „Naturale Ökonomie" – wirtschaftshistorische Ansätze   59

vorgelegten, „ursprünglichen" Form weicht tatsächlich der Frage nach den Faktoren, die den „Übergang vom Feudalismus zum Kapitalismus" im ländlichen Milieu bedingten, nicht aus. Zudem hat es den Vorteil einer durchgehenden Strukturierung, gewissermaßen „von der Hütte zum Thron": „Die Protoindustrie steht nämlich zwischen zwei Welten, der engen Welt des Dorfes und der alle Grenzen überschreitenden Welt des Handels, zwischen Agrarwirtschaft und Handelskapitalismus" [KRIEDTE, in: 26: KRIEDTE et al., 87]. *Protoindustrialisierung und „Übergang vom Feudalismus zum Kapitalismus"*

Protoindustrialisierung, ein von FRANKLIN MENDELS übernommener Begriff, bedeutet für die Göttinger Autoren, die den Begriff zum historischen Konzept [ebd., 83] entwickelten, v. a. „hausindustrielles Textilgewerbe" als Massenphänomen, für das der sich herausbildende Weltmarkt den Rahmen bereitstellte. Beeindruckend sind in der Tat die von PETER KRIEDTE angeführten, für die Zeit vor 1648 freilich auch schon von FRIEDRICH LÜTGE gewürdigten Exportziffern als Indiz für einen weltweiten Bedarf [105: LÜTGE, Lage, 513, 517, 521]. So gingen Leinen und Tuche aus deutschen Territorien nach Osteuropa, der Löwenanteil der Erzeugnisse fand jedoch den Weg in die Kolonien. Zwischen 1748/49 und 1789/90 wurden im Durchschnitt 75% der schlesischen Leinenausfuhr nach Westeuropa und Übersee verfrachtet. Ein Beobachter nannte 1787 den hessischen Leinwandhandel den „Hauptcanal, durch welchen spanisches Gold und Silber in unsere Cassen fließt", er sei geradezu das „hessische Peru und Ostindien" [KRIEDTE, in: 26: KRIEDTE et al., 86 f.]. Mit genau der gleichen Formulierung soll Landgraf Wilhelm VIII. von Hessen-Kassel 40 Jahre zuvor im übrigen auch den Soldatenhandel gepriesen haben [59: INGRAO, 127]. *Ländliche Exportgewerbe*

Um den Massenbedarf zu befriedigen, war eine Massenproduktion nötig, die – meist in Gestalt des Verlagssystems, in dem das Handelskapital den größten Teil der Produktionsmittel (vor allem die Rohstoffe) stellte – auf dem Lande stattfinden mußte. „Das Handelskapital bedurfte, sollte der Akkumulationsprozeß nicht ins Stocken geraten, der bäuerlichen Gesellschaft als eines bisher nicht ausgeschöpften Produktionsreservoirs ..." [KRIEDTE, in: 26: KRIEDTE et al., 88]. Was unter letzterem zu verstehen ist, hat KRIEDTE, an die Vorstellung vom „ganzen Haus" anknüpfend, folgendermaßen dargestellt: Die bäuerliche Gesellschaft bot dem Handelskapital zwei Vorteile: einmal, daß bereits ein mehr oder weniger großer Teil der Subsistenz im Agrarsektor gedeckt war, zum anderen, daß im Jahresrhythmus Arbeitsspitzen mit Perioden relativer Ruhe abwechselten. Ersteres bedingte, daß der gezahlte Lohn nicht

II. Grundprobleme und Tendenzen der Forschung

Produktion auf dem Lande kostengünstig

dem vollen Wert der Arbeitskraft zu entsprechen brauchte, ermöglichte vom Standpunkt des Kapitals also eine extrem „kostengünstige" Produktion, letzteres gab der „heimindustriellen" Beschäftigung den Charakter von „Nebenerwerb" bzw. „Füllarbeit" [25: KRIEDTE, Handelskapital, 95].

Alternative zu Armutsgewerben

Auf der anderen Seite bot die „Protoindustrie" gerade den dörflichen Unterschichten eine Alternative zu den „Armutshandwerken", zu Wanderarbeit oder Auswanderung. Die Göttinger Autoren stehen in dieser Hinsicht stark im Banne der Pionierarbeit von RUDOLF BRAUN über das Zürcher Oberland, der die „jammervollen Verhältnisse" des „vorindustriellen" 17. Jahrhunderts [97: BRAUN, 30] mit dem „Unterschichtenluxus" des protoindustriellen 18. Jahrhunderts vergleicht. BRAUNS Studie hat auch paradigmatisch die Veränderungen beleuchtet, die das Eindringen des Handels- bzw. Verlagskapitals im Verhältnis der ländlichen Schichten zueinander auslöste. Von den Grenzen der „Ackernahrung" tendenziell befreit,

Sonnenseiten: neue Bedürfnisse

konnten die ländlichen Unterschichten ihre „Emotionen" und Bedürfnisse eher ausleben. Aufgeklärte Städter und Landpfarrer verzeichneten mißbilligend Kaffee- und Branntweingenuß, Kleiderluxus und lockere Sitten als Folgen der „Industrialisierung".

Auch die Verhaltensweisen dem jeweils anderen Geschlecht gegenüber hatten sich, folgt man den Pastorenberichten, verändert. Dies zog im Zürcher Oberland eine Zunahme illegitimer Geburten und früher Eheschließungen nach sich [Ebd., 62, 72 f.]. HANS MEDICK hat anhand der Ergebnisse von RUDOLF BRAUN und von Belegen aus anderen westeuropäischen Ländern regelrecht von einem

MEDICK: „Expansionsprozeß protoindustrieller Bevölkerungen"

„Expansionsprozeß protoindustrieller Bevölkerungen" [MEDICK, in: 26: KRIEDTE et al., 182] gesprochen. MEDICK macht dafür verschiedene Faktoren verantwortlich: Zum einen die tendenzielle Abkopplung der Eheschließungen (und in deren Vorfeld der Sexualität allgemein) vom Vorhandensein einer „Ackernahrung", die nicht nur das Heiratsalter senkte, sondern auch „Bettelhochzeiten" möglich machte. Zum anderen die steigende Wertschätzung von Kindern als Arbeitskräften in protoindustriellen Familien, da die Kinder dort noch früher und systematischer als in Bauernhaushalten zum Familieneinkommen beitragen konnten.

Für die Vorarlberger Gemeinden Lustenau und Egg ist die Zunahme von Eheschließungen und Geburten nach der Einführung protoindustrieller Stickerei und Spinnerei eindrucksvoll bestätigt worden [98: FITZ, 82 f., 88 f.]. MICHAEL MITTERAUER meldet allerdings Bedenken gegen die schematische Gegenüberstellung einer

2. „Naturale Ökonomie" – wirtschaftshistorische Ansätze 61

„agrarischen" und einer „protoindustriellen" Bevölkerungsweise an [229: MITTERAUER, Formen, 306 ff.], und HEIDI ROSENBAUM zieht vor allem das zweite Argument MEDICKS in Zweifel, indem sie die Belastungen betont, in die auch protoindustrielle Familien durch Geburten und durch die Aufzucht von Kleinkindern geraten konnten [237: ROSENBAUM, 239 f.]. Einwände MITTERAUERS und ROSENBAUMS

Auch eine andere Entwicklung wird nicht von allen Autorinnen und Autoren gleichermaßen festgestellt. Sowohl MOOSER als auch MEDICK erkennen im protoindustriellen Milieu eine Aufwertung der Stellung von Frauen innerhalb und außerhalb der Familien [111: MOOSER, Klassengesellschaft, 300; MEDICK, in: 26: KRIEDTE et al., 138], da sie – z. B. als Spinnerinnen – einen wachsenden Teil des Familienbudgets unabhängig vom Mann erwirtschaften konnten. HEIDI ROSENBAUM will darin höchstens eine Tendenz erkennen und diese Tendenz vorwiegend an bestimmten Tätigkeiten (z. B. Sticken) festmachen, die höchste Geschicklichkeit wie Ausdauer erforderten und deshalb vom Mann kaum zu leisten gewesen seien [237: ROSENBAUM, 232]. In solchen Konstellationen konnte es, wie FITZ für Vorarlberg nachweist, regelrecht zur Umkehrung traditioneller Rollenbilder und Beschäftigungen – etwa im Haushalt – kommen [98: FITZ, 193]. Neue Rollenbilder

Als Scheinblüte entlarvte sich der protoindustrielle Aufschwung jedoch dann, wenn die betroffene Region von Krisen heimgesucht wurde, wobei doppelte Anfälligkeit sowohl für die neuen, „industriellen" Varianten wie für die „crise du type ancien" bestand. Die Hungerkrisen wüteten bekanntlich am schlimmsten in protoindustriellen Textilregionen. Zum materiellen Elend kam vielerorts der Spott der traditionellen ländlichen Führungsschichten aus Großbauern, Pastoren und Beamten, die dem mit der Protoindustrie verbundenen „Sittenverfall" ohnehin ablehnend gegenübergestanden hatten [111: MOOSER, Klassengesellschaft, 299]. Schattenseiten: Hungerkrisen

Aber auch in den Jahren der Prosperität blieb den unmittelbar Betroffenen hinter der Fassade einer neuen Individualität und Befreiung von alten Rollenbildern, auf die sich zeitgenössische Beobachter wie moderne Forschung vielfach konzentrierten, nicht verborgen, daß neue Ausbeutungsformen eingedrungen waren. Nur bei extrem niedrigen Löhnen war die Handspinnerei als Massenproduktion profitabel [115: SCHLUMBOHM, 298; 121: TROSSBACH, Schatten, 215, 218 f.]; andererseits waren die Verhältnisse in den agrarischen Mangelgebieten vor der Einführung der Heimindustrie oft so desolat [97: BRAUN, 30 f.], daß Arbeit um beinahe jeden Preis ange- Neue Ausbeutungsformen nommen werden mußte [MEDICK, in: 26: KRIEDTE et al., 175]. Innerfamiliäre Ausbeutung, von Frauen und insbesondere von Kindern – mit, worauf ROSENBAUM hinweist [237: ROSENBAUM, 242], körperlichen Spätfolgen –, durch den Terminus „Selbstausbeutung" eher verschleiert als erhellt, war auch in guten Jahren an der Tagesordnung [25: KRIEDTE, Handelskapital, 166f.] und eine Kehrseite der von außenstehenden Beobachtern hervorgehobenen tendenziellen Änderung der familiären Beziehungen.

Der für die Theoriebildung so bedeutsame Weg der Protoindustrialisierung durch das Verlagssystem [EdG 3, 77f.] zu den Produzenten, wie er (auf Baumwollbasis) für das Zürcher Oberland [BRAUN], Vorarlberg [FITZ], den Westerwald [TROSSBACH] sowie das Eichsfeld [103: KAUFHOLD, Gewerbelandschaften, 197] und (auf der Basis spanischer Merinowolle) für die Eifel [25: KRIEDTE, Handelskapital, 169] charakteristisch war, hat sich jedoch nur als *ein* möglicher Typus ländlicher Textilproduktion erwiesen. Gerade das Fehlen einer Typologie ist von Kritikern des Konzepts „Protoindustrialisierung" früh moniert und auch von den Göttinger Autoren eingeräumt worden [EdG 3, 87f.; 104: KRIEDTE et al., Prüfstand, 88].

Einwände: fehlende Typologie im Konzept „Protoindustrialisierung"

Freilich hat schon in der „Erstfassung" der Theorie JÜRGEN SCHLUMBOHM das Verlagssystem treffend vom Kaufsystem unterschieden [SCHLUMBOHM, in: 26: KRIEDTE et al., 202ff., 210ff.] und damit einen Grundstein für eine mögliche Typologie gelegt. Dieser organisatorische Gesichtspunkt korrespondiert mit einem typologischen Kriterium, das von THOMAS MEIER hervorgehoben worden ist: der Rohstoffbasis [110: MEIER, 308]. Beide Variablen sind vorbildlich von JOSEF MOOSER in seiner Studie über Leinwandweber- und -spinnerei in der Grafschaft Ravensberg berücksichtigt worden. Dort wurde im Rahmen des Kaufsystems und auf der Basis eines einheimischen Rohstoffes (Flachs) gearbeitet. Erbrechtliche und soziale Rahmenbedingungen (statt Realteilung – wie im Zürcher Oberland – geschlossene Vererbung und eine großbäuerliche Struktur) trugen gleichfalls dazu bei, daß die protoindustriellen Produktionsverhältnisse eine Gestalt annahmen, die sich relativ unabhängig vom Verlags- und auch vom Handelskapital entwickelte. Die Gegensätze zwischen den in protoindustrielle Verhältnisse eingespannten Heuerlingen und den Bauern, die als Vermieter und Verpächter an der Konjunktur partizipierten, verschärften sich allerdings [111: MOOSER, Klassengesellschaft, 281 ff.].

Ansätze zu einer Typologie: Verlagsvs. Kaufsystem

Weitere Variablen: Erbrecht, Rohstoffbasis

Differenzierungen: MEDICK über Laichingen

Zur weiteren Differenzierung des Modells hat auch die Arbeit von HANS MEDICK über Laichingen auf der Schwäbischen Alb bei-

2. „Naturale Ökonomie" – wirtschaftshistorische Ansätze 63

getragen, wo die Kombination von Realteilungssitte und Leinenproduktion auf der Basis eines einheimischen Rohstoffes dem Handelskapital noch geringere Interventionsmöglichkeiten bot als in der Grafschaft Ravensberg [108: MEDICK, Freihandel, 291; 109: Ders., Handelskapital, 303 ff.]. Ähnlich war die von JÜRGEN SCHLUMBOHM analysierte Situation im Fürstbistum Osnabrück, wo freilich geschlossene Vererbung herrschte. Dort fand die Leinenproduktion in allen Schritten – vom Anbau des Flachses bis zum Verkauf der Leinwand – im großbäuerlichen „Haus" statt. Auch hier konnte das Handelskapital nicht in die Produktion eindringen [115: SCHLUMBOHM].

SCHLUMBOHM über das Osnabrücker Land

Theoretische Nachbesserungen und empirische Studien haben insofern zu einer beträchlichen Auffächerung des Konzepts der Protoindustrialisierung beitragen können. Die Konzentration auf den Typus des Verlags ist aufgegeben worden, dabei mußte allerdings auch der Stellenwert der textilen Heimindustrie beim „Übergang vom Feudalismus zum Kapitalismus" modifiziert werden. So ist zwar auch für Deutschland vereinzelt nachzuweisen, daß in Familien von „Protoindustriellen" des 18. Jahrhunderts Kapital gebildet wurde, das für die Industrialisierung des 19. Jahrhunderts eingesetzt wurde [122: TROSSBACH, Schatten, 233], dies scheint jedoch – im Gegensatz zu anfänglich geäußerten Postulaten – eher die Ausnahme gewesen zu sein. Wenig erforscht ist auch, welche Bedeutung die unter dem protoindustriellen Regime zweifellos erfolgte Arbeitsdisziplinierung des 18. Jahrhunderts für die Herausbildung einer industriellen Arbeiterklasse im 19. Jahrhundert besessen hat [KRIEDTE, in: 26: KRIEDTE et al., 285].

Protoindustrialisierung und Industriekapitalismus: kaum Kontinuitäten

Die beiden Pole des späteren Industriekapitalismus lassen sich insofern nur selten bis in das textile Heimgewerbe zurückverfolgen. Eher wäre das Augenmerk auf Phänomene der Deindustrialisierung zu lenken, von denen verschiedene protoindustrielle Regionen nicht nur im 19. Jahrhundert betroffen waren, ein Vorgang, der in der „ursprünglichen Fassung" des Konzeptes zwar erwähnt, aber nicht gewichtet wurde [KRIEDTE, in: 26: KRIEDTE et al., 293, 307]. Von größerer Bedeutung als die Textilproduktion dürfte für das 19. Jahrhundert die Akkumulation von Kapital in Bergbau bzw. Eisenverhüttung und -verarbeitung gewesen sein, die gleichfalls ins 18. Jahrhundert zurückreicht und v. a. ländliche Gebiete erfaßt hat. WOLFGANG MAGER [107: MAGER, 296 ff.] und WILFRIED REININGHAUS [EdG 3, 87] haben auch sie in ein erweitertes Konzept von „Protoindustrie" einbezogen.

Deindustrialisierung

64 II. Grundprobleme und Tendenzen der Forschung

Kontinuitäten in der kleingewerblichen Produktion (Württemberg)

Kontinuitäten für die ländliche Textilproduktion lassen sich paradoxerweise gerade dort aufweisen, wo sie im 18. Jahrhundert nicht vom Verlagssystem dominiert war. Die bis in das 20. Jahrhundert kleingewerblich organisierte Leinweberei Altwürttembergs, für die dies zutrifft, leistete allerdings keinen direkten Beitrag zur kapitalistischen Industrialisierung, eher zur Konservierung kleinindustriell-patriarchalischer Strukturen. Inwieweit die dabei entwickelte handwerkliche Geschicklichkeit und kleinindustrielle Mentalität allerdings indirekt die spezifische Form der Industrialisierung bestimmter Regionen (z. B. Württembergs) geprägt hat [109: MEDICK, Handelskapital, 309 f.], dürfte quellenmäßig gleichfalls schwer zu fassen sein.

Der Württemberger und der Osnabrücker Typus sind zudem am ehesten geeignet, das Konzept „Protoindustrialisierung" als ganzes in Frage zu stellen. Nur noch schwer abgrenzbar ist der vom Handelskapital relativ unabhängig produzierende Laichinger Weber des späten 18. Jahrhunderts von seinem zünftigen Kollegen in einer größeren Stadt, und insofern wird SCHREMMERs Kritik, daß „der klassische Handwerker ... so sehr im Hintergrund" des Konzepts geblieben sei [116: SCHREMMER, Industrialisierung, 444], (unfreiwillig?) Rechnung getragen.

„Protoindustrialisierung auf dem Prüfstand"

Seine Leistungsfähigkeit hat das Konzept allerdings als Instrument der Analyse von strukturellen Veränderungen in der ländlichen Gesellschaft des 18. Jahrhunderts bewiesen, indem es auf neue Elemente des Zusammenlebens aufmerksam gemacht hat, die mit der Massenproduktion für weit entfernte Märkte verbunden waren: Die Veränderungen im Verhältnis der ländlichen Schichten, der Altersklassen und der Geschlechter zueinander haben nicht nur RUDOLF BRAUN für das Zürcher Oberland und ARNO FITZ für Vorarlberg, sondern auch (unter anderen typologischen Voraussetzungen) JOSEF MOOSER für die Grafschaft Ravensberg aufzeigen und erklären können.

2.4 „Subsistenzwirtschaft" oder „Bauernkapitalismus"?

Auch auf genuin agrarischem Gebiet hat die Forschung in den letzten Jahren die Tendenz zur Marktökonomie hervorgehoben. Dabei sind jedoch zunächst strukturelle und zeitliche Differenzierungen zu beachten. Weinbaugebiete z. B. waren von ihrem Hauptprodukt her von vornherein weit mehr auf Tauschbeziehungen angewiesen als Regionen mit Getreideanbau oder Viehwirtschaft. Sie sind daher als

Kommerzialisierung und Sonderkulturen

2. „Naturale Ökonomie" – wirtschaftshistorische Ansätze 65

Einfallstore für marktwirtschaftliche Entwicklungen auch auf anderen Sektoren erkannt worden [229: MITTERAUER, Formen, 253]. Weiterhin sind Tendenzen zur Kommerzialisierung danach zu befragen, ob sie „von unten" oder „von oben" ausgingen. Eine erhebliche Marktintegration ist schon für das frühe 16. Jahrhundert in der Kleinlandwirtschaft Thüringens aufgewiesen worden [87: STRAUBE, 62; 73: HELD, 107 ff.]. Freilich gab auch hier eine Sonderkultur, die Färberpflanze Waid, den Ausschlag. Ähnliches gilt für schwäbische Realteilungsgebiete, in denen sich vor allem Unterschichten auf Flachs- und Hanfanbau für den Markt spezialisierten [100: GREES, Unterschichten, 30]. Die Verbindungen zu den schon erörterten Phänomenen „Protoindustrialisierung" und „Armutsgewerbe" sind hier fließend.

Eine andere Entwicklung eröffneten Kommerzialisierungsvorgänge, von denen in erster Linie Großbauern erfaßt wurden. Sie betrafen landwirtschaftliche „Grundprodukte" wie Getreide und tierische Erzeugnisse und erreichten im 16. Jahrhundert die nordwestdeutschen Küstenländer [91: WIESE/BÖLTS, 109, 196 ff., 217 ff.], aber auch Teile Südwestdeutschlands [252: BOELCKE, Wohlstand, 249 ff.] und Oberösterreichs [236: REBEL, 209 ff.]. Die südwestdeutschen Verhältnisse des frühen 18. Jahrhunderts schließlich kennzeichnet ROBISHEAUX, ausgehend von Hohenlohe mit seinem weiträumigen Ochsenhandel, mit dem Begriff „Bauernkapitalismus" [81: ROBISHEAUX, Society, 247 ff.]. Freilich bleibt anzumerken, daß die Entwicklungen des 16. Jahrhunderts durch die „europäische Krise des 17. Jahrhunderts" [22: HROCH/PETRAN, 86 ff.], die in Deutschland in Gestalt der „Folgen des Dreißigjährigen Krieges" besonders nachdrücklich wirksam war, unterbrochen worden waren. Südwestdeutschland: „Bauernkapitalismus" um 1700?

In Niedersachsen [66: ACHILLES, Landbevölkerung, 62], in der Magdeburger Börde [72: HARNISCH, Produktivkräfte, 137, 146 f.] und in Teilen der Mark Brandenburg [78: MÜLLER, Märkische Landwirtschaft, 150 f.] scheint ein Kommerzialisierungsschub demgemäß erst im weiteren Verlauf des 18. Jahrhunderts, dann aber um so nachhaltiger, eingesetzt zu haben. Die Kolonisten der Gründung Neuholland im Havelland z. B. waren seit 1730 in rege Ware-Geld-Beziehungen involviert, auf der Basis von Milchwirtschaft konnten sie beachtliche Vermögen erwerben [61: PETERS, Neuholland, 69]. Freilich standen sie nicht in gutsherrschaftlichen Abhängigkeiten. Andernorts verstärkte sich die seit dem Spätmittelalter zu beobachtende ländliche Spezialisierung im Umkreis großer Städte [15: ABEL, Landwirtschaft, 154]. Nordwestdeutschland: rege Marktintegration etwa seit 1730

II. Grundprobleme und Tendenzen der Forschung

Bäuerliche Produktion für entfernte Märkte (Brandenburg 1780)

1700: Geringe Marktverflechtung in Nordwestdeutschland und Bayern

Eine neue Qualität allerdings dürfte die von HARNISCH entdeckte Ausrichtung von Bauernwirtschaften auf weiter entfernte Märkte dargestellt haben. Die Hochschätzung des Weizenmehls in England z. B. veranlaßte um 1780 brandenburgische Bauern, die in der Nähe der Elbe wohnten, zu einer beträchtlichen Ausdehnung der mit Weizen besäten Fläche zuungunsten des traditionellen Roggenanbaus [71: HARNISCH, Peasants, 55]. Die Nachrichten über Pachtungen von Rittergütern durch Bauern, über Unternehmertum und über demonstrativen Luxuskonsum der bäuerlichen Oberschicht (s. o. S. 40) sind ebenso in diesen Zusammenhang einzuordnen wie Tendenzen zu einem gutsherrlich-bäuerlichen Ausgleich in einzelnen preußischen Ländern.

Forschungen, die sich mit Verhältnissen des frühen 18. Jahrhunderts befassen, zeichnen dagegen noch ein anderes Bild. Für holsteinische Geesthöfe weist STEINBORN nach, daß die „Erzeugung pflanzlicher Produkte ... um 1700 im Durchschnitt ... gerade zum Unterhalt von Betrieb und Haushalt" ausreichte, während ostholsteinische Marschbetriebe auf dem gleichen Sektor immerhin eine Marktquote von 18% erzielten [159: STEINBORN, 76]. Dabei ist noch ungeklärt, ob es sich um einen lokalen, auch von außerökonomischen Bedingungen beeinflußten, oder um einen städtischen bzw. überregionalen Markt handelte. Insgesamt kann STEINBORN aber um 1700 für sein Untersuchungsgebiet einen Zusammenhang zwischen der Marktquote und dem Anteil der notwendigen Geldausgaben (und -abgaben) plausibel machen [ebd., 190f.]. Zu einem ähnlichen Ergebnis kommt SAALFELD für das Herzogentum Braunschweig-Wolfenbüttel (gleichfalls um 1700), jedenfalls im Durchschnitt [83: SAALFELD, Bauernwirtschaft, 85]. Für oberbayerische Großbauernwirtschaften des späten 17. Jahrhunderts hat SCHLÖGL nachgewiesen, daß der Erlös aus dem Getreideverkauf für Steuern, Abgaben und lange geplante Anschaffungen vorgesehen war, keineswegs also flexibel (sei es zu Investitionen, sei es für den Luxuskonsum) eingesetzt werden konnte [63: SCHLÖGL, Bauern, 59, 190].

Zwar sind die Forschungen zur Geschichte der landwirtschaftlichen Kommerzialisierung in Deutschland in Zielrichtung und Methode heterogen, die differenzierten Ergebnisse gestatten jedoch auch vorsichtige Verallgemeinerungen. In den Küstenländern, im Südwesten Deutschlands sowie in Oberösterreich waren schon seit dem späten 16. Jahrhundert größere Betriebe auf Marktproduktion eingestellt. Dies mag auch für das Rheinland gegolten haben [57: HENN, 183]. In der zweiten Hälfte des 18. Jahrhunderts konnten

2. „Naturale Ökonomie" – wirtschaftshistorische Ansätze 67

dann auch die Vollbauernhöfe des nord- und nordostdeutschen Binnenlandes, wenn sie sich aus gutsherrschaftlichen Zwängen emanzipiert hatten, für nähere und entfernte Märkte produzieren, wie dies schon vorher in beträchtlichem Maße die auf Marschböden begüterten, politisch unabhängigen großen Bauern Frieslands getan hatten. Wenn auch in verschiedenen Regionen eine deutliche Intensivierung der Marktintegration vor allem in der zweiten Hälfte des 18. Jahrhunderts zu konstatieren ist, so ist der Umfang dieser Entwicklung doch noch immer nicht exakt zu quantifizieren. Zudem traf sie, worauf auch HARNISCH hinweist [71: HARNISCH, Peasants, 56], vor allem für Großbauern zu. Für die erste Hälfte des 18. Jahrhunderts, in der diese Tendenzen nachweislich schwächer ausgeprägt waren, hat FRIEDRICH-WILHELM HENNING zusammenfassend die mehrdeutige Formulierung gefunden: „Im ganzen war .... das Einkommen von etwa 70 bis 80 v. H. der Bauern allenfalls so, daß Überschüsse nur von wenigen gemacht werden konnten" [21: HENNING, Dienste und Abgaben, 173]. Der größte Teil der bäuerlichen Bevölkerung dürfte somit in diesem Zeitraum weitgehend für den eigenen Bedarf (was den Tausch auf lokalen Märkten nicht ausschließt) gearbeitet haben.

Nur große Bauern können Marktchancen wahrnehmen

Bleibende Bedeutung der Subsistenzwirtschaft im 18. Jahrhundert

Insofern kommt der Studie von RAINER BECK, der kürzlich die Praxis der Subsistenzlandwirtschaft in einem oberbayerischen Dorf (Unterfinning) analysiert hat, mindestens für das frühe 18. Jahrhundert paradigmatische Bedeutung zu, dies um so mehr, als BECK über Quantifizierungen hinaus zur (klein-)bäuerlichen Wirtschaftsgesinnung vorzudringen versucht. In Unterfinning motivierte um 1720 – so BECK – nicht der reale (oder fiktive) Preis einer Leistung die bäuerlichen Anstrengungen, sondern der mittelbare und unmittelbare Nutzen. Wenn einer Kuh z. B. durch ein drittes Melken am Tag einige zusätzliche Tropfen Milch abgerungen werden konnten, so wurden Aufwand und Ertrag dieser Arbeit nicht verglichen, ausschlaggebend war allein das (magere) Ergebnis. Zusammenfassend charakterisiert BECK diese „subsistenzwirtschaftliche Gesinnung": „Die vollständige Ausschöpfung marginaler Ressourcen, die Arbeiten und Gänge, die man auch um den geringsten Nutzenzuwachs auf sich nahm, dies alles verschlang unaufhörlich Kraft und Zeit und war doch zugleich – je schmaler die Ressourcen desto mehr – der einzige Weg, einen landwirtschaftlichen Kleinstbetrieb am Leben zu erhalten" [68: BECK, Ökonomie, 191]. Das von der Not erzwungene „Marktverhalten" solcher Schichten dürfte mit dem von TSCHAJANOW [44: Die Lehre] geprägten Begriff der „Selbstausbeu-

Kleinbäuerliche Wirtschaftsgesinnung (BECK)

tung" besser charakterisiert sein als mit betriebswirtschaftlichen Kategorien, wie sie die „ABEL-Schule im weitesten Sinne" anwendet. Die Übergänge zur unterbäuerlichen „Ökonomie des Notbehelfs" sind hier fließend. In einen größeren Zusammenhang sind diese Bemühungen um die Erhaltung der Subsistenz von DIETER KITTSTEINER gestellt worden. Er legt dar, welche Widerstände das (klein)bäuerliche Streben nach „Nahrung" dem Projekt der „normsetzenden Schichten" zur Erziehung „moralischer Persönlichkeiten" mit konsistenten, verinnerlichten Wertsystemen entgegensetzte. Nicht Sitte und Moral, sondern „List und Tücke" war dementsprechend in der Wahrnehmung der Aufklärer der Grundzug bäuerlicher Charaktere. Nicht das „innerliche" Gewissen, sondern die „äußerliche" Ehre (mit den daran haftenden handfesten Ansprüchen und Verpflichtungen) wurden – so die Ergebnisse Kittsteiners – im bäuerlichen Milieu als moralische Leitlinie akzeptiert, denn: „Vom Gewissen frißt man nicht" [321: KITTSTEINER, 315].

Mit dem Verhältnis von „bäuerlicher Ökonomie" und „bäuerlicher Mentalität" beschäftigen sich auch die Studien von DAVID SABEAN über das schwäbische Dorf Neckarhausen [294: Property] im 18. Jahrhundert und von GIOVANNI LEVI über ein piemontesisches Dorf [37: Erbe] an der Wende vom 17. zum 18. Jahrhundert. Sie tragen wie die Arbeit von RAINER BECK zu einer Relativierung des heuristischen Wertes betriebswirtschaftlicher Kategorien für die Erforschung bäuerlicher Mentalitäten bei, indem sie z.B. nachweisen, daß marktwirtschaftliche Formen nicht immer Indizien für eine marktwirtschaftliche Gesinnung sein mußten. So diente im schwäbischen Realteilungsgebiet die Mobilisierung von Grundbesitz (durch Landverkäufe) weniger der Anhäufung von Geldkapital als (durch die Auswahl der Käufer und die Preisgestaltung) der Stabilisierung bzw. Neuformierung von Clan- und Verwandtschaftsbeziehungen [238: SABEAN, Immen, 238 ff.; 37: LEVI, 75 ff.]. SCHLÖGLs Überlegungen über das „vorbestimmte", „naturale" Verhältnis bayerischer Großbauern zum Geld [63: SCHLÖGL, Bauern, 59, 190] wären im Lichte dieser Studien danach zu befragen, inwieweit sie auch über das späte 17. Jahrhundert hinaus zutreffen könnten.

Auch die Ausweitung von Kreditbeziehungen in der ländlichen Gesellschaft des späten 17. und frühen 18. Jahrhunderts kann, wie die Arbeiten von RICHTER [80: RICHTER, Kreditwesen, 137] und ZÜKKERT [92: ZÜCKERT, 163] nachweisen, nicht bruchlos als Zeichen für die Monetarisierung der Beziehungen in der ländlichen Gesellschaft gewertet werden. So ist z.B. der Zusammenhang von temporären

2. „Naturale Ökonomie" – wirtschaftshistorische Ansätze 69

Notlagen, Abgabenbelastung und Verschuldung zu bedenken [92: ZÜCKERT], und zum andern sind „echte" von „unechten" Krediten in den Quellen nicht immer genau zu unterscheiden. Daß „unechte" Kredite der Ausdruck gesellschaftlicher Machtverhältnisse sein konnten (etwa in Gestalt von aufgeschobenen Lohnzahlungen), hat REBEL für Oberösterreich nahegelegt [236: REBEL, 102]. Es ist aber auch denkbar, daß sie – ähnlich wie der Landverkauf in Neckarhausen – zur Stabilisierung oder Schaffung von Solidarbeziehungen, damit für einen nichtmonetarischen Zweck, eingesetzt wurden. *Das Nichtökonomische im ökonomischen Gewand: Beispiel Kredit*

Auch die Beschwerden der „Gebildeten" über „nicht marktgerechtes" [301: SIMON, 94] Verhalten der Bauern, über Müßiggang [274: DIPPER, Volksreligiosität, 82] und Luxuskonsum [85: SANDGRUBER, Komsumgesellschaft, 86f.], die sich im Gefolge der „Aufklärung" (s. o. S. 44) in der zweiten Hälfte des 18. Jahrhunderts häuften, zu einem Zeitpunkt also, als Tendenzen zur Kommerzialisierung auch der bäuerlichen Landwirtschaft in vielen Regionen unverkennbar waren, sind in diesem Zusammenhang aufgegriffen worden. Sie werden von kulturgeschichtlichen Ansätzen als Indizien dafür genommen, daß auch auf „kommerzialisierten Betrieben" noch Reste einer „anderen Ökonomie" [279: GROH, 10] anzutreffen gewesen seien. „Grundprinzip" der „anderen Ökonomie" war in dieser Sicht die von den Aufklärern beklagte Neigung insbesondere von „großen" Bauern, einen Teil des „produzierten gesellschaftlichen Surplus" „in Form von Geschenken, Gastmählern und Festen" nicht „in ökonomische, sondern in soziale Beziehungsgeflechte" zu investieren [280: HANNIG, 29]. Aber auch dies war – was nicht immer klar herausgearbeitet wird – kein „reines" Kulturphänomen. Solche Verhaltensweisen reproduzierten die „Ehre" großer Bauern, hatten einen bescheidenen Umverteilungseffekt im Dorf und wurden demgemäß „erwartet". Umgekehrt schufen sie eine Art von „Sozialkapital", auf das in Krisenzeiten zurückgegriffen werden konnte. *Eine „andere Ökonomie"?*

Für das Heranreifen einer marktwirtschaftlichen Gesinnung freilich könnte eine Quellengattung genaueren Aufschluß geben, die erst in den letzten Jahren in das Bewußtsein der Forschung gerückt ist und mit dem bäuerlichen Kredit in enger Beziehung steht: die ländlichen Anschreibebücher [79: PETERS, Schreibe- und Wirtschaftsbücher]. Wenn sie auch keiner gemeinsamen Systematik folgen, nie nach Vollständigkeit streben und „persönliche" mit wirtschaftlichen Eintragungen abwechseln [61: PETERS, Neuholland, 293], können ihnen doch Indizien für eine Ökonomisierung ländli- *Anschreibebücher: Quellen für das Heranreifen einer marktwirtschaftlichen Gesinnung?*

cher Verhältnisse entnommen werden. Nicht nur Ernteerträge, Verkaufserlöse, Konsumausgaben und Lohnzahlungen sind darin enthalten, auch eine Berechnung gegenseitiger Verpflichtungen von Dorfgenossen untereinander [76: HOPF-DROSTE, Vorbilder, 67 ff.; 89: VOIGTLÄNDER, 190 ff.]. Die bruchstückhafte Überlieferung solcher Anschreibebücher (Privatbesitz) läßt eine Quantifizierung jedoch aussichtslos erscheinen. Qualitativ können Anschreibebücher immerhin insofern als Indiz für eine Ökonomisierung der ländlichen Verhältnisse genommen werden, als die Notwendigkeit der schriftlichen Fixierung als Zeichen dafür verstanden werden kann, daß die „vorbestimmte" Geldverwendung, die SCHLÖGL geschildert hat, durchbrochen und eine Übersicht über die Geschäfte zunehmend schwieriger wurde [61: PETERS, Neuholland, 292]. Insofern ist es nicht erstaunlich, daß für Hessen die meisten der erhaltenen Anschreibebücher dem Kontext des ländlichen Handwerks entstammen [74: HÖCK, Bemerkungen, 50 ff.]. Ob die Tatsache, daß sich die Überlieferung „rein" bäuerlicher Anschreibebücher um die Wende vom 18. zum 19. Jahrhundert verdichtet [75: HOPF-DROSTE, Katalog, 15, 17], eher ein Zufall oder, wie NORDEN vermutet, ein Abbild der guten Agrarkonjunktur dieser Zeit ist [328: NORDEN, Alphabetisierung, 153], kann dennoch nicht entschieden werden.

Tendenzen der Forschung: Fragen nach Wirtschaftsgesinnungen

Für den hohen Grad an Komplexität, den Forschungen zur Geschichte der bäuerlichen Wirtschaft angenommen haben, sind nicht nur „naturgegebene" Faktoren (zeitliche, räumliche und soziale Differenzierungen) ausschlaggebend. Auch eine erweiterte Quellengrundlage (Anschreibebücher) und neue Fragestellungen haben dazu beigetragen. So ist in den letzten Jahren mehr und mehr die Frage nach bäuerlichen Wirtschafts*gesinnungen* in den Vordergrund getreten, die mit betriebswirtschaftlichen Kategorien, wie sie die „ABEL-Schule" mit großem Gewinn für ihre Fragestellungen angewandt hat, allein nicht mehr zu beantworten ist. In diesem Zusammenhang ist, nachdem jahrelang Fragen der Marktintegration im Zentrum der Analyse standen, wieder verstärkt den Spuren einer „anderen", „vormodernen" Ökonomie im bäuerlichen Verhalten nachgegangen worden.

2.5 Frauen- und Männerarbeit: Zwischen Wirtschaftsgeschichte und Geschlechterforschung

Zu den „Relikten" der „vormodernen" Ökonomie gehört auch die Tatsache, daß die Allokationsbedingungen von Arbeit und Wirtschaft – auch im späten 18. Jahrhundert und auf marktbezogenen Betrieben – nicht allein von ökonomischen Gesetzmäßigkeiten bestimmt wurden. GÜNTER WIEGELMANN hat schon 1960 ins Gedächtnis gerufen [131: Arbeitsteilung], daß auf den Höfen nicht abstrakte Voll-, Halb- oder Viertelarbeitskräfte, wie sie betriebswirtschaftliche Sichtweisen konstruieren, sondern konkrete geschlechtliche Menschen tätig waren. Es hat danach erst eines Vorlaufs westeuropäischer Forschungen bedurft, bis sich auch die deutsche Geschichtswissenschaft wieder der „geschlechtsspezifischen Arbeitsteilung" zugewandt hat. Grenzen betriebswirtschaftlicher Kategorien

Dabei ist deutlich geworden, daß sich die Geschichte dieses Phänomens der „longue durée" kaum innerhalb der traditionellen Epochengrenzen abhandeln läßt. Mit der Durchsetzung des Bauernhofes als der vorherrschenden Produktionseinheit der ländlichen Gesellschaft im Gefolge der Auflösung der grundherrlichen „familia", beginnend im 12. Jahrhundert, wurde – so ist in weiter historischer Perspektive betont worden [132: WUNDER, Frau] – auch die Arbeitsgemeinschaft von Mann und Frau für die ländliche Gesellschaft konstitutiv. In dieser Sicht erscheint „der Hof" als Kompositum männlicher und weiblicher Bereiche, die zusammen erst eine überlebensfähige soziale Einheit ergaben. Was im Resultat als geschlechtsspezifische Arbeits*teilung* erscheint, läßt sich historisch eher als Kombination herleiten. In der relativ stark ausgeprägten Eigenständigkeit beider Bereiche, wie sie auf großen österreichischen Höfen noch im 18. Jahrhundert besteht, hat sich dieses Bild in gewisser Weise konserviert. Bauernhof und „Arbeitspaar"

Insgesamt unterliegt jedoch auch diese Konstellation als Arbeits*teilung* historischen Veränderungen. Gerade diesen Veränderungen ist GÜNTER WIEGELMANN nachgegangen. Die Ursachen für den Wandel sieht er nicht primär im Zusammenwirken von Mann und Frau auf dem Hof, sondern in anderen Organisationsformen der Arbeit (Fron, Gesindearbeit, Lohnarbeit) und ihren Rückwirkungen auf die Verteilung auf dem Hof. WIEGELMANNS Forschungen, die dem Kontext des „Atlas der deutschen Volkskunde" entstammen, haben allerdings für den hier zu behandelnden Zeitraum den Nachteil, daß sie im wesentlichen auf mündlichen Informatio- Veränderungen in der Arbeitsteilung: WIEGELMANN nen beruhen, die in den Jahren um 1930 eingeholt wurden und in der Erinnerung nicht viel weiter als bis zur Jahrhundertwende zurückgreifen. Frühere Zeiträume werden von WIEGELMANN, da ihm gerade für das 17. und 18. Jahrhundert kaum Forschungen vorlagen, durch Analogieschlüsse und Konjekturen [131: WIEGELMANN, Arbeitsteilung, 645] erreicht. Da die geschlechtsspezifische Arbeitsteilung aber regional erheblich variieren konnte [125: ILLICH, 60], ist ein solches Verfahren mit besonderen Unsicherheiten behaftet.

Diese Forschungssituation, die sich nur für einige Regionen verbessert hat, erschwert auch heute den Einstieg ins 17. und 18. Jahrhundert [304: ULBRICH, Weiber, 30]. Für das Spätmittelalter ist die Lage eher zu durchschauen. Anhand von hessischen Quellen kommt CHRISTINA VANJA zu folgender Zusammenfassung: „Dem Aufgabenbereich der Frauen oblag vor allem das Haus mit der daran anschließenden Milch- und Viehwirtschaft und dem Garten. Zu nennen ist dabei auch die Vorratswirtschaft, insbesondere in vielen Regionen das Brotbacken und Bierbrauen" [130: VANJA, Frauen, 148].

Vieh- und Milchwirtschaft

Dies entsprach im wesentlichen dem Idealbild, das die Hausväterliteratur noch für das 17. und 18. Jahrhundert entwarf. WIEGELMANN hat hingegen im 16. und 17. Jahrhundert gerade für den Bereich der Vieh- und Milchwirtschaft erhebliche Veränderungen angesiedelt. So übernahmen mehr und mehr Männer das Füttern, und selbst das Melken und die Milchverarbeitung gingen insbesondere auf großen exportorientierten Betrieben in männliche Hände über [131: WIEGELMANN, Arbeitsteilung, 64 ff.]. In Schleswig-Holstein [67: v. ARNIM, 86 ff.] wurden verstärkt Holländer für diese Tätigkeiten eingestellt, während in den Alpenländern diese Funktionen die Schweizer übernahmen. Diese Entwicklung ist als Professionalisierung gedeutet worden [244: SIEDER, 34; 124: EDER, 84].

Erntearbeiten

Ein Vordringen des Mannes hat WIEGELMANN für den gleichen Zeitraum auch im Bereich der Erntearbeiten beobachtet. Mit der Ablösung der Sichel durch die Sichte bzw. Sense bei der Getreidemahd nahm die Frau „die zweite Stelle" hinter dem Mann ein, ein Vorgang, der auch auf die Heuernte ausstrahlte [131: WIEGELMANN, Arbeitsteilung, 659]. Letztlich lag nach WIEGELMANN auch dieser Entwicklung eine verstärkte Marktorientierung zugrunde. Sie nahm ihren Ausgang von den Gütern des Nordostens, die als erste aus Produktivitätsgründen großflächig die Sense einsetzten [Ebd., 654].

Andere Feldarbeiten

Mit der Arbeitsverfassung auf den Gütern hing auch der Rückgang anderer „weiblicher" Feldarbeiten zusammen (z. B. des Eg-

2. „Naturale Ökonomie" – wirtschaftshistorische Ansätze 73

gens). So wurden für die Fron wegen der mitunter weiten Entfernung der Arbeitsstätten von den Häusern – so WIEGELMANN – in erster Linie Männer aufgeboten. Die Bauernwirtschaften kopierten dann diese Strukturen [Ebd., 661]. HEIDE WUNDER hat freilich darauf hingewiesen, daß im 18. Jahrhundert auch in der Fron zu bestimmten Tätigkeiten – etwa in der Ernte – das „Arbeitspaar" zu erscheinen hatte [132: WUNDER, Frau, 248].

Neben ökonomischen und geographischen hat WIEGELMANN auch soziale Differenzierungen auf dem Sektor der Arbeitsverteilungen herausgearbeitet [131: WIEGELMANN; Arbeitsteilung, 646]. INGEBORG WEBER-KELLERMANN hat, diesem Argument folgend, für das 19. Jahrhundert nachgewiesen, daß für Kleinbetriebe starre geschlechtsspezifische Verteilungen nicht charakteristisch waren [28: WEBER-KELLERMANN, 150]. Der Zwang zum gemeinsamen Überleben hat hier für Differenzierungen innerhalb des „Arbeitspaares" wenig Raum gelassen. Rückdatierungen, wie sie noch in WIEGELMANNS Pionierarbeit vorgenommen wurden, sollten freilich auch deshalb unterbleiben, da sie die gerade für Kleinbetriebe virulente Möglichkeit von Regressionen [Ebd., 384] a priori methodisch ausschließen.   Kleinbetriebe: Eher flexible Arbeitsteilung

Daß eine sozial differenzierende Sichtweise aber auch für die Analyse der Geschlechterverhältnisse des 18. Jahrhunderts fruchtbar ist, hat die Untersuchung von EDER über das Salzburger Land unterstrichen. Auf Großbetrieben (bäuerlicher oder adliger Provenienz) sieht er – ähnlich wie INGEBORG WEBER-KELLERMANN für das 19. Jahrhundert – die geschlechtsspezifische Arbeitsverteilung besonders stark ausgeprägt. Auch von daher begründet sich – so EDER – die für große Höfe charakteristische Wiederverheiratung von Witwen und Witwern, die von der Haushaltsforschung als „Rollenergänzung" bezeichnet worden ist [124: EDER, 125f.]. Die Bäuerin trat hier als Leiterin eines weitgefächerten Wirtschaftsbereichs auf, vergleichbar mit der „Meyer'schen", die wir noch im 17. Jahrhundert auf norddeutschen Herrenhöfen antreffen [91: WIESE/BÖLTS, 202f.]. Diese Struktur wurde noch dadurch gefestigt, daß bestimmte Techniken, etwa in der Milchverarbeitung, nur „in weiblicher Linie" weitergegeben werden konnten. Die relativ starre Arbeitsteilung an der Spitze strahlte auf diese Weise auf das Gesinde aus. Umgekehrt erwies sich gerade der Gesindestatus als dasjenige Milieu, in dem am stärksten an der traditionellen Verteilung der Arbeit festgehalten wurde [123: DUDEN/HAUSEN, 21].   Großbetriebe: feste Arbeitsbereiche

Nur am Rande der grundlegenden Studie WIEGELMANNS stand

II. Grundprobleme und Tendenzen der Forschung

Hack- und Pflegearbeiten: vorwiegend Frauensache

die Betrachtung der vielfältigen Hack- und Pflegearbeiten. In diesem Zusammenhang steht auch die für das Überleben wichtige [15: ABEL, Landwirtschaft, 90; 68: BECK, Ökonomie, 168] Gartenarbeit. Freilich ist ähnlich wie für andere genannte Komplexe eine Annäherung an den hier interessierenden Zeitraum meist nur nach dem problematischen Prinzip der Intervallschachtelung möglich. Pflege- und Hackarbeiten, darunter die intensive Bearbeitung des Gartens und des Leinackers waren im Spätmittelalter [130: VANJA, Frauen, 148] in Hessen und im 19. Jahrhundert im Bergischen Land [127: KAUFMANN, 83] Frauensache. Im Subsistenzbetrieb galt dies auch

Vom Flachs zum Leinen: eher Frauen- als Männersache

für die vielfältigen Verarbeitungsgänge des Flachses vom Stengel bis zur Faser, woran sich das Spinnen anschloß [Ebd.]. Mit der Kommerzialisierung der Textilherstellung spätestens im 18. Jahrhundert drängte jedoch auch in diesen symbolisch wichtigen Bereich [304: ULBRICH, Weiber, 13] der Mann. In den dörflichen Unterschichten, bei den Einliegern und Häuslingen Niedersachsens und Westfalens [93: ACHILLES, Bedeutung, 122; 111: MOOSER, Klassengesellschaft, 55 f., 172] spann das „Arbeitspaar" gemeinsam, und auch die Männer brachen und schwangen den Flachs. Ähnliches gilt selbst für das Gesinde. Hier scheint das Streben nach „Nahrung" schon im 18. Jahrhundert traditionelle und sogar patriarchalische Grenzen niedergerissen zu haben.

Besser erforscht sind die Folgen der „Agrarrevolution" des späten 18. Jahrhunderts für die Arbeits- und Autoritätsverhältnisse in den bäuerlichen Familien. Auf großen Höfen – z. B. des nordwestdeutschen Artlandes – konnte die Übernahme bürgerlicher Konsum- und Verhaltensmuster durch das „regierende Paar" dazu führen, daß Mann *und* Frau den gestiegenen „Wohlstand" durch demonstrative Muße darstellten [132: WUNDER, Frau, 247]. Ganz

„Agrarrevolution": Ausdehnung der Hack- und Pflegearbeiten

anders wirkte sich die „Agrarrevolution" im Kleinbetrieb aus, wo jede Hand gebraucht wurde. Da den Frauen der aus der Gartenarbeit abgeleitete Anbau der wichtigsten Hackfrüchte (Rüben und Kartoffeln) – auch auf dem Acker – zufiel, waren sie es, die von der im Zuge der „Agrarrevolution" vorgenommenen Ausdehnung der Anbauflächen für diese Pflanzen am meisten betroffen waren. Die Folgen waren vielerorts bedrückend. Die Säuglingssterblichkeit stieg an, da sich die überlasteten Mütter weniger um die Säuglinge kümmern konnten. Voll zum Tragen kommt dieser Trend jedoch erst im 19. Jahrhundert [126: IMHOF, Leib, 28].

DAVID SABEAN hat für Teile Württembergs weitere soziale Folgen dieser steigenden Belastung dargestellt. Sie drückten sich schon

2. „Naturale Ökonomie" – wirtschaftshistorische Ansätze 75

im späten 18. und frühen 19. Jahrhundert auch in einer Zunahme innerfamiliärer Konflikte aus. Während die Männer ihre Arbeiten in der traditionellen Weise verrichteten, sich z. B. weiterhin „zu einem Glas Wein im Wirtshaus niederließen, nachdem sie eine Arbeit vollbracht oder einen Handel abgeschlossen hatten", war der Tageslauf der Frauen mehr und mehr von Hast und Eile geprägt. Mit der Zunahme der Außenarbeiten konnten die Frauen weniger Zeit auf herkömmliche Pflichten wie die Zubereitung von Mahlzeiten verwenden. So beschwerten sich Männer auch über schlecht zubereitete oder langweilige Mahlzeiten. Freilich sind auch umgekehrte Reaktionen zu erkennen, die traditionelle Rollenteilungen durchbrachen. Es häuften sich die Fälle, in denen Frauen von den Männern Rechenschaft über ihre Arbeiten und deren Erlöse verlangten [129: SABEAN, Intensivierung, 150f.].

Frauen: „Hast und Eile"

Es gibt aber auch Autorinnen und Autoren, die den Grund für das darin dokumentierte, auch andernorts im späten 18. Jahrhundert beobachtete [320: HUGGEL, 494f.] Selbstbewußtsein der Frauen schon in der traditionellen Teilung der Zuständigkeiten sehen: In ihrer Sicht hängt es damit zusammen, daß die Frauen die Resultate ihrer Tätigkeiten, wie Kleinvieh, Eier, Milchprodukte [240: SANDGRUBER; Innerfamiliale, 138 f.] auf eigene Rechnung verkauften [63: SCHLÖGL, Bauern, 190]. „Da die Produkte des weiblichen Arbeitsbereiches zum großen Teil das ganze Jahr über verkauft werden konnten – im Unterschied zum Getreide – spielten die Frauen im bäuerlichen Haushalt insofern eine besondere Rolle, als über sie die laufende finanzielle Liquidität der Wirtschaft gewährleistet wurde" [130: VANJA, Frauen, 159]. Auch die Vielfalt der häuslichen Zubereitungs- und Konservierungsarbeiten sowie die Tatsache, daß die Bäuerinnen – weitgehend ohne Einmischung der Männer [125: ILLICH, 121] – einen eigenen Bereich (mit „eigenem" Gesinde) leiteten, konnte, insbesondere auf großen Höfen [124: EDER, 125], das Ansehen der Bäuerinnen festigen. Die „Funktionsentlastung des ‚ganzen' Hauses" (s. u. S. 100) mit ihrer Entwertung der reproduktiven Bereiche führte hier freilich – anders als in württembergischen Kleinbetrieben – zu einer Erosion traditioneller weiblicher Positionen.

Weibliches Selbstbewußtsein: große Höfe

In den Arbeiten von SABEAN und EDER wird allerdings auch angesprochen, daß schon die „traditionelle" Arbeitsverteilung Machtverhältnisse spiegelte. So nahm die Bäuerin trotz ihres „Ansehens" (z. B. beim Gesinde) auch auf einem großen Hof – etwa in der Heu- und Getreideernte – den zweiten Platz „hinter" dem Mann ein. In den Kontext „Arbeitsteilung und Machtverhältnisse" gehört auch

Arbeitsteilung und Machtverhältnisse

die von EDER betonte Tatsache, daß die Übernahme von „weiblichen" Tätigkeiten durch Männer stärker tabuisiert war als der umgekehrte Vorgang [124: EDER, 84].

Die uneinheitliche Forschungslage, die die Linien der geschlechtsspezifischen Arbeitsteilung im 17. und 18. Jahrhundert, vor allem ihre Verschiebungen und Veränderungen, nur schemenhaft zu erkennen gibt, verbietet eigentlich die Frage nach Kausalitäten für die Grundzüge der Verteilungen. Einige Antworten, die sich selbst als provisorisch darstellen, sollen dennoch referiert werden. Vom Kleinbetrieb und von der Vielfalt regional unterschiedlicher Verteilungen ausgehend, nehmen BARBARA DUDEN und KARIN HAUSEN explizit gegen ökonomische Begründungen, wie sie bei WIEGELMANN vorliegen, implizit aber auch gegen kulturalistische oder gar biologistische Auffassungen Stellung und formulieren allgemein: „Die Trennungslinie zwischen männlichen und weiblichen Arbeiten verläuft offensichtlich weder entlang der Unterscheidung von Tätigkeiten zum Zwecke der ‚Produktion' und denen zum Zwecke der ‚Konsumption' noch entlang der Unterscheidung von Produkten und deren Bearbeitung, die der Eigennutzung dienen bzw. für den Markt bestimmt sind. Offensichtlich ist für die Bauernwirtschaft das Zusammenwirken aller Kräfte das vorrangige Organisationsprinzip, dem die jeweils spezifischen Zuständigkeiten nachgeordnet sind". Dabei wird jedoch hervorgehoben, „daß Männer nicht zuständig sind für Arbeiten, die der unmittelbaren Befriedigung der alltäglichen Lebensbedürfnisse dienen. Zubereitung der Nahrung und Reinigungsarbeiten sind Frauengeschäfte. Ebenso die Aufzucht der Kinder" [123: DUDEN/HAUSEN, 19].

REINHARD SIEDER hebt, ausgehend von der starreren Verteilung auf größeren Höfen, eher auf die auch von DUDEN und HAUSEN genannten durchgehenden Charakteristika bzw. überregionalen Gemeinsamkeiten ab und führt die „spezifischen Zuständigkeiten" der Frauen auf ihre Stellung als Gebärerinnen und „Erzieherinnen" zurück. So hing es seiner Meinung nach mit dem Gebären und Aufziehen von Kindern zusammen, daß Frauen in erster Linie hausnahe Tätigkeiten (Garten, Stall, Küche) übernahmen [244: SIEDER, 32].

WIEGELMANN verweist an einer Stelle – bei der Begründung dafür, daß die Getreidesense beinahe ausschließlich von Männern geschwungen wurde – auf Körperkräfte [131: WIEGELMANN, Arbeitsteilung, 654], eine Argumentation, die von CHRISTINA VANJA mit dem Hinweis auf die schweren Tragearbeiten, die Frauen nicht nur im Mittelalter ausführten [130: VANJA, Frauen, 149], zurückgewiesen worden ist. Allgemein sieht WIEGELMANN zunächst ein ursprüngliches, frühmittelalterliches „Nebeneinander von Mann und Frau" in der Feldarbeit. Die Geschichte der europäischen Landwirtschaft stellt sich in dieser Sicht als linearer Prozeß der Verdrängung von Frauen von immer mehr technisierten und ökonomisierten Arbeiten dar. Dieses „ursprüngliche Nebeneinander" wiederum war – so WIEGELMANN – seinerseits dadurch entstanden, „daß der Mann in die bäuerliche Arbeit eingerückt war, denn die urtümliche Feldarbeit wurde sicherlich auch in Mitteleuropa überall von der Frau ausgeführt" [131: WIEGELMANN, Arbeitsteilung, 669], während der Mann dem Wild nachstellte. Auch die Tatsache, daß in verschiedenen Regionen Sammel- und Lesetätigkeiten meist von Frauen ausgeführt wurden, könnte durch den Rückgriff auf die Frühzeit erklärt werden: als Relikt aus der Sammlerinnengesellschaft.

WIEGELMANN

Neben diesen „funktionalistischen" [DUDEN/HAUSEN] und „historistischen" [WIEGELMANN] sind auch kulturalistische Deutungen der Arbeitsverteilungen vorgetragen worden. In dieser Sicht scheinen sie zu einem selbstlegitimatorischen Komplex kultureller Vorstellungen [128: LÖFGREN, 61; 124: EDER, 85] geworden zu sein. Diese Auffassung liegt der „Genus"-Konzeption von IVAN ILLICH [125: ILLICH] zugrunde.

ILLICH

Von der bürgerlichen Vorstellung von „Geschlechtscharakteren" („mit der Zuweisung von typischen, ‚naturgegebenen' Eigenschaften von Mann und Frau" [124: EDER, 85]) ist diese Sichtweise gleichwohl nicht immer eindeutig abzugrenzen, sie verlängert die „natürlichen" Bezüge quasi ins „Übernatürliche", Symbolische, läßt unter dem milden Primat der „Kultur" jedoch regionale Varianten zu.

2.6 Die Wiederkehr der Kulturgeschichte

Symbolische Formen sind im letzten Jahrzehnt auch für andere Aspekte des Landlebens wieder stärker in den Vordergrund gestellt worden, ob sie nun das Verhältnis zwischen Menschen und Tieren [187: SABEAN, Schwert, 204; 300: SIEVERS, 225], Menschen und Pflanzen [201: TROSSBACH, Bewegung, 91] oder auch von Menschen zu Arbeitsgeräten [296: SCHMIDT, 108 ff.] betreffen. Auch das bäuerliche Zeitverständnis ist in seiner Einbettung in natürliche und übernatürliche Abläufe neu gewürdigt worden [23: IMHOF, Welten, 184].

Daß die traditionalen Weltbilder tief verwurzelt waren, ist am Beispiel der Widerstände gezeigt worden, mit denen sich die Auf-

Traditionelle Weltbilder

klärer bei ihren Versuchen zu plagen hatten, den von ihnen so genannten „Aberglauben" zu bekämpfen. Auf – zum Teil handgreifliche – Ablehnung trafen Reformkalender [334: SCHUMM, 26] ebenso wie vielerorts rationalistische Reformgesangbücher [295: SCHMIDT, 95]. Die Beharrlichkeit, mit der Bauern an ihren – in den Augen der Aufklärer – „überkommenen" Vorstellungen festhielten, ist von der neueren Forschung funktionalistisch [23: IMHOF, Welten, 177; 24: JACOBEIT, 101] mit dem Hinweis darauf erklärt worden, daß eine nicht-wissenschaftliche, jedoch empirische Weltsicht wie die bäuerliche geradezu logisch eine intentionale Erklärung eigentlich „unerklärlicher" Phänomene wie Naturkatastrophen nach sich ziehen mußte.

Im Anschluß an ältere volkskundliche Arbeiten [K. S. KRAMER] sind auch die bäuerlichen Vorstellungen vom Raum – mit dem (männlichen und weiblichen) Körper als Mitte – eingehend analysiert worden. Die methodisch vorbildliche Arbeit von BARBARA DUDEN betont die Fremdheit und die Vielfalt vergangener Körper- und Weltbilder gegen evolutionistische Modelle [275: DUDEN, 202 ff.]. Dies impliziert freilich auch, daß trotz eines radikal-historistischen Ansatzes, wie er bei BARBARA DUDEN vorliegt, Wandlungen kaum thematisiert und daher Periodisierungen nur schwer möglich sind.

Körperbilder

Auf die Analyse der Geschlechterbeziehungen wirken diese Forschungen insofern zurück, als sie eine Neubewertung des „Hexenproblems" (s. u. S. 107 f.) auf dem Hintergrund einer vorurteilsfreien Einschätzung des Stellenwerts von Magie und Religion im bäuerlichen Leben – sei sie funktionalistisch oder kulturalistisch – [272: BEHRINGER, 96; 287: LABOUVIE, Hexenspuk, 68] gestatten. Nicht alle mit dem Problem „Magie" und „Aberglaube" befaßten Arbeiten konnten freilich einen durch Zivilisationskritik für das Thema sensibilisierten Publikumsgeschmack so treffen wie das interkulturell ausgelegte Buch von HANS-PETER DUERR [276].

„Magie" und „Aberglaube"

3. „Herrschaft, Landschaft und Protest" – politikgeschichtliche Ansätze

„Der Bauer": Geschichtsloses Naturwesen?

Die nach langer Abstinenz fruchtbare und innovative Würdigung der natürlich-übernatürlichen Einbettung des Landlebens sollte freilich nicht Tendenzen fördern, die in „dem" Bauern wieder das geschichtslose und unpolitische Naturwesen sehen, als das ihn über Jahrhunderte die deutsche Sozialphilosophie konstruiert hat [17:

3. „Herrschaft, Landschaft und Protest" 79

ACHILLES, Ansehen, 18; 310: WUNDER, Wandel, 43]. Gegen ein Abgleiten in den Irrationalismus, wie es nicht allein der „deutschen Volkskunde" im Banne der nationalsozialistischen Ideologie geschah [30: BAUSINGER, 174 ff.], scheint am ehesten eine Forschungsrichtung gefeit zu sein, die selbst nicht frei von Einseitigkeiten ist: eine politisch orientierte Sozialgeschichte des „Bauernstandes".

Die Geschichte bäuerlicher Politikfähigkeit in Deutschland ist untrennbar mit dem Namen PETER BLICKLE verbunden und hat ihre Wurzeln nicht primär in der Agrargeschichtsschreibung. Sie knüpft in der Auseinandersetzung mit der These von der „politischen Bedeutungslosigkeit" der deutschen Bauern nach 1526 an Forschungen zur Landgemeinde an und reflektiert deren Problematik in einem erweiterten Kontext. Sie ist daher auch im Rückbezug auf diesen Gegenstand (s.o.A. 2.2) zu lesen. Zum andern verdankt sie wichtige Anregungen der Ständeforschung. Denn ständeartige Versammlungen waren es, wo sich am ehesten „die politische Bedeutung des gemeinen Mannes" [SCHULZE] in der Frühen Neuzeit für Forschungen zeigte, die von einem institutionell orientierten Politikbegriff ausgingen.

<small>Dagegen „politische Bedeutung des gemeinen Mannes"</small>

BLICKLE hat zunächst in den Kleinterritorien Oberdeutschlands eine Reihe von „Landschaften" fassen können, die nach dem Vorbild der ständischen Versammlungen in Großterritorien von Landesherren unter anderem bei der Steuererhebung konsultiert werden mußten. In den von BLICKLE erforschten Landschaften der Kleinterritorien waren allerdings im Gegensatz zu den meisten Ständeversammlungen Bauern vertreten, und zwar in verschiedener Form. In Tirol bildeten die Bauern neben Adel, Geistlichkeit und Städtern einen „vierten Stand", während in Württemberg im Landtag dem Herzog „Städte und Ämter" entgegentraten. In den Klosterterritorien von Kempten, Ochsenhausen und Schussenried wiederum trafen die Äbte in den Landschaftsversammlungen allein auf Bauernvertreter.

<small>Landschaften: Definition, Verbreitung (BLICKLE)</small>

Vor allem im Territorium des Reichsstifts Kempten hatte sich die bäuerliche Landschaft – zuletzt durch einen Vertrag aus dem Jahre 1732 – erhebliche Rechte bei der Steuererhebung und -verwaltung sichern können. Sie reichten von der im 17. Jahrhundert noch umstrittenen Möglichkeit zur steuerlichen Selbsteinschätzung bis hin zur Ausbildung einer landschaftlichen Finanzverwaltung, womit zunächst einmal Sicherheit vor dem verbreiteten Phänomen der „Überbesteuerung" verbunden war [167: BLICKLE, Landschaften, 350 ff.]. Die durch die Übernahme herrschaftlicher Schulden ge-

<small>Steuerverwaltung, Schuldenübernahme</small>

stärkte Landschaftskasse schickte sich sogar an, ihrerseits Geld zu verleihen. Diese finanzielle Potenz erlaubte es auch der Landschaft, die Wirtschafts- und Sozialpolitik des Klosterstaates mitzubestimmen. So ließ sie sich die Schuldenübernahme durch die Möglichkeit, die Fronen durch eine jährlich zu zahlende Summe von 9000 fl abzugelten, honorieren. Es versteht sich beinahe von selbst, daß eine solchermaßen organisierte Bauernschaft nicht mehr als „leibeigen" bezeichnet werden konnte [ebd., 372 ff.].

Auch andere Landschaften konnten in weitere Politikfelder neben der Steuer- und Wehrverfassung, die gleichwohl die Domäne der landschaftlichen Selbstverwaltung blieb, eindringen. Die Untertanen der vorderösterreichischen Landvogtei Schwaben z. B. konn-

Forst und Landesordnungen

ten im 17. Jahrhundert den landesherrschaftlichen Forst pachten und eine landschaftliche Forstverwaltung errichten [ebd., 553 f.]. Bedenkt man die Demütigungen und Belastungen, die andernorts von einer „tyrannischen Forsthoheit" [122: TROSSBACH, Schatten, 104 ff.] ausgehen konnten, dann liegen die materiellen Vorteile einer solchen Regelung auf der Hand. Die umfassendste Einwirkung von Bauern auf die territoriale Politik, die Mitarbeit bei der Abfassung von Landesordnungen, fällt allerdings ins 16. Jahrhundert, im Berchtesgadener Land ist sie jedoch bis ins 18. Jahrhundert hinein spürbar [167: BLICKLE, Landschaften, 536 f.].

BLICKLEs Interpretation der Landschaften ist stark von der letzten, der „rein bäuerlichen" Variante geprägt. Dies bringt eine zeitliche Akzentuierung mit sich, die auch auf BLICKLEs Wertung der Phänomene insgesamt durchschlägt: In den genannten Klosterherrschaften entstanden die Landschaften sämtlich schon im Spätmittel-

BLICKLE: Konfliktmodell

alter, jeder Landschaft lag dort quasi ein Bauernaufstand zugrunde. Mit ihrer Entstehung waren auch ihre „Befugnisse" im wesentlichen vorgegeben: Standen Dispute um Steuer- und Herrschaftsfragen (etwa Leibeigenschaft) bei der Landschaftsbildung Pate, so verstehen es die Landschaften oft bis ins 18. Jahrhundert hinein, an einmal errungenen Rechten festzuhalten [ebd., 362 f.]. BLICKLEs Auffassung liegt also ein Konfliktmodell zugrunde. Dies gilt nicht nur für die Entstehungsphase. Er kann zeigen, wie sich einzelne Landschaften (etwa in Kempten oder Schussenried) bis ins 18. Jahrhundert hinein gegen Bestrebungen wehren müssen, ihre Befugnisse wieder zu beschneiden.

PRESS: Konsensmodell

VOLKER PRESS hat gegen diese Sicht zwei Argumente ins Feld geführt. Einerseits die Tatsache, daß keineswegs alle (teilweise auch von BLICKLE genannten) Landschaften aus Auseinandersetzungen geboren wurden. So weist er darauf hin, daß viele Landschaften vor dem Hintergrund der „Agrarkonjunktur des 16. Jahrhunderts" und im Kontext der Reichssteuern entstanden seien, „wobei sich die Landesherrn auf diese Weise die Geldbeutel ihrer Untertanen erschlossen" [191: PRESS, Herrschaft, 204]. PRESS sieht die Landschaften im Zusammenhang mit dem herrschaftlichen Schuldenwesen eher als verwaltungstechnisches Erfordernis.

Schließlich weist seine Interpretation insofern über BLICKLE hinaus, als er auf der Einbeziehung außerterritorialer Faktoren ins staatliche Kräftespiel besteht. Tatsächlich gab es zwar in vielen Kleinterritorien – z. B. in dem Ländchen des Klosters Ochsenhausen – nur Herrschaft und Bauern, diese Gebilde waren allerdings durch eine Vielfalt von Klientel- und Nachbarschaftsbeziehungen in das Gefüge Südwestdeutschlands eingespannt [191: PRESS, Herrschaft, 178, 183]. Zwar ist auch BLICKLE bekannt, daß – z. B. bei der Entstehung der Landschaften im Spätmittelalter – jeweils „externe" Kommissionen (des Schwäbischen Bundes) am Werke waren, dieser Faktor spielt jedoch für seine Modellbildung keine entscheidende Rolle. Der Unterschied der Perspektive, der bei der Entstehung der Landschaften angelegt ist, kehrt auch in der Bewertung der landschaftlichen Tätigkeit wieder. Während BLICKLE, vom Spätmittelalter herkommend, auf der realen Bedeutung der von den Landschaften verwalteten Sachgebiete insistiert, steht PRESS – allerdings mit einem Schwerpunkt im 17. und 18. Jahrhundert – „einer allzu hohen Bewertung der Landschaften" [ebd., 183] skeptisch gegenüber. Für den europäischen Vergleich dürfte es nicht ohne Interesse sein, daß in der BLICKLE-PRESS-Kontroverse – in erheblich verkleinertem Maßstab – Argumente wiederkehren, die aus der Debatte um das Verhältnis von König und Parlament im England des 17. Jahrhunderts bekannt sind. BLICKLES Position würde in der englischen Diskussion als „Whig history" bezeichnet, während die Argumente von VOLKER PRESS dem Arsenal der „Revisionisten" zugerechnet würden.

Daß unabhängig von prinzipiellen Differenzen bei der Einschätzung mit dem Thema „Landschaften" ein wichtiges Forschungsgebiet eröffnet worden ist, zeigen auch jüngere Arbeiten über nordwestdeutsche Territorien, z. B. die von KAPPELHOFF [180] über Ostfriesland, von LORENZEN-SCHMIDT [185] über die Kremper- und Wilster-Marsch sowie der Überblick von KRÜGER [183] über nordelbische Gebiete. Ähnlich wie in südwestdeutschen Territorien hatte sich am Nordwestrand des Reiches der „Bauernstand" die Repräsentationsfähigkeit erhalten bzw. erwerben können. Mitunter

PRESS: Einbeziehung außerterritorialer Faktoren

Landschaften in Norddeutschland

sind hier Traditionen (Dithmarschen) am Werk, die bis ins 11. Jahrhundert zurückreichen, gemeinsam war aber all diesen Landstrichen „ihre periphere geographische Lage an und in der Nordsee (Fehmarn Ostsee), ihre latente Gefährdung durch Naturgewalten und daraus folgende schwierige öffentliche Aufgaben in Deichbau und Wasserlösung, schließlich die Abwesenheit des Adels" [183: KRÜGER, Nordelbien, 461].

Ist nur der letzte Faktor den Gegebenheiten in Südwestdeutschland zu vergleichen, so führten die Anforderungen des 17. und 18. Jahrhunderts (z. B. in Dithmarschen) zu einer ähnlichen landschaftlichen Organisation der Steuereinnahme und -verwaltung wie in Kempten [Ebd.]. Auch die Übernahme herrschaftlicher Schulden durch die Kremper- und Wilster-Marsch zwischen 1630 und 1690 zog ähnliche Resultate nach sich: Fronen wurden im Gegenzug in Geldabgaben umgewandelt, Befreiung von Akzisen und Einquartierungen erkauft. Auch in die „allgemeine Wirtschaftspolitik" griffen die bäuerlichen Landschaftsbevollmächtigten Nordwestdeutsch-

Aufgaben lands ein: „Mußte ein Getreideexport gelockert, der Handel mit Vieh nach Viehseuchenzügen wieder zugelasssen, ein Verbot der Höfezusammenlegung und des Häuserabbrechens modifiziert oder das angemahnte Privileg einer Stadt, eines Gewerbes oder einer Körperschaft bekämpft werden, stets finden wir Hauptleute und Großbevollmächtigte im Einsatz". Andererseits waren sie auch Ansprechpartner der Behörden bei wirtschaftlichen Vorhaben, etwa in folgenden Fragen: „Wie sind Pferdezucht und Pferdehandel zu verbessern? Kommen die Eingesessenen mit dem Handwerkerbesatz aus? Ist der Steindamm ... zu verlängern? ... [185: LORENZEN-SCHMIDT, 127].

Weniger effektiv, geradezu kontraproduktiv im Sinne bäuerlicher Interessenvertretung war das von HARM KLUETING beobachtete
Sonderformen: Auftreten privilegierter Bauern auf den klevischen und märkischen
Kleve-Mark Erbentagen des 17. Jahrhunderts [182: KLUETING, 47 f.]. Das Erscheinen dieser von der Obrigkeit bestimmten „Bauernvertreter" führte insofern zu einem Funktionsverlust der bäuerlichen Gemeinde, als nicht mehr diese, sondern jene von der Herrschaft als Ansprechpartner bei Steuererhebungen gewürdigt wurden.

Einen eindeutigen Fall einer „herrschaftlich bestimmten Land-
Sonderformen: schaft" stellte vordergründig auch eine 1639/40 im Herzogtum Jü-
Jülich-Berg lich-Berg vom Adel spöttisch „Bauernlandtag" genannte Versammlung dar. Mit ihr wollte der Landesfürst durch direkten Appell an die Untertanen die ständische Repräsentativverfassung übersprin-

gen und materiell gegen die Bemühungen des Adels um Freiheit von Kontributionen und Einquartierungen vorgehen. Zwar kam es auf dem „Bauernlandtag" auch zu Steuerbewilligungen, der Verlauf dieser Versammlung zeigte jedoch auch, daß die Versammelten sich vom Landesherrn nicht bruchlos vereinnahmen ließen. Das Selbstbewußtsein, das dieser verspottete Landtag dann doch an den Tag legte, ist zudem schwer verständlich, wenn man seine Zusammensetzung betrachtet.

Nach RAINER WALZ handelte es sich „um eine Mischung aus einem Beamtenparlament und einer Repräsentativkörperschaft der Bauern und der Bürger der Unterstädte", deren Mitglieder von den Unterbeamten benannt worden waren. Paradoxerweise machte aber gerade dieser Modus nachmalige Verhandlungen der „Repräsentanten" mit den „Repräsentierten" über Steuerfragen notwendig [202: WALZ, Stände, 198]. Wie sehr schon die bloße Existenz einer wie immer gebundenen Untertanenvertretung deren Selbstbewußtsein gestärkt hatte, zeigt die Tatsache, daß ein die Ämter übergreifender Ausschuß der Untertanen auch nach dem Landtag bestehen blieb und begann, unabhängige „Amtssachwalter" einzusetzen. Nach dem Vergleich des Pfalzgrafen mit den „alten Ständen" im Jahre 1649 war dieses bemerkenswerte Experiment allerdings zum Tode verurteilt [ebd., 205].

Die Art der „Wahl" in Jülich-Berg stellt freilich die Frage nach der Bestimmung der Repräsentanten auf Landschafts- und Ausschußversammlungen im allgemeinen, zunächst auf rechtlicher Ebene. Ein Überblick zeigt schon in dieser formalen Hinsicht, daß auch die von BLICKLE untersuchten Körperschaften keineswegs immer den Willen der Bauern „rein" verkörpern konnten. Im württembergischen Landtag z.B. waren die Dörfer von der Oligarchie der Amtsstädte erdrückt, bäuerliche Landstandschaft war im 16. und 17. Jahrhundert nur zu erreichen, wenn ein Amt ausschließlich aus Dörfern bestand. Auf unterer Ebene hingegen, den Amtsversammlungen, erschienen aus den Dörfern nicht nur die Schultheißen, sondern auch die dörflichen „Gerichtsverwandten" [167: BLICKLE, Landschaften, 92f.]. Während BLICKLE im Anschluß an GRUBE [175: GRUBE, 401 ff.] für das 18. Jahrhundert eine Zunahme des ländlichen Einflusses im Landtag sieht [16: BLICKLE, Landschaften, 95], kommt PRESS zu dem Urteil: „... die Stände waren ein durch und durch oligarchisches Gebilde, schlimmer ineinander verfilzt als manche vergleichbaren Adelskorporationen" [193: PRESS, Landtage, 108].

Sonderformen: der Stuttgarter Landtag – „verfilzt"?

Für die Territorien mit „rein" bäuerlichen Vertretungen modifiziert sich die Problemlage gegenüber einem Zweikurienlandtag. BLICKLE stellt zur Zusammensetzung dieser Versammlungen fest: „In den meisten Territorien sind die Vertreter der Landschaft Vögte, Amtmänner, Hauptleute, Schultheißen, Stabhalter, Gerichtsgeschworene, Steuerer oder wie immer sie heißen mögen. Es sind Leute aus der ländlichen politischen Führungsschicht. Oft nehmen sie delegierte herrschaftliche Funktionen wahr" [167: BLICKLE, Landschaften, 449]. Nur vereinzelt werden im 18. Jahrhundert Landschaftsvertreter gewählt [ebd., 458 ff.]. Schon der rechtliche Mechanismus der Auswahl stellt also Dualismuskonzepte in Frage, andererseits können daraus nicht automatisch Konsensmodelle abgeleitet werden, wie selbst die Verhandlungen des in seiner Zusammensetzung obrigkeitlich dominierten jülich-bergischen „Bauernlandtags" gezeigt haben.

BLICKLE: „Hausväter-Demokratie"

Sozial hat BLICKLE in den Landschaften pointiert Organe der „Hausväter" [168: BLICKLE, Revolution, 194] gesehen und damit eine Minimalbedingung für Repräsentanten wie für Repräsentierte formuliert, die an die gemeindlichen Vertretungsverhältnisse anknüpft (s. o. S. 22). Dies bedeutet einerseits den Ausschluß von verheirateten Frauen, Gesinde und weiteren Nicht-"Haushäbigen", zum andern aber auch die Tatsache, daß auch die Repräsentanten (mit der Ausnahme Tirols, wo gelehrte Juristen den Bauernstand vertraten) Bauern waren.

Repräsentanten und Repräsentierte

Wie die Repräsentationsverhältnisse innerhalb der heterogenen Schicht der „Hausväter" selbst verteilt waren, ist freilich noch immer nicht systematisch untersucht worden. Auch hier liegt es allerdings nahe, auf die Gemeinde zurückzugreifen. Insofern dürften die Befunde BLICKLES für Kempten und Vorarlberg, die „an der These von der weitgehenden Identität von reichen und politisch verantwortlichen Leuten Zweifel" haben aufkommen lassen [167: BLICKLE, Landschaften, 461], nicht bruchlos zu verallgemeinern sein. Für die Teilnehmer des jülich-bergischen Bauernlandtags kann RAINER WALZ sogar zeigen, „daß es sich bei den versammelten Untertanen nicht nur um selbst wirtschaftende Bauern, sondern auch um größere Grundbesitzer handelte, die ihre Güter durch Pächter – ähnlich wie der Adel – bewirtschaften ließen" [202: WALZ, Stände, 199]. Auf den klevischen und märkischen Erbentagen konnten nur die Besitzer von bäuerlichem Eigengut erscheinen [182: KLUETING, 45]. Auch in Norddeutschland lassen sich solche Strukturen erkennen. Zur Versammlung der Kremper-Marsch-Commune etwa gehörten „alle

3. „Herrschaft, Landschaft und Protest"

Hufner ...; die kleinen Landbesitzer, Leute ohne Land oder gar Insten ... gehörten nicht mit zur Interessengemeinschaft" [185: LORENZEN-SCHMIDT, 125].

Vor diesem Hintergrund wäre der Hinweis von VOLKER PRESS auf den Zusammenhang von Landschaftsbildung und Agrarkonjunktur aufzunehmen und zu variieren. So ist es schwerlich ein Zufall, daß sich starke Landschaften gerade in den nordwestdeutschen Küstenländern, wo die Kommerzialisierung der Landwirtschaft früh einsetzte (s. o. S. 40), und im Kemptener Klosterstaat bildeten, wo die schon im 16. Jahrhundert beginnende Vereinödung [15: ABEL, Landwirtschaft, 279] ähnliche Resultate zeigte.

<small>Landschaftsbildung und Agrarkonjunktur</small>

Die Anmerkungen von GERHARD OESTREICH indes gehen in eine andere Richtung. Er hat die provokante Frage gestellt, worin sich die reale Stellung eines süddeutschen, ost- oder nordfriesischen Großbauern von einem kurmärkischen, in einem brandenburgischen Kreistag vertretenen Kleinadligen unterschieden habe. Gesetzt den Fall – was an anderer Stelle genauer betrachtet werden soll –, der Bauer habe „über Frauen, Knechte, Ortsarme, nachgeborene Söhne, Tagelöhner, Arbeiter" [188: OESTREICH, 79] geboten, und der Adlige habe sich an landwirtschaftlichen Arbeiten auf seinem Gut leitend beteiligt, scheinen sich die sozialen Unterschiede im überregionalen Vergleich tatsächlich zu verflüchtigen. Hinzu kommt, daß es auch in der Landschaft eines südwestdeutschen Kleinterritoriums – insbesondere wenn das Repräsentationsverhältnis über längere Zeiträume stabil bleibt – zu einer Verselbständigung der Repräsentanten von den Repräsentierten kommen kann.

<small>OESTREICH: Verselbständigung der Repräsentanten von den Repräsentierten</small>

Freilich ist eine solche Entwicklung zwar denkbar, aber nicht unausweichlich. Gegen die Tendenz zur Verselbständigung konnten manche Landschaften auf einen Mechanismus zurückgreifen, der auch städtischen Kurien vertraut war, das sog. Hinter-Sich-Bringen. Diese auf den Landtagen Tirols und Vorarlbergs [167: BLICKLE, Landschaften, 268 f.] und selbst auf dem jülich-bergischen „Bauernlandtag" praktizierte Methode bedeutet nichts anderes als eine (zeitraubende) nochmalige Beratung der Abgesandten mit ihren Mandataren zu bestimmten Problemen und damit eine erneute Absicherung des Repräsentationsverhältnisses.

<small>BLICKLE: Bindung der Repräsentanten an die Repräsentierten</small>

Diesen virtuell permanenten Rückgriff auf das Gemeindeprinzip herausgestellt zu haben, macht dann wieder die Stärke der BLICKLE'schen Landschaftskonzeption aus, die hinsichtlich der Rahmenbedingungen etwas starr erscheinen mag. Mit der realen Anbindung von „Landschaft" an „Gemeinde" läßt sich vielleicht auch die

Zähigkeit erklären, mit der z. B. die Kemptener Bauern an ihrer Vertretungskörperschaft festhielten. Merkwürdiger ist noch die Faszination, die vom Begriff der „Landschaft" auf revoltierende Bauern anderer, nicht landschaftlich verfaßter Territorien ausging, was sich etwa am Beispiel der hohenzollern-hechingischen Rebellion [190: PRESS, Bauernrevolten, 99 f.] zeigen läßt. Diesen Untertanenkonflikt kann man durchaus als verhinderten Versuch der Landschaftsbildung verstehen, der das ganze 18. Jahrhundert hindurch anhielt. Schließlich endete er 1798 mit einem Vertrag, der eine – freilich auf geringe Befugnisse beschränkte – bäuerliche Vertretung legalisierte [192: PRESS, Landesvergleich, 107]. Das landschaftlich verfaßte Territorium ist offenbar noch im 18. Jahrhundert wenigstens in der Theorie eine Staatsform, die bäuerlichen Vorstellungen und Bedürfnissen entgegenkam, selbst wenn nur wenige Landschaften „Kemptener" oder „Dithmarscher" Freiheiten erringen bzw. bewahren konnten.

Real aber scheint den größten Spielraum zur bäuerlichen Interessenvertretung und -artikulation – und das könnte ein Fluchtpunkt sein, auf dem sich die Konzepte von PRESS und BLICKLE wieder treffen – nicht die zur Institution geronnene, vielmehr die unfertige, immer wieder auf neue Legitimation und Schubkraft von der „Basis" angewiesene „Landschaft" im Konflikt darzustellen. In dieser Hinsicht sind die Beobachtungen von VOLKER PRESS zum hohenzollerischen Landesvergleich von 1798 zu verstehen: „Der Landesvergleich hatte einen ausgeprägten Beruhigungscharakter, beseitigte die ernstesten Beschwerden ... Zugleich wurde geschickt die Gemeinde als politische Einheit beseitigt, die die tragende Kraft der jahrhundertelangen Auseinandersetzungen gewesen war. Das Notablenprinzip setzte sich mit der Befriedung rasch durch – ein neuer Typ bäuerlicher Wortführer trat auf, die wilden Opponenten verschwanden ..." [193: PRESS, Landtage, 113]. Freilich ist selbst im Konflikt das (auch soziale) Verhältnis von Repräsentanten und Repräsentierten, von „wilden Opponenten" und „Basis" nicht das einer bruchlosen Identität [201: TROSSBACH, Bewegung, 228 ff.]. Aber hier stehen systematische Forschungen, die sich von A-Priori-Festlegungen zu lösen bereit sind [EdG 1, 87], erst am Anfang.

BLICKLES Arbeiten zur „staatlichen Funktion des gemeinen Mannes in Oberdeutschland" haben nicht nur vielfältige Forschungen angeregt, sie haben auch Konzeptionen (gleich welcher Provenienz) widerlegt, die per se bäuerliche Politikunfähigkeit postulieren. Freilich erfaßt der staatlich-institutionelle Ansatz nicht jene Po-

3. „Herrschaft, Landschaft und Protest"

litikformen, die sich religiöser Symbolik bedienen [197: SABEAN, Schwert, 77 ff.] oder sich in religiösen Bewegungen (etwa bestimmten Spielarten des württembergischen Pietismus [277: FINDEISEN, 95 ff.]) manifestieren. Anders als zur Reformationszeit sind diese jedoch im 17. und 18. Jahrhundert nicht die vorherrschende Manifestationsform. Insofern konnte die Revolten- und Protestforschung durchaus auf BLICKLES Erkenntnissen aufbauen, wobei die Kategorien für die Erfassung äußerer und innerer Faktoren allerdings flexibler gestaltet werden mußten. *Andere Politikformen: sozial-religiöse Bewegungen*

Freilich liegen auch die Probleme dieses Ansatzes offen: Er gewinnt keinen Zugang zur gesellschaftlichen Realität jener Territorien, in denen es nicht zu Bauernaufständen und landschaftlichen Verfassungen kam, und das scheint, obwohl sich in den letzten beiden Jahrzehnten hier die Schwerpunkte der Wahrnehmung verschoben haben, doch die Mehrzahl gewesen zu sein. Der dichotomische Ansatz verkennt – so DAVID SABEAN – „aufgrund einer zu engen Definition von Widerstand, einer ganz bestimmten Auswahl von Dokumenten und der Nichtbeachtung der Herrschaftspraxis im Alltag ..., in welcher Weise Menschen verschiedener Gesellschaftsebenen in den Herrschaftsapparat eingebunden sind" [197: SABEAN, Schwert, 38]. Freilich sollte unstrittig sein, daß manifeste Auseinandersetzungen kaum anders als mit Konfliktmodellen erklärt werden können. Die Art der „Auswahl von Dokumenten" dürfte daran schwerlich etwas ändern. *Forschungsperspektive: Erweiterung des Widerstands- und Politikbegriffs*

Auch für die „andere Seite" sind die Defizite am deutlichsten von DAVID SABEAN angesprochen worden. Der soziale Kern der in Landschaften und Konflikten unvermeidlichen Repräsentationsverhältnisse bleibt vielfach die „black box". So wird die Zwitterstellung der landschaftlichen Vertreter (Schultheißen, Ammänner, Gerichtspersonen) zwar konstatiert, im Modell jedoch nicht weiter bedacht. SABEAN hat demgegenüber gerade die „detaillierte Erforschung" solcher Amtsverhältnisse gefordert [19: SABEAN, Schwert, 38]. Das kann nur heißen, den Kern der BLICKLE'schen Landschaftskonzeption zu bewahren und damit den Rückgriff einerseits auf die Gemeinde (freilich nicht die isolierte Monade, sondern die in den frühneuzeitlichen Staat einbezogene Kommune) und andererseits auf die Träger dieser „Demokratie", die Hausväter und die „Häuser", forschungsstrategisch zu wagen.

4. „Haus" und „Gemeinde" – sozialgeschichtliche Zugriffe

4.1 Das „ganze" Haus

Nachdem vor allem in den sechziger Jahren zur Beschreibung der ländlichen Gesellschaft mit Gewinn (s. o. I. 3.2) auf Schichtungsmodelle zurückgegriffen worden war, ist in der Folgezeit verstärkt versucht worden, wieder an zeitgenössische Kriterien anzuknüpfen. „Immanent wissenschaftlich" waren die Schichtungsmodelle bei der Einordnung von Gesinde und Inwohnern an ihre Grenzen gestoßen, und eine (wert-)konservative Umorientierung des gesellschaftlichen Bewußtseins erleichterte seit den siebziger Jahren die erwähnte Rückbesinnung. Insofern trat ein soziologisches Konzept (wieder) in den Vordergrund, das in der einflußreichen „Deutschen Agrargeschichte" nicht einmal der Erwähnung für würdig gehalten worden war: das „ganze Haus".

[margin: Grenzen von Schichtungsmodellen]

Die Vorstellung vom „ganzen Haus" ist so alt wie die Sozialwissenschaft in Deutschland. Auf die ländliche Gesellschaft bezogen, ist sie untrennbar mit dem Namen WILHELM HEINRICH RIEHL verbunden. An RIEHL scheiden sich noch heute die Geister. Die einen wollen in ihm den „Forscher im Feld" erkennen [298: SCHULTE, Dorf, 12], während ihn die anderen vorwiegend als ideologischen Schriftsteller wahrnehmen [36: KORFF, 66]. Nach RIEHL waren im „ganzen Haus" nicht nur verschiedene Generationen der Familie versammelt, sondern es gehörten auch Gruppen dazu, die wie Knechte, Mägde, Inwohner und Ziehkinder mit dem „regierenden Paar" nicht verwandt zu sein brauchten. Im harmonischen Zusammenleben dieser Menschen verschiedener Herkunft sah RIEHL den Zusammenhalt der ländlichen Gesellschaft begründet, den es seiner Ansicht nach gegen die Gefahren der Industrialisierung zu konservieren oder zu revitalisieren galt.

[margin: RIEHL]

Erst in den 40er Jahren dieses Jahrhunderts ist das Thema „ganzes Haus" als Leitmotiv einer Geschichte der ländlichen Gesellschaft wieder aufgegriffen worden. OTTO BRUNNER, dem diese Wiederentdeckung zu verdanken ist, stellte allerdings nicht die Sozial-, sondern die Theoriegeschichte dieses Motivs in den Vordergrund. So arbeitete er heraus, daß RIEHLs Konzept in Deutschland in der Gestalt der Hausväterliteratur einen ideologischen Vorläufer hatte. Die Hausväterliteratur stellte er wiederum in die weiter zurückreichende Tradition der „alteuropäischen Ökonomik". Im An-

[margin: BRUNNER]

[margin: Ökonomik]

4. „Haus" und „Gemeinde" – sozialgeschichtliche Zugriffe

schluß an die Hausväterliteratur verstand BRUNNER die „Ökonomik" als „ganzheitliche" Lehre, in der die Prinzipien von Moral und Ökonomie noch nicht auseinandergetreten waren und erstere unter einer patriarchalischen Autorität Vorrang vor letzteren genossen.

Obwohl BRUNNER die Variationsbreite dieser eigentlich philosophischen Disziplin damit nicht einmal annähernd erschöpft hatte [dagegen 224: KRÜGER], wird die prinzipielle Entgegensetzung von „alter Ökonomik" und moderner „politischer Ökonomie" noch immer als grundlegend empfunden [zusammenfassend: 237: ROSENBAUM 30, 116]. Insbesondere Autoren, die Spuren einer „anderen Ökonomie" im bäuerlichen Wirtschaften erkennen (s. o. S. 69), können hier an BRUNNER anknüpfen. In der Rückschau kann es so aussehen, als ob BRUNNER Konzeptionen von „embedded economy" [235: POLANYI] oder „moral economy" [43a: THOMPSON] integriert bzw. antizipiert habe. Allerdings band BRUNNER, die Hausväterliteratur reproduzierend, diese Prinzipien – anders als später POLANYI und THOMPSON – ausschließlich an das „Haus". Dieses wurde nicht nur in bezug auf seine personelle Zusammensetzung als „Ganzheit" gedacht, sondern auch in der vorgestellten Universalität seiner Funktionen.

"embedded economy" (POLANYI), "moral economy" (THOMPSON)

Freilich begreift BRUNNER die „Ökonomik" nicht allein als „Lehre", sondern sieht sie – was insbesondere von HANS-ULRICH WEHLER scharf kritisiert worden ist [29: WEHLER, 81] – in den kleinen Gutswirtschaften, denen die Ratschläge der Hausväterliteratur galten, verwirklicht. Schließlich geht er einen Schritt weiter und überträgt die – in seiner Sicht – in der Hausväterliteratur dargestellte Praxis kleinadligen Gutsbesitzes auf das bäuerliche Milieu. Insofern wird – ähnlich wie bei RIEHL, aber ohne dessen unmittelbares politisches Anliegen – ein Bild vom „ganzen Haus" verfestigt, das als statisches Gerüst vorindustrieller Gesellschaften überzeitlichen, überregionalen und sozial übergreifenden Rang beansprucht: „Was seit den Griechen im europäischen Denken theoretisch erfaßt wird, ist eine sehr viel weiter verbreitete Denkweise, die der Grundform aller Bauernkulturen entspricht: Das Haus, die Wirtschaft ist das grundlegende Sozialgebilde aller bäuerlichen und bäuerlich-adligen Kulturen. Das Bauerntum bildete von seiner Entstehung im Neolithikum bis ins 19. Jahrhundert das Fundament der europäischen Sozialstruktur und wurde in diesen Jahrtausenden vom Strukturwandel der politischen Formen der Oberschichten in seiner Substanz kaum berührt." [212: BRUNNER, Haus, 38].

Hausväterliteratur: Norm oder Darstellung von Praxis?

BRUNNER: „ganzes Haus" – überhistorisches Gebilde

Die Auseinandersetzung mit dem Phänomen „ganzes Haus" hat BRUNNER durch solche Verallgemeinerungen nicht erleichtert, da sich deren Langfristigkeit dem traditionellen „Werkzeug des Historikers" zu entziehen schien [210: BLICKLE, Hausnotdurft, 61]. Erst Ende der sechziger Jahre wurde hier durch die Internationalisierung der Sozialgeschichtsschreibung Abhilfe geschaffen. Methoden der historischen Demographie und der damit verbundenen historischen Familienforschung gestatteten eine grundsätzliche Auseinandersetzung mit Fragen, die RIEHL und BRUNNER noch der vorwissenschaftlichen Anschauung bzw. der vermeintlichen Evidenz überlassen hatten. Dazu gehörte die genauere Betrachtung der personellen Zusammensetzung des „ganzen Hauses".

Historische Haushaltsforschung: kaum Mehrgenerationenfamilien

Zunächst sah es so aus, als sei die historische Familienforschung angetreten, die Vorstellung vom „ganzen Haus" zu falsifizieren. So wurde gründlich mit einem noch auf RIEHL zurückgehenden Vorurteil aufgeräumt: der Vorstellung von der unter dem Dach des „Hauses" versammelten Mehrgenerationenfamilie [219: FREITAG, 6]. Schon die im Vergleich zum späten 19. Jahrhundert (RIEHLS Bezugszeit) geringeren durchschnittlichen Lebenserwartungen der Frühen Neuzeit (insbesondere auf seiten der verheirateten Frauen) ließen die Mehrgenerationenfamilie noch im 18. Jahrhundert eher zur Ausnahme werden [257: HARTINGER, Bevölkerungsstruktur, 799]. Es kann daher nicht erstaunen, daß LUTZ BERKNER bei der Auswertung des „Seelenregisters" des niederösterreichischen Amts Heidenreichstein (Waldviertel) in beträchtlichem Maße Kernfamilien antraf. Dies galt insbesondere für kleinere Höfe [209: BERKNER, Stem Family, 408].

Zu ähnlichen Ergebnissen kam auch MITTERAUER bei der Analyse der Seelenbücher zweier salzburgischer Gemeinden (Berndorf und Dorfbeuren) für die Jahre 1648 und 1649. Ein genauerer Blick auf die auch dort dominierenden Kernfamilien enthüllt zudem, daß sie relativ klein waren. In Berndorf bestanden die Kernfamilien durchschnittlich aus 5,25, in Dorfbeuren aus 5,35 Personen. 81% der Berndorfer und 75% der Dorfbeurener Familien hatten weniger als fünf Kinder [228: MITTERAUER, Familienstruktur, 192f.].

Knechte, Mägde, Inwohner

Die auf dieser Basis naheliegende Schlußfolgerung, die Klein- und Kernfamilie zu einem „europäischen" Konzept von überhistorischem Rang zu erheben [219: FREITAG, 6], erwies sich jedoch als voreilig. Der Fixierung auf Familienbande waren Personengruppen entgangen, die nicht mit der „regierenden Familie" verwandt waren, mit ihr jedoch unter einem Dach wohnten: das Gesinde, die In-

4. „Haus" und „Gemeinde" – sozialgeschichtliche Zugriffe 91

wohner, die Ziehkinder. Schon quantitativ waren diese Gruppen bedeutsam. Im niederösterreichischen Amt Heidenreichstein z. B. waren 1763 Gesinde und Inwohner in 58% der ländlichen Haushalte anzutreffen [209: BERKNER, Stem family, 410]. In den Gemeinden Berndorf und Dorfbeuren waren Mitte des 17. Jahrhunderts die Zahlen ebenso eindrucksvoll: 56% der Haushalte in Berndorf verfügten über Knechte bzw. Mägde, Häuslinge gab es in 38,5%; in Dorfbeuren betrugen die Prozentsätze allerdings „nur" 34,1 bzw. 24 [228: MITTERAUER, Familienstruktur, 180, 203]. Das „ganze Haus" – wenn auch nicht exakt in der von RIEHL postulierten Form – schien von der Haushaltsforschung rehabilitiert worden zu sein.

Freilich war der quantitative Befund nicht eindeutig: Es gab „Häuser" – insbesondere in den bäuerlichen Unterschichten –, die von Kernfamilien bewohnt waren, daneben existierten – in geringer Zahl und vorwiegend in der Oberschicht – Dreigenerationenfamilien, außerdem gab es durch Gesinde und/oder Inwohner erweiterte Haushalte. Der einsetzenden Unübersichtlichkeit hat sich die historische Haushaltsforschung durch einen bemerkenswerten methodischen Schritt entzogen. BERKNER analysierte für das Amt Heidenreichstein zunächst auf der Basis eines Stichjahres (1763) das Verhältnis von Kernfamilie und übrigen Hausbewohnern und kam zu der Schlußfolgerung, daß die Funktion von Dienstboten darin bestand, die Arbeitskraft von Kindern eine Zeitlang zu ersetzen [209: BERKNER, Stem family, 413]. Da der Landbesitz eines Hofes relativ konstant blieb, mußte der bäuerliche Haushalt durch Attraktion und Kontraktion auf die verschiedenen Phasen des Familienzyklus reagieren. Die relativ statische Sozialkategorie „Haus" war damit gedanklich in Bewegung gesetzt worden. Haushaltszyklus

Für die Aufnahme von Inwohnern konnte BERKNER freilich keine Gründe erkennen, die mit der produktiven Funktion des „Hauses" in Zusammenhang stehen. Nach seinen Beobachtungen war das Hauptmotiv schlicht die Tatsache, daß ein Raum (oder ein Auszugshaus) leerstand [209: BERKNER, Stem Family, 417]. Neuere wirtschaftsgeschichtlich ausgerichtete Arbeiten haben die – freilich von Fall zu Fall variierende – ökonomische Unabhängigkeit der Häuslinge bestätigt [236: REBEL, 98 f.; 124: EDER, 130; 63: SCHLÖGL, Bauern, 153] und nur eine kleine Schnittmenge zwischen der Ökonomie der Häuslingsfamilie und dem „Haus" des Wirtsbauern festgestellt. Ihre Bindung an das „Haus" war vorwiegend rechtlicher Natur, da sie vom „Wirt" nach außen vertreten wurden [231: MITTERAUER, Problematik; 111: MOOSER, Klassengesellschaft, 256]. Inwohner und Haushaltszyklus

II. Grundprobleme und Tendenzen der Forschung

Haushaltszyklus und „Heiratsketten"

Es war jedoch nicht nur die Einordnung von Inwohnern, die in der Folgezeit Zweifel am Konzept vom wirtschaftsgeleiteten Haushaltszyklus aufkommen ließ. So war ursprünglich nicht reflektiert worden, daß beim Tod eines Partners in der Wirtsfamilie der Zyklus abrupt abbrach und ein neuer begründet werden konnte [219: FREITAG, 10f.]. Die Häufigkeit von Zweit- und Drittehen gestattete es nicht, solche Fälle als für die Modellbildung irrelevant abzutun. Die Vorstellung vom „ganzen Haus" konnte dadurch auf personengeschichtlicher Ebene allerdings nicht beeinträchtigt werden, im Gegenteil: Gerade in „Häusern" mit (teilweise mehrfach) abgebrochenem Haushaltszyklus waren Menschen vorzufinden – Kinder aus

Demographie und Sozialform „Haus"

Erstehen z. B. –, die mit keinem der beiden „regierenden" Partner mehr verwandt waren [228: MITTERAUER, Familienstruktur, 196; 215: VAN DÜLMEN, 203]. Gerade sie schienen der Sozialform „Haus" zu ihrem Schutz am ehesten zu bedürfen.

Die Haushaltsforschung hat damit nicht nur die personelle Zusammensetzung des „Hauses" freigelegt, die ältere Konzepte schlicht vorausgesetzt haben. Mit ökonomischen und demographischen Zusammenhängen hat sie auch – eher beiläufig und nicht systematisierend – Faktoren namhaft machen können, die die Sozialform „Haus" in ihrer Sicht begründeten. Ihre Erklärungen für den Zusammenhalt des „Hauses" sind funktionalistisch und entbehren der RIEHL-BRUNNER'schen Emphase. Nicht allein DAVID SABEAN hat jedoch bezweifelt [294: SABEAN, Property, 96], ob diese Aufzählung heterogener Aspekte hinreicht, den herausgehobenen Stellenwert des „Hauses" verständlich zu machen, den ihm auch die Haushaltsforschung für die Organisation der ländlichen Gesellschaft zuweist. Insofern bleibt die Aufgabe bestehen, diejenigen Kräfte systematisch freizulegen, die das „ganze Haus" als Ensemble von Menschen unterschiedlichen Standes und unterschiedlicher Herkunft zusammenhielten. Dieser Aufgabe hat sich zuletzt RICHARD VAN DÜLMEN gestellt, indem er eine Synthese der „funktionalistischen" Haushaltsforschung mit der „emphatischen" BRUNNER-Tradition versuchte.

VAN DÜLMEN: „Haus" als „Einheit von Leben, Wohnen und Arbeiten"

Wie BRUNNER bezeichnet VAN DÜLMEN „die Einheit von Leben, Wohnen und Arbeiten" als „Kernidee des Hauses": „Die Arbeit vollzog sich nicht nur im Haus, auf eigenem Grunde, der Hausverband stellte die traditionelle Arbeitsorganisation überhaupt dar. Alle Mitglieder jeden Alters – Männer, Frauen, Kinder – waren in den häuslichen Arbeitsprozeß eingebunden." [215: VAN DÜLMEN, 15]. Aus diesem Ziel der Subsistenz, das das „Haus" zusammen-

4. „Haus" und „Gemeinde" – sozialgeschichtliche Zugriffe 93

hielt, erwuchsen nach VAN DÜLMEN spezifische Binnenbeziehungen: „Die Ökonomie des „ganzen" Hauses zu sichern – war zwar Aufgabe aller, doch in besonderer Weise Pflicht des Hausherrn." [Ebd., 52].

Zu dem Ziel „Subsistenz" kam die schon angesprochene Schutzfunktion des „ganzen Hauses" bzw. des Hausvaters. Während demographische Arbeiten ihre Notwendigkeit allein für Waisenkinder einsichtig machen, erstreckt sie sich in VAN DÜLMENS [ebd., 15] und erst recht in BRUNNERS Auffassung über alle Glieder des „ganzen Hauses" und verschmilzt mit dem Ziel der Subsistenz zu einer kompakten Legitimationsgrundlage für die Herrschaft des Hausvaters: „Er muß Wirt, Hausherr, Pfleger im ältesten Sinne sein, der über die hier vereinigten Menschen, Produktionsmittel, Verbrauchsgüter verfügen kann, der Produktion, Arbeitseinsatz und Konsumtion gleichzeitig zu regeln vermag. Die Bauernwirtschaft ist ohne die lohnlose Arbeit der Familienmitglieder, ohne die Herrschaft des Wirtes über die Familie nicht denkbar, sie besteht notwendigerweise in der Sozialform des ‚ganzen' Hauses." [212: BRUNNER, Haus, 39]

Stellung des Hausvaters

Während BRUNNER auch noch das Züchtigungsrecht des Hausvaters aus der Schutzfunktion ableitete, weist jedoch VAN DÜLMEN auf „klare Grenzen" der patriarchalen Gewalt hin: „Wollte er dem Haus Nahrung und Frieden sichern, dann konnte er nicht als Despot auftreten, sondern mußte auf Eigenständigkeit achten sowie die Befriedigung von Grundbedürfnissen respektieren, denn sonst gefährdete er das, was zu regulieren und zu schützen seine Hauptaufgabe war." [215: VAN DÜLMEN, 52] Die Verbindungen zu einflußreichen sozialgeschichtlichen Konzepten anderer Provenienz sind hier mit Händen zu greifen. „Einheit von Moral und Ökonomie", „Nahrung und Frieden", „Befriedigung von Grundbedürfnissen" – die „Hausherrschaft" erscheint in dieser Sicht als die klassische Verkörperung derjenigen Prinzipien, die der englische Sozialhistoriker E. P. THOMPSON „moral economy" genannt hat, ein Ensemble von Auffassungen über gerechte Verteilung und gerechte Herrschaft, mit dem die englischen Volksmassen vornehmlich im 18. Jahrhundert an das propagierte Selbstverständnis der Herrschenden appellierten [43a: THOMPSON, 124f.].

„Hausherrschaft" und „moral economy": inhaltliche Analogien

Auf diese Analogie hat zuerst PAUL MÜNCH [233: Obrigkeit] aufmerksam gemacht. Freilich vergißt MÜNCH nicht, daß es sich bei den genannten Prinzipien um normative Postulate handelte. Vor dem Hintergrund dieses einfachen methodischen Vorbehalts ist dann auch der „Praxisschock", den die Arbeit von HERMANN REBEL über das „Haus" im Oberösterreich des späten 16. Jahrhunderts auslösen könnte, eher zu verkraften. Wenn auch REBELS Arbeit den hier zu behandelnden Zeitraum nur tangiert, so soll sie doch, da sie Voraussetzungen freilegt, die auch nach 1648 noch gültig sind, und vor allem wegen ihrer methodischen Bedeutung in die Darstellung aufgenommen werden.

REBEL zeichnet einen Typus von „ganzem Haus", der sich von demjenigen, den BRUNNER und RIEHL, teilweise auch VAN DÜLMEN präsentieren, erheblich unterscheidet. Dieser Typus bildete sich im Laufe des 16. Jahrhunderts in Oberösterreich unter dem Einfluß staatlicher Zuschreibungen und marktwirtschaftlicher Mechanismen heraus. In wirtschaftlicher Hinsicht sieht Rebel das „Haus" in Oberösterreich schon im späten 16. Jahrhundert in rege Marktbeziehungen, die auch die Binnenverhältnisse veränderten, eingebunden. Mit der Beurteilung dieser Rahmenbedingungen steht Rebel nicht allein: Die Marktorientierung insbesondere des großbäuerlichen Sektors ist für den gleichen Zeitraum auch von anderen Studien, insbesondere zu südwestdeutschen Territorien, betont worden (s. o. S. 65).

REBEL: Marktbezug des „Hauses" in Oberösterreich

Auch BRUNNER hatte die Phänomene Markt und Austausch durchaus in sein Modell integriert. Die – unbestritten richtige – Beobachtung aber, daß es einem Bauernhof gelingen konnte, sich in Krisen zeitweise davon abzukoppeln [212: BRUNNER, Haus, 38], führte zu der Schlußfolgerung, daß das Innere des „Hauses" sozial von der Außenwelt unbeeinflußt blieb. In REBELS Sicht hingegen schlagen die Prinzipien der Außenwirtschaft voll in die Innenorganisation des „Hauses" durch. Nicht die patriarchalisch beschirmte Einheit von Moral und Ökonomie, sondern die Ausbeutung der Abhängigen im Haus durch das regierende Paar ist für ihn der Inhalt dieser Sozialform. Gesindelöhne werden zurückgehalten, Kredite, die Inwohner dem Hausvater gewährt hatten, nicht zurückgezahlt, Mitgifte für nichterbende Geschwister hinausgezögert oder deren Heirat verhindert, um ihre Arbeitskraft zu behalten: „The Austrian peasant family was sharply divided between those who inherited and those who did not, those who could make their own life plans and those whose life plans depended on property, credit and inheritance agreements among others, those who could marry and those who could not, those who stayed and those who left, those who lent and borrowed and those who worked for deferred wages" [236: REBEL, 197].

Folge: „Haus" als Ausbeutungsform

4. „Haus" und „Gemeinde" – sozialgeschichtliche Zugriffe

Da das REBEL'sche „Gehäuse der Hörigkeit" anders als BRUNNERS „ganzes Haus" weder durch das Ziel „Subsistenz" noch durch die Prinzipien der „moralischen Ökonomie" legitimiert war, gewinnen außerökonomische Absicherungen an Bedeutung. Integrierend wirkt in REBELS Sicht letztlich nicht die innere Kohärenz des „ganzen Hauses", sondern seine durch Staat und Recht definierte Funktion. Die Dominanz des „regierenden Paares" im oberösterreichischen „Haus" sieht REBEL durch rechtliche Regelungen vorwiegend des 16. Jahrhunderts gestärkt, die dem Paar die freie Auswahl des Erben bzw. der Erbin gestatteten und Interventionen anderer Gruppen, etwa der Verwandtschaft, auszuschalten trachteten, die hausväterliche Gewalt über alle im „Haus" lebenden Gruppen festigten und den „Hausvätern" die Kontrolle über das Vermögen von im „Haus" lebenden Waisenkindern ermöglichten [236: REBEL, 195 ff.].

Stärkung des „Hauses" durch den Staat

Das „Haus" als Ziel staatlicher Projektionen von „effektiver Wirtschaft" – dies ist auch die Sicht, die DAVID SABEAN für das Herzogtum Württemberg, ein Territorium, das sich durch die Realteilungssitte und kleine Einheiten grundlegend vom großbäuerlich dominierten Oberösterreich unterschied, präsentiert. Während REBEL auf wirtschafts- und rechtsgeschichtliche Tendenzen verweist, sieht SABEAN eher ideologische Formen der Dominanz am Werk. Auch für Bayern ist – in anderem Kontext – gezeigt worden, daß die politische Bedeutung der Einheit „Haus" vom 16. Jahrhundert an kontinuierlich zunahm. Dort war das „Haus" zu einem allgemein akzeptierten, in den Landrechten von 1616 und 1756 fixierten Allokationskriterium im Konflikt um gesellschaftliche Ressourcen geworden. In Prozessen von Bauernschaften mit ihren Hofmarksherren galt z. B. im bayerischen Hofrat einerseits das Prinzip, daß die Abgabenbelastung nicht die bäuerliche „Hausnotdurft" angreifen durfte [210: BLICKLE, Hausnotdurft, 45], andererseits sollten Adelige nicht über die Gebühr ihres Hauswesens Dienste fordern können [211: BLICKLE, Nahrung, 78 f.].

R. BLICKLE: „Haus" und Staat in Bayern

Könnte man die These von der politischen Stärkung der Sozialform „Haus" seit dem späten 16. Jahrhundert schon als communis opinio neuerer Arbeiten bezeichnen, so heißt das nicht, daß die Einschätzung der Innenverhältnisse im „Haus", wie sie in REBELS wichtiger Arbeit gegeben wird, auf allgemeine Zustimmung trifft. Dafür ist REBELS Quellengrundlage noch zu schmal. Die Sterbfallinventare, auf die er sich beinahe ausschließlich stützt, besitzen kaum denjenigen Grad an Diskursivität, der REBELS bisweilen schroffe Schlußfolgerungen rechtfertigt. Dementsprechend begründet er seine Position letztlich auch eher voluntaristisch als historisch, indem er sich einer Gruppe von Historikern und Sozialwissenschaftlern zuordnet, die Haushaltsforschung nicht aus der Perspektive des „Hauses", sondern der Individuen, der benachteiligten zumal, betreiben. So ehrenwert dieser Standpunkt auch ist, so bleibt doch die Frage, ob die im life-course-concept [219: FREITAG, 19ff.] enthaltene moderne besitzindividualistische Vorstellung von „Lebensplänen" die Realität des 17. Jahrhunderts trifft. Aus einer anderen Perspektive wäre es z. B. ebenso legitim, die „Kredite", die im „Haus" in Gestalt von aufgeschobenen Lohnzahlungen von unten nach oben flossen, als Indiz für die Übernahme der Idee des „ganzen Hauses" durch die minder privilegierten Glieder zu nehmen. Ein genauer, nicht allein auf Inventaren beruhender Blick durch die Wände des „Hauses" wird damit aber zu einem dringenden Desiderat. Im einzelnen drängen sich folgende Fragen auf: Welchen Einfluß hatten die im „Haus" verbliebenen Geschwister, die Knechte, Mägde und Inwohner tatsächlich? Ist ihre Bedeutung allein von ihrem (kärglichen) Besitz abhängig? War es allein das „regierende Paar", das über Heiratsstrategien, Verwandtschaftspolitik, Patenschaftsverhältnisse entschied?

Daß z. B. das Gesinde keineswegs der Willkür des Hausvaters ausgesetzt war, wie im zeitgenössischen Gesinderecht fixiert (s. o. S. 43), hat ROMAN SANDGRUBER für das späte 18. Jahrhundert anhand der reichhaltigen Verpflegung gezeigt, die das Gesinde auf oberösterreichischen Höfen erhielt. Dies lag freilich weniger an der – wie man mit BRUNNER meinen könnte – patriarchalischen Selbstbeschränkung des Hausvaters als an seiner Angst, „die Dienstboten zu verlieren", mindestens an der Befürchtung, „das Ansehen in der Gemeinde zu verlieren" [240: SANDGRUBER, Innerfamiliale, 144]. Zudem galten gerade in der Gruppe des Gesindes die ungeschriebenen Gesetze des „Herkommens" – etwa auf dem Gebiet der geschlechtsspezifischen Arbeitsverteilungen, die schrankenlose Ausbeutung verhinderten [123: DUDEN/HAUSEN, 21]. Die „moralische Ökonomie" ist in dieser Sicht nicht per se im „Haus" verankert, sondern wird von außen – hier durch die Gemeinde bzw. die „peer groups" des Gesindes – herangetragen. Auch an dieser Stelle wird die insbesondere von HEIDI ROSENBAUM betonte, auch RICHARD VAN DÜLMEN präsente „Offenheit" des „Hauses" deutlich [237: ROSENBAUM, 79; 215: van DÜLMEN, 14], die Tatsache, daß es sich um ein Gebilde handelte, das nicht nur den herrschaftsintensivierenden Einwirkungen landwirtschaftlicher Kommerzialisierung und staatli-

4. „Haus" und „Gemeinde" – sozialgeschichtliche Zugriffe

cher Formierung [REBEL, SABEAN], sondern auch herrschaftsmildernden Einflüssen offen stand.

Eine Verflüssigung der Kategorien legt auch VOGTHERRS Untersuchung über den Brümmerhof in der Lüneburger Heide nahe. Zwar ist auch für den Brümmerhof im Sinne REBELs festzustellen, daß „die Einordnung des einzelnen Nachkommen in die Gruppe der Hoferben, der Häuslinge oder des Gesindes ... in erheblichem Maße vom Zufall der Geburt abhängig" war [248: VOGTHERR, 206f.]. Der Ausschluß weiblicher Erbfolge machte es jedoch möglich, daß sich bisweilen Zufälle ausglichen. So übergab Hans Heinrich Brümmerhof im Jahre 1780 das Gut (nachdem er den Hof von 1757 geleitet hatte) an seinen 1750 geborenen Halbbruder Carsten, weil aus seiner Ehe „nur" acht Töchter hervorgegangen waren, und begab sich mit seiner 47jährigen Frau auf das Altenteil. Schwerlich konnte der Bauer „seinen" Lebensplan mit diesem Schritt erfüllt haben. Der Lebensplan seines Halbbruders Carsten, der inzwischen andernorts als Häusling untergekommen war, erfuhr hingegen eine unerwartete Aufwertung. Auch der Haushaltszyklus wurde abrupt unterbrochen.

<small>VOGTHERR: Brümmerhof</small>

Daß der „Zufall der Geburt" auf dem Brümmerhof nicht automatisch zur ökonomischen Ausbeutung der Abhängigen im „Haus" benutzt wurde, dafür sprechen noch andere, vom Erbrecht unabhängige Indizien. Die Patenschaften z. B., die Mitglieder der Wirtsfamilie für die Kinder der am Hof ansässigen Häuslinge übernahmen, scheinen nicht primär dem Ziel einer besseren Verfügung über deren Vermögen entsprochen zu haben, sondern umgekehrt ein Versuch gewesen zu sein, durch das Stiften engerer Bindungen die durch den Zufall der Geburt begründete soziale Ungleichheit im „Haus" zu mildern, waren doch mit der Übernahme einer Patenschaft lebenslange Verpflichtungen verbunden [ebd.].

Auch die Tatsache, daß auf dem Brümmerhof immer wieder verwandtschaftliche Bindungen zwischen Wirt und Häusling nachzuweisen sind, bedarf hinsichtlich ihrer sozialen Konsequenz noch näherer Erforschung (und Überprüfung für andere Höfe und Regionen). Bei der Rekrutierung des Gesindes sind auf dem Brümmerhof im 18. Jahrhundert gleichfalls Verwandtschaftsbeziehungen im Spiel. Insbesondere die Kinder von verheirateten Geschwistern kamen als Knechte und Mägde für den Brümmerhof in Frage [ähnliche Beobachtungen: 229: MITTERAUER, Formen, 226ff.]. „Im Hintergrund besteht offensichtlich ein Geflecht von Beziehungen verschiedenster Art zu anderen Höfen, das sich nur gelegentlich erhel-

<small>„Haus" und Verwandtschaft: Brümmerhof, Calenberger Land, Bayern</small>

len und belegen läßt" [248: VOGTHERR, 206], für die Ansiedlung von dienenden Kindern, Häuslingen und Gesinde aber entscheidend war. Auch für das Calenberger Land ist die Bedeutung von Verwandtschaftsbeziehungen für die Besetzung freier Stellen im „Haus" nachgewiesen worden [205: BEGEMANN, 261 f.]. Selbst für Altbayern, ein Territorium, in dem ähnlich wie in Oberösterreich die Verfügungsgewalt des „tatsächlich wirtschaftenden Paares" durch die Möglichkeit weiblicher Sukzession größer war als auf dem Brümmerhof, sind Interventionen der weiteren Verwandtschaft zu beobachten, wenn z. B. bei einer Erbschaft nach einer Zweitheirat die Kinder aus erster Ehe Benachteiligungen zu befürchten hatten und der Hof der ursprünglichen Verwandtschaft zu entgleiten drohte [225: MAYR, 45].

Insofern scheint die beinahe schon „traditionell' zu nennende These von der „nachgeordnete(n) Bedeutung der Verwandtschaftsbeziehung gegenüber der sozialen Position innerhalb des Hauses" [237: ROSENBAUM, 115], die sich bei REBEL in der Formulierung reproduziert, die Stellung der einzelnen Personen im „Haus" sei primär über ihre sozialökonomische Rolle (Ausbeuter oder Ausgebeutete) definiert gewesen und nicht „by one's natural family ties to grandparents, parents, siblings or other kin" [236: REBEL, 197], erst einmal nicht mehr zu sein als die Wiedergabe staatlicher Zuschreibungen. Inwieweit damit auch die bäuerliche Sicht reflektiert wurde, müßte neu diskutiert werden. Daß Verwandtschaftsinteressen z. B. zu denjenigen Erwägungen gehörten, die selbst Hausväter bei ihren strategischen Entscheidungen zu berücksichtigen hatten, ist von THOMAS ROBISHEAUX für die Grafschaft Hohenlohe, in der ähnliche erbrechtliche Voraussetzungen wie in Oberösterreich galten, dargestellt worden [81: ROBISHEAUX, Society, 137 f.].

„Haus" und andere Sozialformen: Forschungsdesiderate

Das Verhältnis des „Hauses" zu anderen Sozialformen – der Gemeinde, den ländlichen „peer groups", der im bäuerlichen Denken hartnäckig präsenten Verwandtschaft – aber auch zu den „großen" Bereichen von Wirtschaft und Herrschaft beginnt damit stärker in das Blickfeld der Haushaltsforschung zu rücken. Erst in diesem größeren Kontext kann – räumlich und zeitlich differenzierend – entschieden werden, ob das „Haus" primär Schutz und Nahrung gewährte oder Ordnung und Ausbeutung garantierte.

Zu einer weiteren Auflockerung der Auffassungen von „dem" „ganzen Haus" haben Studien beigetragen, die – anders als die „traditionellen" Beiträge zur Haushaltsforschung – den Blick auf Realteilungsgebiete geöffnet haben. Dabei wurde zunächst sichtbar, daß

4. „Haus" und „Gemeinde" – sozialgeschichtliche Zugriffe

dort auf das „Haus" nicht nur die Kräfte *einer,* sondern – dem Prinzip der Realteilung gemäß – mindestens zweier Verwandtschaften einwirkten.

Da in Realteilungsgebieten eine Heirat selten eine scharfe Zäsur innerhalb der Eigentumsverhältnisse darstellte und die Haushalte peu à peu gegründet wurden (s. o. S. 35), waren dort die „Häuser" nur nominell und fiskalisch selbständige Einheiten, die real nur dank ihrer Einbettung in „Clans" und Nachbarschaften lebensfähig waren. Dementsprechend stark waren auch die moralischen Kontrollen, die diese Verbände über die Zustände im „Haus" ausübten [239: SABEAN, Verwandtschaft, 242].

„Haus" in Realteilungsgebieten

Den Schein der regional übergreifenden Einheitlichkeit verliert die Auffassung vom „ganzen Haus" auch, wenn die norddeutschen Hallenhäuser und österreichischen Einödhöfe, die der traditionellen Haushaltsforschung als materielles Substrat zugrundelagen, mit Gebäuden in Realteilungsgebieten konfrontiert werden. In einem „Kleinhaus" in Grafenberg bei Eichstätt z. B. lebten 1748 „3 partey(en)" und benutzten den gleichen Herd, obwohl „nur eine kleine kuchl vorhanden und doch nit mehr als ein zimer gehizt" war. In Raitenbuch in der gleichen Gegend bewohnten zwei Familien eine Küche, ohne sich über den Gebrauch des Herdes einigen zu können. Schließlich wurde das Haus durch eine Wand geteilt [284: KRAMER, Ansbach, 54]. Ähnliche Konflikte sind auch aus Württemberg [238: SABEAN, Immen, 245, Anm. 3] und Vorarlberg [98: FITZ, 27] überliefert.

„Haus": innere Organisation und äußere Gestalt

Von „einem", gar einem „ganzen" Haus ist hier kaum zu sprechen. Diese Tatsache verdeutlicht auch, daß die Haushaltsforschung bisher kaum von der volkskundlichen Hausforschung, die die materielle Gestaltung der Gebäude zum Thema hat [206: BAUMGARTEN; 223: HEIDRICH], beeinflußt worden ist.

Nicht die Betrachtung der Wohnformen, sondern die Analyse der Wirtschaftsweisen und der Arbeitsorganisation hat MICHAEL MITTERAUER in jüngeren Arbeiten [229: MITTERAUER, Formen] dazu bewogen, eine gründliche Revision der Methoden vorzunehmen, die von traditionellen Ansätzen der Haushaltsforschung verfolgt worden sind. Gingen solche Ansätze – mindestens im Anschluß an BERKNER – meist von der Mikroebene aus, so stellt MITTERAUER die Analyse quasi vom Kopf auf die Füße, indem er sein Modell auf Kriterien aus der Makroebene aufbaut. Unterschiedliche naturräumliche, aber auch anthropogene wirtschaftliche Voraussetzungen ziehen in dieser Sicht ländliche Sozialformen in verschiedener

II. Grundprobleme und Tendenzen der Forschung

MITTERAUER: historische Ökotypen

Gestalt, sog. „historische Ökotypen", nach sich. „Gesindegesellschaften" sind z. B. eher für Viehwirtschaftsregionen charakteristisch, während man „Tagelöhner-" bzw. „Häuslingsgesellschaften" eher in Gebieten mit vorherrschendem Getreidebau antrifft. Neben diese beiden hinreichend analysierten Varianten stellt MITTERAUER als gleichberechtigte Typen aber auch Protoindustrialisierungsgesellschaften verschiedener Ausprägungen, schließlich auch Lebensformen in Weinbauern- und sog. Armuts- und Wanderungsregionen. Jede dieser „Gesellschaften" brachte eigene, intern noch einmal sozial abgestufte Formen des Zusammenlebens hervor, die vor allem für die beiden letzteren noch genauerer Erforschung bedürfen.

Bisher: Selektive Wahrnehmung der Ökotypen durch die Haushaltsforschung

Auf dieser Basis liegt es nahe, das „*ganze* Haus" zwar nicht vollends zur Fiktion zu erklären, es aber als vorherrschende Wirtschaftsform (mit Mägden und Knechten) auf Viehwirtschafts- und bestimmte Formen von Protoindustrialisierungsgesellschaften (z. B. das Osnabrücker Land) zu beschränken. Gerade solche Ausformungen wurden aber von den wichtigsten Pionierstudien der Haushaltsforschung für deutsche Territorien − von BERKNER über die älteren Arbeiten MITTERAUERS zu HARTINGER − mit Vorliebe betrachtet. Auch staatliche Zielsetzungen und ideologische Konstrukte konnten am ehesten an diesem Typus anknüpfen.

Funktionsentlastung des „ganzen Hauses" im 18. Jahrhundert

Vor dem Hintergrund der „historischen Ökotypen" kann auch ein Vorgang, den MITTERAUER in einer älteren Arbeit die „Funktionsentlastung des ‚ganzen' Hauses" genannt hat [227: MITTERAUER, Funktionsentlastung], schärfer gefaßt werden. MITTERAUER verzeichnet im Salzburger Land für die letzten beiden Drittel des 18. Jahrhunderts einen erheblichen Rückgang der Zahl verheirateter Inwohner. Ihnen war offenbar der „Ausstieg" aus dem „Haus" und der „Aufstieg" in ein Kleinhäuslerdasein gelungen. Den Hintergrund dafür bildete − wie auch EDER [124: EDER, 130f.] bestätigt − eine gute Konjunktur für die gewerblichen Produkte der Inwohner und die steigende Nachfrage nach Lohnarbeit im Gefolge der mit den Agrarreformen verbundenen Intensivierung des Ackerbaus. Der Kreis der Abhängigen, über die der Hausvater gebot, war durch diesen Prozeß kleiner geworden. In neuerer Terminologie wäre dieser Vorgang aber auch als Übergang von einem Ökotypus zu einem anderen zu kennzeichnen.

Wirtschaftliche Faktoren

Politische Faktoren

Freilich ist bekannt, daß die Gründung von „Kleinhäusern" − nicht nur in der zweiten Hälfte des 18. Jahrhunderts − auch von politischen Entscheidungen abhängig war. Im genannten Zeitraum wurde sie gerade in Preußen und Österreich, deren aufgeklärte Regierungen an der „Peuplierung" ihrer Länder und der Absicherung der Agrarreformen interessiert waren, gefördert [s. o. S. 38). Eine genaue Gewichtung politischer und ökonomischer Faktoren, die dem in der zweiten Hälfte des 18. Jahrhunderts in einigen Territorien beginnenden Prozeß der Erosion des „Hauses" als Wirtschafts- und Herrschaftsform zugrundelagen, wäre demzufolge immer noch zu leisten, wobei – in Abhängigkeit von den „historischen Ökotypen" – auf die regionalen Differenzierungen besonderes Augenmerk zu richten wäre.

Daß z. B. erhebliches Marktengagement durchaus mit dem „Haus" als Sozialform vereinbar sein konnte, haben REBEL und ROBISHEAUX nachgewiesen. Selbst Innovationen wie die protoindustrielle Produktion konnten – wie MOOSER für das Ravensberger und SCHLUMBOHM für das Osnabrücker Land zeigen – diesen Rahmen noch stärken. Nicht nur für die Formierung, auch für die Auflösung der Hausherrschaft sind offenbar stärker politisch-soziale Faktoren anzuführen. Deren Schwäche gab wohl den Ausschlag dafür, daß sich dieser Prozeß im 19. Jahrhundert – nach hoffnungsvollen Ansätzen in der Aufklärung und dem Zeitraum der preußischen Reformen [322: KOSELLECK, 69] – so lange hinzog und das landwirtschaftliche Arbeitsrecht in Deutschland bis 1918 von hausrechtlichen Elementen durchzogen war.

4.2 Gemeinde als Lebensform

Von CLAUDIA ULBRICH ist das „Haus" als „Hauptpfeiler" einer sich vom 16. bis zum 18. Jahrhundert verfestigenden patriarchalischen Ordnung bezeichnet worden [304: ULBRICH, Weiber, 37]. Freilich war der Herrschaftsanspruch des „Hauses" – d. h. in erster Linie seines „Hauptes", des Hausvaters, – nicht konkurrenzlos. Neben der Obrigkeit, die allerdings selbst nicht minder „patriarchalisch" auftrat und die „hausväterliche Gewalt" ideologisch und praktisch-rechtlich stützte, stand – von Clans und Verwandtschaften abgesehen – eine weitere, mit dem „Haus" potentiell konfligierende Sozialform bereit: die Gemeinde. [„Haus" und Gemeinde]

Doch auch in der Gemeinde begegnet als Handlungs- und Willensträger zunächst wieder derjenige Personenkreis, der auch im „Haus" herrschen sollte und Ansprechpartner der Obrigkeit war: die Hausväter (s. o. S. 84). Gerade das 18. Jahrhundert mit seinen als Landes- und Dorfordnungen verfestigten Gemeindeverfassungen [Hausväter und Gemeindeverfassung] scheint derjenige Zeitraum gewesen zu sein, „when fathers ruled" [OZMENT]. Zugleich verstärkte sich die Dominanz der Gemeindeverfassung durch eine in ihrer wirtschaftlichen Macht gefestigte dörfliche Oberschicht [186: MOOSER, Gleichheit und Ungleichheit; 291: PETERS, Platz; 259: HAUSHOFER; 268: WUNDER].

Ein weiter gefaßter Gemeindebegriff: historische Volkskunde

Dieses hermetische Bild, das sich auf verfassungsgeschichtlicher Ebene ergibt, ist freilich durch Forschungen erschüttert worden, die von einem weiter gefaßten, auch informelle Bereiche einbeziehenden Gemeindebegriff ausgehen. Ein solcher ist bisher vornehmlich von der Volkskunde thematisiert worden. In den letzten zehn Jahren hat sich dann, angestoßen durch eine erneute Rezeption der Arbeiten des Volkskundlers KARL SIGISMUND KRAMER [223: HEIDRICH, Grenzübergänge, 19], die Einsicht durchgesetzt, daß die „verfassungspolitischen" und „folkloristischen" Aspekte zusammengehören, zwei Seiten der gleichen Medaille darstellen.

Daß gerade im 18. Jahrhundert informelle, „folkloristische" Praktiken besonders breiten Raum einnahmen, ist auf verschiedene Gründe zurückgeführt worden, unter anderem auf ihre Wahrnehmung und Thematisierung durch die „Gebildeten" in der „Aufklärung" [274: DIPPER, Volksreligiosität, 73, 75]. Es hängt aber sicherlich auch damit zusammen, daß eine gerade im 18. Jahrhundert zunehmend auf staatliche Verwaltungserfordernisse zugeschnittene (s.o. S.27) Gemeinde*verfassung* zur Organisation dörflicher Belange nur noch partiell genutzt werden konnte [30: WUNDER, Gemeinde, 100f.]. Dies kann freilich nicht bedeuten, daß die „folkloristischen" bzw. „informellen" Bereiche als herrschaftsfreie Räume vorzustellen wären. Auch in diesem vermeintlichen Refugium reproduzieren sich – freilich labil und nicht endgültig austariert – soziale und geschlechtsbezogene Konflikte, Fragen von Macht und Unterordnung, die in den „Verfassungen" von „Haus" und Gemeinde im 18. Jahrhundert schon entschieden sind. Insofern soll an dieser Stelle an Forschungsergebnisse und -methoden angeknüpft werden, die beide Pole des Gemeindelebens integrierend betrachten und

„Real-" und „Verfassungsgemeinde": integrierende Sichtweisen

statt der Verfassungs- die „Realgemeinde", um einen Begriff des 19. Jahrhunderts etwas abzuwandeln, im Blick haben.

Die „Realgemeinde" gründete auch im 18. Jahrhundert (von Auflösungserscheinungen vornehmlich in der zweiten Hälfte abgesehen) (s.o. S.47) in der Wirtschaftsweise des frühneuzeitlichen

Kollektiver Arbeitszyklus

Dorfes. Mit dem „kollektiven Arbeitszyklus" [RICHTER] verbunden war der Reigen ländlicher Feste, deren „politische", gemeinschaftsstiftende Aspekte gerade jüngst wieder betont worden sind [30:

4. „Haus" und „Gemeinde" – sozialgeschichtliche Zugriffe 103

WUNDER, Gemeinde, 100]. Freilich halfen diese Feste auch, die dörfliche Hierarchie zu stabilisieren [281: HEIDRICH, Keller, 94].
Die Arbeits- und teilweise auch Besitzgemeinschaft (Allmende) bildete auch die Grundlage für eine Art kommunaler Not- und Zwangsgewalt. Diesen Aspekt vertieft das Thema „die Gemeinde im Aufstand". So konnte „die Gemeinde" gegenüber widerwilligen Angehörigen auf ein virtuos eingesetztes Repertoir an symbolträchtigen Strafen (Ausschluß von Wasser und Weide, nächtliche Übergriffe auf Arbeitsgeräte und -produkte, Hauszerstörungen etc.) zurückgreifen, die die Geschlossenheit ihrer Reihen in den Auseinandersetzungen mit feudalen Obrigkeiten sichern und dem „Abweichler" verdeutlichen sollten, daß die „individuelle" Existenz materiell wie moralisch erst von den Ressourcen ermöglicht wurde, die die Gemeinde kontrollierte [201: TROSSBACH, Bewegung, 86 ff.]. „Not- und Zwangsgewalt"

Ob diese in den Agrarkonflikten des 17. und 18. Jahrhunderts zu beobachtenden Spaltungen als Folge früher Individualisierung und Kommerzialisierung der Landwirtschaft zu begreifen sind, ist zur Zeit nicht zu entscheiden. So stehen Forschungen noch aus, die eine differenzierte Einschätzung der Auswirkungen von Kommerzialisierung, Verkoppelung und Allmendeaufteilungen auf das dörfliche Zusammenleben („Volksleben") in der Weise gestatten, wie es die Protoindustrialisierungsforschung tut. Erst für das 19. Jahrhundert ist dies möglich [307: WAGNER, 179 ff.; 185: MOOSER, Gleichheit und Ungleichheit, 253 f.]. Daher ist auch eine systematische Verortung von Nachrichten aus Nordwestdeutschland [ebd., 240] und der Mark Brandenburg [291: PETERS, Platz, 94], aber auch aus Bayern und Württemberg [268: WUNDER, 137] schwierig, die vor allem für das späte 18. Jahrhundert von Querelen zwischen Groß- und Kleinbauern um die Sitzordnung in Kirche und Wirtshaus, sogar um die Anordnung der Friedhofsplätze berichten. Soziale Konflikte in der Gemeinde

Schwierig ist auch die Beurteilung von Konflikten, die um den Komplex „gemeinsame Arbeit und individueller Besitz" kreisen. Inhaber von Kleinstellen waren, da sie kein eigenes Zugvieh hatten, auf Gespannshilfen der „Großen" angewiesen und im Gegenzug zu Handreichungen auf diesen Höfen verpflichtet. Wenn sich auch bisweilen zwischen verschiedenen Wirten stabile, generationsübergreifende Kooperationsbeziehungen herausgebildet hatten [89: VOIGTLÄNDER, 197], die auf realen oder fiktiven Verwandtschaftsverhältnissen beruhen konnten, so haben vor allem MOOSER und SCHLÖGL darauf aufmerksam gemacht, daß die „Großen" diesen ungleichen Tausch zur Festigung ihrer Machtposition nutzen konnten [186: Konflikt und Kooperation: Beispiel Gespannshilfen

MOOSER, Gleichheit und Ungleichheit, 240; 63: SCHLÖGL, Bauern, 144]. Insofern fühlten sich bisweilen auch Obrigkeiten genötigt, Großbauern auf ihre „Pflicht" zur Gespannshilfe hinzuweisen [100: GREES, Unterschichten, 44].

Gemeinde und Außenseiter: Stellung der Pfarrer

Stärker konturiert sind Reibungen von Gemeinden mit „echten" Außenseitern, z. B. den Pfarrern, denen einige neuere Studien gewidmet sind. Sie haben für katholische wie für lutherische Territorien deutlich gemacht, daß es nicht nur institutionelle Grenzen für die Macht des Pfarrers gab, sondern auch informelle, die auf der Tatsache beruhten, daß der Pfarrer trotz seiner wirtschaftlichen [270: BECK, Pfarrer, 118] und teilweise auch durch Patenschaften vermittelten sozialen [30: WUNDER, Gemeinde, 106] Integration ein „Fremder" war. Als solcher konnte er bei seinem moralischen Wächteramt in die Falle dörflicher Gerüchte tappen [196: RUBLACK, 22] oder zur Zielscheibe jugendlichen Schabernacks werden [301: SIMON, 215; 270: BECK, Pfarrer, 142].

Eine interessante Beobachtung zur Stellung des Pfarrers im 18. Jahrhundert hat SABEAN für württembergische Dörfer beigetragen. Er sieht den Pfarrer nicht ausschließlich als Moralapostel im Dienste des Staates und der besitzenden Schichten im Dorf agieren, sondern betont auch die Trostfunktion der Religion für solche Schichten und Gruppen, die im 18. Jahrhundert durch den Prozeß der Besitzanhäufung und die (staatliche) Wertschätzung von wirtschaftlichem Erfolg und männlicher Durchsetzungsfähigkeit an den Rand gedrängt wurden. Von daher weist er die Herausbildung von Allianzen des Pfarrers mit den Armen und den Frauen des Dorfes nach [197: SABEAN, Schwert, 200 f.]. Die Situation des Pfarrers in ostelbischen Territorien dagegen war mindestens im 17. Jahrhundert weniger durch seine Fähigkeit zu geistlich-sozialen Strategien als durch seine miserable wirtschaftliche Lage im Spannungsfeld zwischen Gemeinde und Obrigkeit gekennzeichnet, das sich im Zuge der Erweiterung von Gutswirtschaften verstärkt hatte [290: PETERS, Kirchenleben, 103]. Es fehlen freilich noch regional und konfessionell übergreifende Studien, die eine Einordnung der vielfältigen Einzelbeobachtungen möglich machen.

Gemeindeverfassung schließt Frauen weitgehend aus

Betreffen Querelen zwischen Dorf und Pfarrer auch das Verhältnis von „Innen" und „Außen" bzw. von „Oben" und „Unten", so zielen Forschungen, die die Lebensumstände eines anderen Teils, der mehr als die Hälfte der Gemeinde umfassen konnte, zum Thema haben, auf den Kern des dörflichen Zusammenlebens. Gerade an dieser Stelle zeigt sich, wie partiell der sozialgeschichtliche

4. „Haus" und „Gemeinde" – sozialgeschichtliche Zugriffe 105

Erkenntniswert einer auf verfassungsgeschichtliche Tatbestände beschränkten Sichtweise sein kann. Daß die Gemeindeversammlung, das „demokratischste" Organ der „Verfassungsgemeinde", nicht real von der „ganzen Gemeinde" besucht wurde, ist neuerdings wieder stärker betont worden. Der Ausschluß von (verheirateten und unverheirateten) Frauen – von Witwen abgesehen [194: REYER, 23 f.] – von der formalen Herbeiführung von Gemeindebeschlüssen steht allerdings in auffälligem Kontrast zu ihrer Teilnahme an deren Ausführung, z. B. in den schon erwähnten kleineren Rebellionen. [304: ULBRICH, Weiber, 39]. Nicht selten sind es Frauen, die sich Soldaten bei Pfändungen und Gefangennahmen entgegenstellen. Dagegen: Teilnahme von Frauen an Revolten

Diese auch aus westeuropäischen „food riots" bekannte Konstellation ist von ANDREAS SUTER, der die Teilnahme von Frauen an kleineren Rebellionen als erster genauer analysiert hat, nicht zuletzt darauf zurückgeführt worden, daß durch „weiblichen Widerstand" den Soldaten eine besondere Schmach angetan werden sollte [302: SUTER, 354]. Hier erscheint „weiblicher Widerstand" nicht als eigenständiges Verhalten, sondern als abgeleitete Funktion in einem von Männern dirigierten Gesamtprozeß. Auch auf informellem Gebiet scheint sich so die in den Gemeindeverfassungen festgeschriebene männliche Dominanz zu reproduzieren. „Weiblicher Widerstand"?

Der „weibliche Widerstand" kann aber auch damit erklärt werden, daß Frauen bei Pfändungen den ihnen übertragenen Bereich (Vieh, Hausrat) zu schützen hatten. Die Tatsache wiederum, daß Frauen als Gruppe insbesondere in Allmendekonflikten in Erscheinung traten, ist auf dieser Grundlage auf die Kollektivität der weiblichen Arbeitsbereiche z. B. im Wald (Beerensammeln, Gras-, Streu- und Futterlaubholen) bezogen worden [303: TROSSBACH, Gemeinde]. Es wäre eine lohnende Aufgabe, den Rhythmus und die Reichweite dieser weiblichen Kollektivität nachzuzeichnen und mit der im „Flurzwang" verankerten, vorwiegend männlichen Kollektivität, wie sie detailliert von RAINER BECK [68: Ökonomie] und JOCHEN RICHTER [195: Landgemeinde] dargestellt worden ist, in Beziehung zu setzen. Tendenziell werden so zwei in der Arbeitsverteilung begründete, voneinander relativ unabhängige dörfliche Gemeinschaftlichkeiten sichtbar.

Noch im 17. Jahrhundert scheint eine solche Segmentierung nicht ohne Rückwirkung auch auf die Verfassungsebene gewesen zu sein. Das „Weiberrecht", das Frauen 1653 gemeinsam im hessischen Dorf Breitenbach ausübten, indem sie ein Paar wegen eines Ehekonfliktes rügten, wurde – wie CHRISTINA VANJA betont – jedenfalls „Weiberrecht" noch vom Gerichtsherrn als legitim empfunden. Erst der frühmoderne Staat sah darin einen strafwürdigen „Exzeß" [306: VANJA, Weibergericht, 22 ff.]. Vielleicht ließe sich fruchtbarer mit dem flexiblen Öffentlichkeits- statt dem starren Verfassungsbegriff arbeiten, wie dies REGINA SCHULTE für das späte 19. Jahrhundert exemplifiziert hat [299: SCHULTE, Gerede, 16 ff.]. DAVID SABEAN hat dieses Konzept auch für das 18. Jahrhundert erprobt [197: SABEAN, Schwert, 194]. Wie einzelne Formen „weiblichen Widerstands" war die „weibliche Öffentlichkeit" in dieser Sicht an „Frauenräume" in oder vor dem Dorf gebunden: den Brunnen, die Waschstelle am Bach oder die Flachsdarre. Dort konnte – freilich nicht immer ohne männliche Einmischung [304: ULBRICH, Weiber, 25] – Meinung gebildet, das „Weiberrecht", wie schon KARL SIEGFRIED BADER [18: BADER, 370] aufgefallen ist, inhaltlich vorstrukturiert werden. Gemeinschaftsbildend waren auch Zusammenkünfte von Frauen bei Geburten oder am Kindbett, wie sie von volkskundlichen Arbeiten für verschiedene Territorien nachgewiesen wurden [284: KRAMER, Ansbach, 226; 283: Ders., Unterfranken, 151, 304: ULBRICH, Weiber, 24 f.; 278: GÖTTSCH, 107 ff.] Auf der Ebene der „Realgemeinde" ist somit – auch im Bewußtsein, daß es sich auch dort nicht um einen herrschaftsfreien Raum handelte – eine weiter gefaßte Teilhabe als in der inflexiblen Verfassungsgemeinde festzustellen.

Die begrifflichen Auswege in die „Öffentlichkeit(en)", die „Männer- und Frauenräume" ermöglichen es auf diese Weise, informelle Einflüsse von formal Unterprivilegierten festzustellen. Andererseits reflektieren sie in ihrer unhistorischen Gleichwertigkeit nicht die teils vom obrigkeitlichen, teils vom kommunalen „männlichen Verstand" ausgehende Diskriminierung der weiblichen „Schattenverfassung", die sich in Kriminalisierung (Breitenbach) oder (schon verbaler) Geringschätzung äußern konnte und kann. Demgegenüber kann darauf hingewiesen werden, daß es auch noch im 18. Jahrhundert eine (wenn auch bescheidene) respektierte weibliche Teilnahme an der staatlich lizensierten Gemeindeverfassung gab. HARNISCH hat für einzelne thüringische Dörfer eine „Kindermuhme" als Gemeindeamt nachweisen können [177: HARNISCH, Gemeindeeigentum, 166]. Beinahe durchgängig treffen wir noch im 18. Jahrhundert Hebammen als Gemeindebediente an. In vielen Dörfern wurden Hebammen noch am Ende des 18. Jahrhunderts von der Versammlung der verheirateten Frauen gewählt [18: BADER, 297; 171: BRECHT, 99].

4. „Haus" und „Gemeinde" – sozialgeschichtliche Zugriffe 107

Auf dieser Grundlage wäre die Frage zu stellen, ob die Weiberversammlung bei der Hebammenwahl, aber auch das „Weibergericht zu Breitenbach" oder der ironisierte „Weibergemeinderat" an der Waschstelle [BADER] nicht teils ins „Brauchtümliche" gewendete Verfassungsrelikte aus älteren Zeiten sind. Im fränkischen Städtchen Flachslanden etwa wurde noch 1595 die Gemeinderechnung auf der Gemeindeversammlung „im Beisein Mann und Weib" [284: KRAMER, Ansbach, 84] abgehört. In der schleswig'schen Marsch war im 16. Jahrhundert ein „Weibergericht" durchaus Verfassungsbestandteil. „In weiblichen Sachen" [189: PRANGE, Bauern, 52] sprachen zwölf Frauen Recht. Im 18. Jahrhundert sind solche Institutionen verschwunden. Die von CLAUDIA ULBRICH betonte Marginalisierung von Frauen in der Frühen Neuzeit [304: ULBRICH, Weiber, 20] wird somit nicht allein im Kontext der geschlechtsspezifischen Arbeitsteilung oder in der Verfassung und Ideologie des „Hauses" sichtbar.

Marginalisierung von Frauen in der Neuzeit

Welcher Stellenwert den Hexenverfolgungen in diesem immer deutlicher erkennbaren Marginalisierungsprozeß zuzuschreiben ist, ist zur Zeit nur in Ansätzen zu beantworten. Immerhin ist in den letzten Jahren zweierlei deutlich geworden. Zum einen können Gemeindestudien einen neuen Zugang zum Hexenproblem eröffnen, zum andern kann eine Analyse von Hexenprozessen auch bestimmte Vorgänge und Strukturen innerhalb der Gemeinden genauer erhellen [197: SABEAN, Schwert, 242]. Wenn auch der Höhepunkt der Hexenverfolgungen nach dem Dreißigjährigen Krieg überschritten ist, so reichen noch in die ersten Jahrzehnte nach 1648 so gravierende Auswirkungen (etwa ein „Wellenkamm" um das Jahr 1660) [297: SCHORMANN, 55], daß das Phänomen auch für diese Epoche keineswegs als „Nebenwiderspruch" zu qualifizieren ist. Die Forschung hat sich in dieser Frage insgesamt bekanntlich schwer getan. Noch immer sind Teile der Hexenliteratur nicht frei von Dilettantismus und Spekulation, wie GERHARD SCHORMANN zu Recht anmerkt [ebd., 100 ff., 116 ff.].

Hexenverfolgungen

Die Prozesse sollen hier gleichwohl nur insofern thematisiert werden, als sie auf den Komplex „Frauen und Gemeinde" eingehen. Unbestritten ist, daß der weitaus größte Teil der Betroffenen Frauen waren, wenngleich für das Reich insgesamt genaue Zahlen nicht vorliegen [ebd., 70 f.]. Differenzen gibt es bei der Auflistung von Gründen für dieses Faktum. In der Grafschaft Lippe war im 17. Jahrhundert „die Zahl der im Dorf ins Gerücht gekommenen Männer ... viel größer als die Zahl derjenigen, gegen die ein Verfah-

Frauen und Männer im Hexenprozeß

ren eingeleitet wurde" [308: WALZ, Hintergrund, 15]. RAINER WALZ erklärt dies mit einer möglichen Diskrepanz zwischen dem obrigkeitlichen, primär frauenfeindlichen und einem dörflichen, eher geschlechtsneutralen Hexenbild. EVA LABOUVIE hat demgegenüber auf Vorstellungen hingewiesen, „die dem weiblichen und männlichen Geschlecht gesonderte magische Handlungsmöglichkeiten und Rituale zuschrieben". Letztere wurden, da „das weibliche Geschlecht ... aus der männlichen Perspektive aufgrund seiner Doppelrolle als Tod- und Lebensbringerin zugleich als unheilvoll und gefährlich galt" [288: LABOUVIE, Hexenprozeß, 61], als die am meisten bedrohlichen empfunden. PETER KRIEDTE hingegen hat, gestützt auf französisches Material, die größere Durchsetzungsfähigkeit von Männern in der dörflichen wie in der gerichtlichen Öffentlichkeit als zusätzliches Argument dafür angeführt, daß weit weniger Männer dem „Wahn" zum Opfer fielen [286: KRIEDTE, Hexen, 63].

Erklärungen: Schadzauber

Die Erklärungen von HEIDE WUNDER führen wieder näher an die agrarischen, nicht unbedingt ländlichen Wurzeln der Gesellschaft zurück. Sie setzt bei der Analyse des Schadzaubers, den man als materielle Grundlage des „Hexenwesens" bezeichnen könnte, an und stellt fest: „Es geht um Arbeitsbereiche, die primär von Frauen wahrgenommen wurden, wie Bierbrauen, die Pflege des Viehes und die Verarbeitung der Milch sowie um die Zuständigkeit der Frauen für Gesundheit und Krankheit, die ihnen besondere Kenntnisse von Heilkräutern und Drogen vermittelte. So verwundert es nicht, daß unter den Männern, die der Zauberei verdächtigt werden, bevorzugt Hirten waren" [309: WUNDER, Hexenprozesse, 189]. Der Schadzauber als heuristischer Einstieg ins Hexenproblem [rechtsgeschichtlich begründete Einwände: 289: SCHORMANN, 23] hat sich auch bei der Begründung für die periodisch auftretenden Verfolgungswellen bewährt. So ist nicht unumstritten [297: SCHORMANN,

Krise und Sündenböcke

92 ff.], aber plausibel dargestellt worden, daß Hexenjagden vor allem im Gefolge einer „crise du type ancien" auftraten, da die existenzbedrohende Häufung von Mißernten, Unwettern und Viehseuchen nach intentionalem Muster erklärt wurde [272: BEHRINGER, 126 ff.].

Gerade bei der Vertiefung dieses Arguments kann sich ein engerer Bezug von „Hexenwahn" und Gemeinde, wie er in einigen neueren Arbeiten vorgenommen worden ist, als fruchtbar erweisen. Dies gilt wiederum für Periodisierungsfragen. Werden die „magischen Einflüsse", die innerhalb der Gemeinden empfunden werden, in der ersten Hälfte des 16. Jahrhunderts offenbar hingenommen

4. „Haus" und „Gemeinde" – sozialgeschichtliche Zugriffe

oder auf gleicher Ebene (durch „Gegenzauber") bekämpft, so scheinen sie im Verlauf des „langen 17. Jahrhunderts" mehr und mehr als Übergriffe externer böser Mächte empfunden zu werden. Dies ist im Anschluß an englische Forschungen als Indiz für eine zunehmende Individualisierung, die Auflösung (wie auch immer erlebter) gemeindlich-gemeinschaftlicher Bande verstanden worden [286: KRIEDTE, Hexen, 64]. Materieller Hintergrund für eine solche Entwicklung war in dieser Sicht eine zunehmende innerdörfliche Differenzierung [309: WUNDER, Hexenprozesse, 195], eine stärkere Wertschätzung des individuellen Besitzes (Milch, Feldfrüchte) und Wirtschaftserfolges, wie sie in der staatlichen Ideologie des „Hauses" [197: SABEAN, Schwert, 236] schon angesprochen wurde. Als zusätzliches Argument ist die Tasache angeführt worden, daß Anklagen wegen Hexerei oft gegen die ärmeren Schichten [272: BEHRINGER, 201; 286: KRIEDTE, Hexen, 59 f.] und gegen Randgruppen (im wörtlichen Sinne) [293: RUMMEL; 57 f.; 282: HÖRGER, I, 179 ff.] gerichtet waren: Ihnen traute man im Dorf wohl am ehesten zu, aus „Neid" die mögliche Prosperität der anderen zu gefährden.

Mit – freilich nicht unwesentlichen [272: BEHRINGER, 357 f.] – Ausnahmen waren die Hexenprozesse im 18. Jahrhundert als Massenerscheinung beendet. Den entscheidenden Beitrag dazu leistete sicherlich eine sich im Prozeß der Aufklärung verstärkende gelehrte Kritik. Inwieweit auch die Festigung der männlichen Dominanz in der Gemeindeverfassung (und damit des männlichen Selbstbewußtseins) dazu beigetragen hat, ist eine hypothetische Frage. Auffällig ist immerhin ein an der Wende vom 17. zum 18. Jahrhundert einsetzender Strukturwandel der Zaubereiprozesse. Nicht mehr primär (alte) Frauen standen nun, wie WOLFGANG BEHRINGER für Südostdeutschland nachgewiesen hat, vor dem Richter, sondern junge Männer, die vorwiegend den unteren Schichten entstammten [272: BEHRINGER, 349, 353 f.]. Ob dieser Formwandel neue Frontstellungen innerhalb der ländlichen Gesellschaft (die tendenzielle Ablösung eines Geschlechterkonfliktes durch einen sozial akzentuierten Generationenkonflikt) anzeigen kann, muß einstweilen freilich offen bleiben.

Frühes 18. Jahrhundert: Strukturwandel der Zaubereiprozesse

Immerhin lenkt dieser Übergang den Blick auf ein weiteres „Segment" der Landgemeinde. Schon seit geraumer Zeit hat sich die volkskundliche Analyse mit den „Knabenschaften" und ihrem weiblich dominierten Pendant – den Spinnstuben [289: MEDICK] – beschäftigt. In der Volkskunde sind sie vorwiegend im Vorfeld der dörflichen Partnerwahl, aber auch allgemein als Sozialisations-

Knabenschaften und Spinnstuben

instanz erkannt worden, in der das zukünftige Gemeindemitglied die örtlichen Sitten und Gebräuche einübt [302: SUTER, 357]. Reibungspunkte mit der von den Hausvätern verkörperten Verfassungsgemeinde scheinen sich in dieser Sicht zunächst nicht ergeben zu haben. Dies gilt teilweise auch für die „politische" Aktivität der Knabenschaften, die im Kontext kleinerer Revolten angesiedelt ist. ANDREAS SUTER hat am Beispiel der Baseler Landestroublen geschildert, wie in manchen Orten „die Burschen" von der „Gemeinde" (der männlichen Haushaltsvorstände) regelrecht zur „Durchführung" bestimmter symbolischer Aktionen, etwa dem Einreißen von Zäunen, dem Abdecken von Dächern, dem Wilddiebstahl, „eingesetzt" wurden [ebd., 385 f.].

Knabenschaften als Rügeinstanz

Knabenschaften, Spinnstuben und andere, von den Obrigkeiten höchstens geduldete Rügeinstanzen signalisieren zunächst das Interesse der Gemeinschaft auch an den Verhältnissen in den „Häusern". Heiratsstrategien waren nicht allein deren „private" Angelegenheit, und auch Partnerwahl und Eheleben nicht vollständig intimisiert. Daß dies in einer Gesellschaft, in der Eheschließungen die bei weitem wichtigste Möglichkeit der Besitzübertragung darstellten, nicht anders sein konnte, ist von verschiedenen Autoren einhellig festgestellt worden [172: ENDRES, Wandel, 214; 269: BECK, Sexualität, 145; 301: SIMON, 231].

Unterschiedlich beantwortet wird die Frage, in welcher Beziehung die „informellen" Interventionen zu den geistlichen und weltlichen Gerichten standen, in deren Aufgabenbereich gleichfalls die Durchleuchtung der „persönlichen" Verhältnisse und die Bewahrung der sittlichen wie der materiellen „Ordnung" fiel. Formal hielten erstere Distanz zu obrigkeitlichen Vorgaben. Dies bedeutete freilich nicht immer eine oppositionelle Gesinnung. Das „Weibergericht" des Jahres 1653 im hessischen Dorf Breitenbach wurde von der Obrigkeit nicht wegen seiner inhaltlichen Entscheidungen, sondern wegen „Kompetenzanmaßung" gerügt. Knabenschaften wiederum konnten subsidiär oder komplementär zu den Moralgerichten agieren. Im (reformierten) Baseler Landgebiet hielten sie sich, wie CHRISTIAN SIMON nachgewiesen hat, eher an die flexiblen dörflichen als an die starren obrigkeitlichen Normen [301: SIMON, 241, 250]. Für ein bayerisches Dorf des 18. Jahrhunderts (Unterfinning) hat RAINER BECK allerdings eher die Übereinstimmung von dörflichen und kirchlichen (katholischen) Normen herausgearbeitet [269: BECK, Sexualität, 149].

Dörfliche Normen flexibler als staatliche?

Innerdörflich sieht SIMON die informell exekutierte Moral an

4. „Haus" und „Gemeinde" – sozialgeschichtliche Zugriffe 111

die dörfliche Sozialstruktur angebunden [301: SIMON, 231]. Die soziale Zusammensetzung von Knabenschaften allerdings, an denen (wegen ihrer Funktion als Altersgruppe) häufig Knechte beteiligt waren [258: HARTINGER, Dienstbotenleben, 633; 270: BECK, Pfarrer, 133], konnte zu diesem sozialen Inhalt im Widerspruch stehen. Auch ANDREAS SUTER hat dargestellt, daß die Interessenidentität von „Gemeinde" und „Burschen" in den Baseler Landestroublen nicht grenzenlos war. In einigen Fällen agierten die „Knabenschaften" selbständig als Interessenvertretung der (männlichen) Jugend, zum Teil im Widerspruch zum Vorgehen der „Gemeinde" [302: SUTER, 264f.].

Knabenschaften und Gemeinde: Interessendivergenz

Schwerwiegende Konflikte zwischen Jugendlichen auf der einen und dem Bündnis von bäuerlichen Honoratioren und staatlichen bzw. geistlichen Instanzen auf der anderen Seite hat ROBISHEAUX in der lutherischen Grafschaft Hohenlohe seit dem späten 16. und für das gesamte 17. Jahrhundert festgestellt. Grundlage war hier ein unterschiedliches Verhältnis beider Gruppen zu dem Ensemble von Sexualität, Eheschließung und Erbrecht [292: ROBISHEAUX, Peasants, 298]. Für Oberbayern sieht STEFAN BREIT im 18. Jahrhundert freilich die Frontlinie nicht primär zwischen Jugend und Eltern verlaufen, sondern eher zwischen Jugend und Staat: „In einer noch von der Grundherrschaft bestimmten agrarischen Gesellschaft sorgte sich die Grundherrschaft und der Staat primär um gesicherte finanzielle Eheverbindungen ..." [273: BREIT, 94]. Die größere Harmonie innerhalb der dörflichen Gemeinden, die BREIT für das katholische Oberbayern erkennt, mag freilich auch damit zusammenhängen, daß im 18. Jahrhundert auch „in den Kreisen .. der Dorfjugend .. die Heiratsregeln verinnerlicht, der ‚Heiratsgutmechanismus' anerkannt" [ebd., 300] war.

Eltern – Jugend – Staat: Autoritätskonflikte

So ist der Grad an Toleranz, der in der dörflichen Gesellschaft den Bedürfnissen der Jugend entgegengebracht wurde, nicht pauschal zu ermessen. Wie sich aus einer in den letzten Jahren intensivierten historischen Sexualforschung ergibt, scheint er noch im 18. Jahrhundert in katholischen Gebieten größer gewesen zu sein als in protestantischen [s. EdG 12, 100]. So ist die Feststellung von Peter Becker zum Gerichtsbezirk St. Lamprecht in Kärnten, die ländliche Gesellschaft habe „von den vielen ledigen Menschen zu keiner Zeit ein asexuelles Leben verlangt" [271: BECKER], sicher nicht bruchlos zu verallgemeinern. Voreheliche Sexualität und uneheliche Geburten scheinen auch dann eher geduldet worden zu sein, wenn Arbeitskräftemangel herrschte [114: SABEAN, Unehelichkeit]. Obschon

Tolerierung nichtehelicher Sexualität: verschiedene Einschätzungen

Knabenschaften und Spinnstuben also gewisse Freiräume auch bei der Vorbereitung der Partnerwahl zur Verfügung stellten, waren die Grenzen doch unübersehbar, die auch eine – im Vergleich zu staatlichen Vorschriften eher flexible – dörfliche Moral besonders den Unterschichten setzte. Emotionale Notlagen, die sich in desperaten Handlungsweisen bis hin zum Kindsmord [305: ULBRICHT, Kindsmord] äußern konnten, dürften weiter verbreitet gewesen sein, als eine Forschung annahm, die unter dem Einfluß der Thesen EDWARD SHORTERS [243: SHORTER, 167f., 197f.] von einer „funktionalistischen" Gefühlskälte in der vorindustriellen Gesellschaft philosophierte.

Auch als „Ordnungsfaktor" bietet die Gemeinde im 17. und 18. Jahrhundert somit ein vielschichtiges Bild, das von staatlichen und kommunalen, partikularen wie kollektiven Interessen geprägt ist, die wiederum innerhalb oder außerhalb des Rahmens der von der Gemeindeverfassung vorgegebenen Institutionen durchgesetzt werden konnten.

Während die Haushalts- und Familienforschung mit einer Reihe weiterführender Konzepte und Entwicklungsmodelle aufwarten kann, befindet sich die historische Gemeindeforschung, jedenfalls was den zu untersuchenden Zeitraum anbetrifft, zu Teilen noch immer in traditionellen Entgegensetzungen, etwa zwischen „folkloristischen" und „verfassungsgeschichtlichen" Richtungen. Allerdings sind die Fragestellungen in den letzten beiden Jahrzehnten schärfer konturiert worden: Es geht um die Gewichtung und Periodisierung formeller und informeller Einflußnahmen und um die Dialektik zwischen Individualität und (auch gruppenbezogener) Gemeinschaftlichkeit. Gleichfalls ist deutlich geworden, daß die Kollektivität wichtiger Bereiche des Lebens, z.B. der Feste [30: WUNDER, Gemeinde, 100], und des Arbeitens selten Harmonie oder Idylle hervorbrachte. Gerade diese Erkenntnis erschwert allerdings die genaue Gewichtung der Auswirkungen von Individualisierung und Kommerzialisierung der Landwirtschaft auf das Gemeindeleben. Forschungen zum „Hexenproblem" des 17. Jahrhunderts legen immerhin nahe, daß mit dieser Art der „Modernisierung" schwere Störungen des dörflichen Zusammenlebens verbunden waren. Freilich sind vergleichbare Arbeiten zum 18. Jahrhundert (vom Komplex „Industrialisierung und Volksleben" abgesehen) noch immer ein Desiderat.

5. Zusammenfassung: Faktoren des Wandels und der Beharrung

„The world, we have lost", „Die verlorenen Welten" – sie sollten im Vorstehenden thematisiert worden sein. Eine ländliche Gesellschaft, wie sie für die Frühe Neuzeit charakteristisch war, besteht in Deutschland nicht mehr. Die Verhältnisse haben sich mehr als umgekehrt. Genau 3% der Erwerbstätigen sind heute (1990) in der Landwirtschaft der alten Bundesländer beschäftigt. Diese banale Entgegensetzung „früher" – „heute" verlangt nach Erklärungen für den Wandel.

Lange Zeit suchte man sie außerhalb des Agrarsektors, bestenfalls, wenn die liberalen Agrarreformen des frühen 19. Jahrhunderts ins Modell einbezogen waren, außerhalb „unseres" Zeitraums. Die ländliche Gesellschaft des 17. und 18. Jahrhunderts galt als statisch, regelrecht als „versteinert" [27: LÜTGE, Agrarverfassung, 161]. Erst der Blick auf Gesellschaften der sogenannten Dritten Welt hat das Potential an Veränderungen enthüllt, das unter einer verkrusteten Oberfläche wirken kann. BARRINGTON MOORES großangelegte Studie über den Beitrag von Bauern und Großgrundbesitzern zur Herausbildung der „modernen Welt" signalisierte die Übertragung dieser Erkenntnisse auf die Geschichtswissenschaft [39: MOORE].

Faktoren des Wandels in ländlichen Gesellschaften

Im Zuge dieser Diskussionen haben sich heute die Argumente umgekehrt: gerade die Frühe Neuzeit gilt nun als Epoche des Wandels, als Übergangsgesellschaft, und der Motor dieses Wandels wird vielfach in den agrarischen Verhältnissen gesehen. Dabei wird auf Elemente der Marktwirtschaft verwiesen, die zuerst sporadisch und langsam, aber stetig zunehmend in die ländliche Gesellschaft eindrangen, kollektive Bindungen lösten und am Ende schließlich das warenbesitzende Individuum hervorbrachten [197: SABEAN, Schwert, 48f., 238].

Einfluß des Marktes

Wurde zunächst im Zuge der „Wallerstein-These" über die Genesis des „modernen Weltsystems" [45: WALLERSTEIN, 450 ff.] der sich im 16. Jahrhundert anbahnende „Welt"-Getreidehandel [25: KRIEDTE, Handelskapital, 39 f., 82] als Demiurg der „modernen Welt" begriffen und mit ihm Großgrundbesitz und Gutswirtschaft [45: WALLERSTEIN, 450, 460], so ist für das 17. und 18. Jahrhundert neuerdings die geldwirtschaftliche Durchdringung auch der bäuerlichen Gesellschaft ins Zentrum der Betrachtung gerückt. Zwar wird auch hier der Weltmarkt-Zusammenhang betont [71: HARNISCH,

Bauern und „modernes Weltsystem"

Peasants, 55; 309: WUNDER, Hexenprozesse, 195], insbesondere im Kontext der Protoindustrialisierungsdebatte, es wird allerdings – im Anschluß an ältere Vorstellungen vom „Bauernschutz" – auch wieder stärker auf politische Ursachen verwiesen. So werden für den Prozeß der geldwirtschaftlichen Durchdringung der ländlichen Gesellschaft die Kriege und Steuerforderungen des 16. und 17. Jahrhunderts verantwortlich gemacht und die damit verbundene Herausbildung staatlichen Interesses an einer zahlungsfähigen Bauernschaft unterstrichen [197: SABEAN, Schwert, 231 ff.].

von der „Dobb-Sweezy-Kontroverse" zur „Brenner-Debatte"

Der deutschsprachige Raum hat damit Anschluß an internationale Forschungskontroversen gewonnen, in denen seit den späten 40er Jahren – zuerst unter starkem, dann unter stark abnehmendem Einfluß marxistischer Konzeptionen (von der „Dobb-Sweezy-Kontroverse" zur „Brenner-Debatte" [34: HILTON]) – die Ursachen für den „Übergang vom Feudalismus zum Kapitalismus" hin- und hergewendet und immer neu gewichtet worden sind. Zur Zeit – und dies steht im Einklang mit den Arbeiten von REBEL, ROBISHEAUX, HARNISCH und auch SABEAN für Territorien des Heiligen Römischen Reiches – wird von der Forschung die von FLORENCE GAUTHIER im Kontext der Arbeiten zur Französischen Revolution entwickelte

„voie paysanne" (Gauthier)

Vorstellung von der „voie paysanne" [33: GAUTHIER] favorisiert. Sie sieht die *Ursachen* des Übergangs durchaus in externen Vorgängen (Weltmarkt, Steuerforderungen), die *Triebkräfte* der Veränderungen (Kommerzialisierung, Individualisierung) aber innerhalb der ländlichen Gesellschaften, und zwar kaum noch auf seiten der Großgrundbesitzer.

Die „voie paysanne" ist trotz ihres „revolutionären" Ursprungs im wesentlichen ein evolutionäres Konzept. Dieses hat den Vorteil, ökonomische, politische und soziale Veränderungen einzubeziehen, ohne a priori Kausalitätsbeziehungen herzustellen. Die

Markt, Recht, Staat: Bauern und Politik

Kommerzialisierung der Landwirtschaft entspräche so Tendenzen zur Individualisierung im Erbrecht, zu weiterer Monetarisierung der Abgaben, zu stärkerer sozialer Differenzierung in den Dörfern, Faktoren, die ihrerseits wieder verstärkt in Richtung auf Marktintegration wirken können. Bauernbewegungen und Ansätze zu bäuerlicher Politik (Landschaften) gegen Staat und Großgrundbesitz können so als Kampf um Marktanteile bzw. -zugänge gedeutet werden [81: ROBISHEAUX, Society, 188, 159 f.; 42: SCHULZE, Bauernrevolten, 22], zunehmende Verrechtlichung ebenso als Reflex wie als Voraussetzung von Marktverhältnissen.

Vor allem im großbäuerlichen Milieu konnten diese durch wirt-

5. Zusammenfassung

schaftliche (Marktproduktion, Handel) und politische (Landschaften, Revolten) Aktivitäten zielstrebig herbeigeführten Veränderungen eine Haltung hervorbringen, die den Agrarreformen des frühen 19. Jahrhunderts auf dem Lande erst Akzeptanz verschaffte. Im ostelbischen Preußen wurde auf der Basis wirtschaftlicher Rationalität auch ein Interessenausgleich zwischen Großgrundbesitz und Vollbauernwirtschaft versucht. Ein extremes Gegenmodell konnte sich freilich in Form der „strengen Gutsherrschaft" in Ostholstein, Mecklenburg und Pommern entfalten. *Tendenz zum Interessenausgleich Bauern/Großgrundbesitz*

Die ökonomische Rationalisierung der ländlichen Herrschafts- und Aneignungsverhältnisse ging allerdings nicht selten zu Lasten von Kleinbauern und Unterschichten. Eine protoindustrielle Scheinblüte konnte die Einschränkungen traditioneller Nutzungen im Allmendebereich, mit der ein beginnender bäuerlich-feudalherrlicher Konsens oft erkauft wurde, nicht dauerhaft kompensieren, dörfliche Klassenspaltungen wurden z.T. vertieft. In den letzten Jahrzehnten ist zudem deutlicher geworden, daß dieser evolutionäre Wandel – über das „rein" Ökonomische hinaus – auch in den Biographien der Personen und Kollektive, die ihn durchsetzten, Brüche hinterlassen hatte. Die Bedrohung traditioneller Bindungen (Gemeinden, Verwandtschaften, Geschlechterverhältnisse) und damit verbundene existentielle Unsicherheiten riefen nicht nur bäuerlichen Widerstand hervor. Sie konnten (v. a. im 17. Jahrhundert) die Flucht in religiösen Eskapismus ebenso nach sich ziehen wie die manische Suche nach Sündenböcken. *Vertiefung innerdörflicher Spaltungen*

Diese dramatischen Vorgänge, in denen versucht wurde, das Neue unter Rückgriff auf Traditionen zu bewältigen, haben die Forschung auch wieder auf die Elemente der Beharrung verwiesen. Die bäuerliche Einbindung in eine als übernatürlich begriffene Natur, die fremdartigen kulturellen Vorstellungen von den Bedingungen der eigenen Existenz wurden trotz erheblicher, zum Teil von den Bauern selbst vorangetriebener Veränderungen im politischen, rechtlichen und wirtschaftlichen Bereich im 17. und 18. Jahrhundert nicht durch neue Weltbilder ersetzt. Im Gegenteil. In der zweiten Hälfte des 18. Jahrhunderts häuften sich Bauernbewegungen, die diese Identität gegen die Bestrebungen der Aufklärung zu verteidigen suchten [274: DIPPER, Volksreligiosität, 90 f. Anm. 95; 295: SCHMIDT, 95]. *Bewahrung traditioneller Weltbilder*

Es sind in der Forschung aber auch Argumente vorgebracht worden, die den Kern des Konzeptes von der „voie paysanne" treffen: So muß z. B. offen bleiben, wie tief die Veränderungen reichten, die von Geld- und Warenverhältnissen bewirkt wurden. Mitunter konnten sie von traditionalen Beziehungen überformt und als neue Instrumente ihrer herkömmlichen Gestaltung eingesetzt werden, wie GIOVANNI LEVI meisterhaft für ein piemontesisches Dorf an der Wende vom 17. zum 18. Jahrhundert gezeigt hat. Traditionale Beziehungen wie Klientel- und Verwandtschaftsverhältnisse waren dort zudem in der Lage, die Folgen des Wandels abzufedern. Auch in deutschen Territorien konnten sie zählebiger sein als die Einbrüche der Marktökonomie oder auch die Ideologie des „guten Haushalters".

> Nur ein „Firnis von Kapitalismus"?

Wenn auch die Gewichtung von Wandel und Beharrung in der ländlichen Welt des 17. und 18. Jahrhunderts im einzelnen kontrovers bleiben muß, so ist in den letzten beiden Jahrzehnten doch ein für die weitere Erforschung der ländlichen Gesellschaft wichtiger Schritt getan worden: Sie kann nicht mehr als monolithisch oder gar versteinert wahrgenommen, muß vielmehr als ein Ort gedacht werden, an dem sich Entwicklungen mit verschiedenen Zeitstrukturen überlagern und kreuzen. Von Ernst Bloch ist dieses Phänomen „Ungleichzeitigkeit" genannt worden. Dieser Begriff ist oft – gerade in Bezug auf ländliche Gesellschaften – modernisierungstheoretisch verkürzt worden, in dem Sinne etwa, daß ländliche Gesellschaften im Vergleich zur „Gesamtgesellschaft" rückwärtsgewandte Prinzipien verkörpert oder überlebte Verhältnisse konserviert hätten. Dagegen gilt es festzuhalten, daß ungleichzeitige Strukturen den Menschen, die in ihnen leben, ein hohes Maß an – freilich sozial und kulturell präformierten – Handlungsalternativen zur Verfügung stellen. Nicht selten sind, wie auch für die ländliche Gesellschaft in Deutschland zwischen 1648 und 1806 gezeigt worden ist, die Lösungswege – manchmal unter dem Schein der Rückständigkeit – durchaus problemadäquat. In diesem Sinne kann der Begriff „Ungleichzeitigkeit" noch immer das Verstehen ländlicher Gesellschaften – nicht nur für den Zeitraum zwischen 1648 und 1800 – quasi a priori erleichtern.

> Oder nur „ein Schein von Rückständigkeit"?

III. Quellen und Literatur

Die verwendeten Abkürzungen entsprechen denen der „Historischen Zeitschrift".

A. Quellen

1. R. Z. BECKER, Noth- und Hülfsbüchlein für Bauersleute, Gotha und Leipzig 1788 (ND Dortmund 1980).
2. J. COLER(us), Oeconomia oder Haußbuch. Darinnen begriffen und außführlich erkläret ist, wie ein Haußwirth erstlich sein Gesinde wol regiren sol, hernach von allerlei Sachen zur Haußhaltung gehörig als vom Brawen, Backen, Weinbergen, Gärten, Höltzung, Ackerbaw, Viehzucht ... Th. 1–16, Wittenberg 1609 (u. andere Ausgaben).
3. F. PH. FLORINUS, Oeconomus prudens et legalis. Oder Allgemeiner Klug- und Rechts-verständiger Haus-Vatter, bestehend in neun Büchern, mit Rechtlichen Anmerkungen auf allerhand vorfallende Begebenheiten versehen durch Joh. Christ. Donauern. Nürnberg/Frankfurt a. M./Leipzig 1702 (ND Stuttgart 1981).
4. G. FRANZ, Quellen zur Geschichte des deutschen Bauernstandes in der Neuzeit. Darmstadt 1976.
5. W. H. V. HOHBERG, Georgica Curiosa. Oder: Unterricht von dem Adelichen Land- und Feld-Leben. Nürnberg 1682 (u. andere Ausgaben).
6. J. G. KLINGNER, Sammlungen zum Dorf- und Bauren-Rechte, 4 Bde. Leipzig 1749–1755 (ND Leipzig 1969).
7. R. LEHMANN, Quellen zur Lage der Privatbauern in der Niederlausitz im Zeitalter des Absolutismus. Berlin 1957.
8. J. F. MAYER, Lehrbuch für die Land- und Hauswirte in der pragmatischen Geschichte der gesamten Land- und Hauswirtschaft des Hohenlohe-Schillingsfürstischen Amtes Kupferzell. Nürnberg 1773 (ND Schwäbisch Hall 1970).

9. P. MÜNCH, Ordnung, Fleiß und Sparsamkeit. Texte und Dokumente zur Entstehung der „bürgerlichen Tugenden". Frankfurt a. M. 1984.
10. J. PETERS/H. HARNISCH/L. ENDERS, Märkische Bauerntagebücher des 18. und 19. Jahrhunderts. Selbstzeugnisse von Milchviehbauern aus Neuholland. Weimar 1989.
11. J. SCHLUMBOHM, Kinderstuben. Wie Kinder zu Bauern, Bürgern, Aristokraten wurden (1700–1850). Frankfurt a. M. 1983.
12. G. K. SCHMELZEISEN, Polizei- und Landesordnungen. 2 Bde. Köln/Graz 1968 u. 1969.
13. W. SCHULZE, Bäuerlicher Widerstand und feudale Herrschaft in der frühen Neuzeit. Stuttgart-Bad Cannstatt 1980.
14. G. ZILLHARDT, Der Dreißigjährige Krieg in zeitgenössischer Darstellung. Hans Heberles „Zeytregister" (1618–1672). Aufzeichnungen aus dem Ulmer Territorium. Ulm 1975.

B. Literatur

0. Allgemeine Darstellungen
(zeitlich und räumlich übergreifend)

15. W. ABEL, Geschichte der deutschen Landwirtschaft vom frühen Mittelalter bis zum 19. Jahrhundert. Stuttgart 1963.
16. W. ABEL, Massenarmut und Hungerkrisen im vorindustriellen Europa. 2. Aufl. Hamburg/Berlin 1974.
17. W. ACHILLES, Bemerkungen zum sozialen Ansehen des Bauernstandes in vorindustrieller Zeit, in: ZAA 34 (1986) 1–30.
18. K. S. BADER, Das Dorf. Bd. 2. (Dorfgenossenschaft und Dorfgemeinde). Köln/Wien 1974.
19. P. BLICKLE, Untertanen in der Frühneuzeit. Zur Rekonstruktion der politischen Kultur und der sozialen Wirklichkeit Deutschlands im 17. Jahrhundert, in: VSWG 70 (1983) 483–522.
19a CHR. DIPPER, Deutsche Geschichte 1648–1789. Frankfurt a. M. 1991.
20. G. FRANZ, Geschichte des deutschen Bauernstandes vom frühen Mittelalter bis zum 19. Jahrhundert. Stuttgart 1970.
21. F.-W. HENNING, Dienste und Abgaben der Bauern im 18. Jahrhundert. Stuttgart 1969.
22. M. HROCH/J. PETRAN, Das 17. Jahrhundert. Krise der feudalen Gesellschaft. Hamburg 1981.
23. A. E. IMHOF, Die verlorenen Welten. Alltagsbewältigung durch unsere Vorfahren – und weshalb wir uns heute so schwer damit tun... München 1984.
24. S. U. W. JACOBEIT, Illustrierte Alltagsgeschichte des deutschen Volkes 1550–1810. Köln 1986.
25. P. KRIEDTE, Spätfeudalismus und Handelskapital: Grundlinien der europäischen Wirtschaftsgeschichte vom 16. bis zum Ausgang des 18. Jahrhunderts. Göttingen 1980.
26. P. KRIEDTE/H. MEDICK/J. SCHLUMBOHM, Industrialisierung vor der Industrialisierung. Gewerbliche Warenproduktion auf dem Land in der Formationsperiode des Kapitalismus. Göttingen 1978.

27. F. Lütge, Geschichte der deutschen Agrarverfassung vom frühen Mittelalter bis zum 19. Jahrhundert. Stuttgart 1963.
28. I. Weber-Kellermann, Landleben im 19. Jahrhundert. München 1987.
29. H.-U. Wehler, Deutsche Gesellschaftsgeschichte. 1. Bd. Vom Feudalismus des Alten Reiches bis zur defensiven Modernisierung der Reformen 1700–1815. München 1987.
30. H. Wunder, Die bäuerliche Gemeinde in Deutschland. Göttingen 1986.

1. Historiographie, Theorie

31. H. Bausinger, Traditionale Welten. Kontinuität und Wandel in der Volkskultur, in: ZfV 81 (1985) 173–191.
32. Chr. Dipper, Bauern als Gegenstand der Sozialgeschichte, in: Sozialgeschichte in Deutschland. Entwicklungen und Perspektiven im internationalen Zusammenhang. Bd. IV. Soziale Gruppen in der Geschichte. Hrsg. v. W. Schieder/V. Sellin. Göttingen 1987, 11–33.
33. F. Gauthier, La voie paysanne dans la Revolution française. L'exemple de la Picardie. Paris 1977.
34. R. H. Hilton, Introduction, in: The Brenner Debate. Agrarian Class Structure and Economic Development in Pre-Industrial Europe. Hrsg. v. T. H. Ashton/C. H. E. Philpin. Cambridge et al. 1985, 1–10.
35. U. Jeggle, Der Kopf der Körpers. Eine volkskundliche Anatomie. Weinheim/Berlin 1986.
36. G. Korff, Kultur, in: H. Bausinger et al., Grundzüge der Volkskunde. Darmstadt 1978, 17–80.
37. G. Levi, Das immaterielle Erbe. Eine bäuerliche Welt an der Schwelle zur Moderne. Berlin 1986.
38. A. Lüdtke, Rekonstruktion von Alltagswirklichkeit – Entpolitisierung der Sozialgeschichte, in: R. Berdahl et al., Klassen und Kultur. Sozialanthropologische Perspektiven in der Geschichtsschreibung. Frankfurt a. M. 1982, 321–353.
39. B. Moore, Soziale Ursprünge von Diktatur und Demokratie. Die Rolle der Grundbesitzer und Bauern bei der Entstehung der modernen Welt. Frankfurt a. M. 1969.
40. D. Peukert, Arbeiteralltag – Mode oder Methode? in: Arbeiteralltag in Stadt und Land. Hrsg. v. H. Haumann. Berlin 1982, 8–39.

41. R. REICHARDT, „Histoire des Mentalités". Eine neue Dimension der Sozialgeschichte am Beispiel des französischen Ancien Regime, in: IASL 3 (1978) 130–166.
42. W. SCHULZE, Europäische und deutsche Bauernrevolten der frühen Neuzeit – Probleme der vergleichenden Betrachtung, in: Europäische Bauernrevolten der frühen Neuzeit. Hrsg. v. W. Schulze. Frankfurt a. M. 1982, 10–60.
43. W. SCHULZE, Gerhard Oestreichs Begriff „Sozialdisziplinierung", in: ZHF 14 (1987) 267–302.
43a E. P. THOMPSON, Plebeische Kultur und moralische Ökonomie. Aufsätze zur englischen Sozialgeschichte des 18. und 19. Jahrhunderts (Hrsg. und eingel. von D. Groh). Frankfurt a. M./Berlin/Wien 1980.
44. A. TSCHAJANOW, Die Lehre von der bäuerlichen Wirtschaft. Frankfurt a. M./New York 1987.
45. I. WALLERSTEIN, Das moderne Weltsystem. Kapitalistische Landwirtschaft und die Entstehung der europäischen Weltwirtschaft im 16. Jahrhundert. Frankfurt a. M. 1986.
46. C. ZIMMERMANN, Dorf und Land in der Sozialgeschichte, in: Sozialgeschichte in Deutschland. Entwicklungen und Perspektiven im internationalen Zusammenhang. Bd. II. Handlungsräume des Menschen in der Geschichte. Hrsg. v. W. Schieder/V. Sellin. Göttingen 1986, 90–112.

2. Kriege, Konjunkturen und Wirtschaftsweisen

2.1 Kriege, Militär und ländliche Gesellschaft 1648–1789 (darin auch: Folgen des Dreißigjährigen Krieges)

47. R. BERTHOLD, Wachstumsprobleme der landwirtschaftlichen Nutzfläche im Spätfeudalismus (zirka 1500 bis 1800), in: Deutsche Agrargeschichte des Spätfeudalismus. Hrsg. v. H. Harnisch/G. Heitz. Berlin 1986, 58–75.
48. I. BOG, Die bäuerliche Wirtschaft im Zeitalter des Dreißigjährigen Krieges. Die Bewegungsvorgänge in der Kriegswirtschaft nach den Quellen des Klosterverwalteramtes Heilsbronn. Coburg 1952.
49. M. BORN, Wandlung und Beharrung ländlicher Siedlung und bäuerlicher Wirtschaft. Untersuchungen zur frühneuzeitlichen Kulturlandschaftsgenese im Schwalmgebiet. Marburg 1961.

50. O. Büsch, Militär und Sozialleben im alten Preußen 1713–1807. Die Anfänge der sozialen Militarisierung der preußisch-deutschen Gesellschaft. 2. Aufl. Frankfurt a. M./Berlin/Wien 1981.
51. R. Endres, Die Folgen des Dreißigjährigen Krieges in Franken, in: Wirtschaftsentwicklung und Umweltbeeinflussung. Hrsg. v. H. Kellenbenz. Wiesbaden 1982, 125–144.
52. G. Franz, Der Dreißigjährige Krieg und das deutsche Volk. 4. Aufl. Stuttgart 1979.
53. H.-D. Gebauer, Grimmelshausens Bauerndarstellung. Literarische Sozialkritik und ihr Publikum. Marburg 1977.
54. G. Granier, Der deutsche Reichstag während des Spanischen Erbfolgekrieges (1700–1714). Diss. Bonn 1954.
55. W. W. Hagen, Seventeenth Century Crisis in Brandenburg: The Thirty Years' War, the Destabilization of Serfdom, and the Rise of Absolutism, in: AHR 94 (1989) 302–335.
56. G. Heitz, Die Lage des Volkes im 17. Jahrhundert. Der Osten des Reiches, in: Literatur und Volk im 17. Jahrhundert. Probleme populärer Kultur in Deutschland. Hrsg. v. W. Brückner/P. Blickle/D. Breuer. Bd. 1. Wiesbaden 1985, 141–153.
57. V. Henn, Zur Lage der rheinischen Landwirtschaft im 16. bis 18. Jahrhundert, in: ZAA 21 (1973) 173–188.
58. W. v. Hippel, Bevölkerung und Wirtschaft im Zeitalter des Dreißigjährigen Krieges. Das Beispiel Württemberg, in: ZHF 5 (1978) 413–448.
59. Ch. W. Ingrao, The Hessian Mercenary State. Ideas, Institutions, and Reform under Frederick II 1760–1785. Cambridge et al. 1987.
60. M. Mattmüller, Bevölkerungsgeschichte der Schweiz. Teil 1: Die frühe Neuzeit 1500–1700. Bd. 1. Basel/Frankfurt a. M. 1987.
61. J. Peters, Neuholland von den Anfängen bis zur Mitte des 18. Jahrhunderts, in: Peters/Harnisch/Enders [10] 18–80.
62. G. Quaas, Belastungen der Landbevölkerung Kursachsens durch das stehende Heer (1682–1756). Phil. Diss. Berlin 1984.
63. R. Schlögl, Bauern, Krieg und Staat. Oberbayerische Bauernwirtschaft und frühmoderner Staat im 17. Jahrhundert. Göttingen 1988.
64. V. Sellin, Die Finanzpolitik Karl Ludwigs von der Pfalz. Staatswirtschaft im Wiederaufbau nach dem Dreißigjährigen Krieg. Stuttgart 1978.

65. D. STUTZER, Das preußische Heer und seine Finanzierung in zeitgenössischer Darstellung 1740–1790, in: MGM 24 (1978) 23–47.

2.2 Agrarkonjunkturen, bäuerliche Wirtschaftsweisen

66. W. ACHILLES, Die Lage der hannoverschen Landbevölkerung im späten 18. Jahrhundert. Hildesheim 1982.
67. V. v. ARNIM, Krisen und Konjunkturen der Landwirtschaft in Schleswig-Holstein vom 16. bis zum 18. Jahrhundert. Neumünster 1957.
68. R. BECK, Naturale Ökonomie. Unterfinning: Bäuerliche Wirtschaft in einem oberbayerischen Dorf des frühen 18. Jahrhunderts. München 1986.
69. H. FREIBURG, Agrarkonjunktur und Agrarstruktur in vorindustrieller Zeit. Die Aussagekraft der säkularen Wellen der Preise und Löhne im Hinblick auf die Entwicklung der bäuerlichen Einkommen, in: VSWG 64 (1977) 289–327.
70. D. EBELING, Rohstofferschließung im europäischen Handelssystem der Frühen Neuzeit am Beispiel des rheinisch-niederländischen Holzhandels im 17./18. Jahrhundert, in: RhVjBll. 52 (1988) 150–170.
71. H. HARNISCH, Peasants and Markets: The Background to the Agrarian Reformers in Feudal Prussia East of Elbe, in: The German Peasantry. Conflict and Community in Rural Society from the Eighteenth to the Twentieth Centuries. Hrsg. v. R. J. Evans/W. R. Lee. London/Sidney 1986, 37–70.
72. H. HARNISCH, Produktivkräfte und Produktionsverhältnisse in der Landwirtschaft der Magdeburger Börde von der Mitte des 18. Jahrhunderts bis zum Beginn des Zuckerrübenanbaus in der Mitte der dreißiger Jahre des 19. Jahrhunderts, in: Landwirtschaft und Kapitalismus. Zur Entwicklung der ökonomischen und sozialen Verhältnisse in der Magdeburger Börde vom Ausgang des 18. Jahrhunderts bis zum Ende des Ersten Weltkrieges. 1. Halbband. Berlin 1978, 67–173.
73. W. HELD, Zwischen Marktplatz und Anger. Stadt-Land-Beziehungen im 16. Jahrhundert in Thüringen. Weimar 1988.
74. A. HÖCK, Bemerkungen zu Notiz- und Rechnungsbüchern aus hessischen Dörfern, in: Alte Tagebücher und Anschreibebücher. Quellen zum Alltag der ländlichen Bevölkerung in Nordwesteuropa. Hrsg. v. H. Ottenjann/G. Wiegelmann. Münster 1982, 49–60.

75. M.-L. HOPF-DROSTE, Katalog ländlicher Anschreibebücher aus Nordwestdeutschland. Münster 1989.
76. M.-L. HOPF-DROSTE, Vorbilder, Formen und Funktionen ländlicher Anschreibebücher, in: wie HÖCK [74] 61–84.
77. H. MEDICK, „Hungerkrisen" in der historischen Forschung. Beispiele aus Mitteleuropa vom 17.–19. Jahrhundert, in: SOWI 14 (1985) 95–102.
78. H.-H. MÜLLER, Märkische Landwirtschaft vor den Agrarreformen von 1807. Entwicklungstendenzen des Ackerbaus in der zweiten Hälfte des 18. Jahrhunderts. Potsdam 1967.
79. J. PETERS, Einleitung: Schreibe- und Wirtschaftsbücher als Quellen für die historische Forschung, in: PETERS/HARNISCH/ENDERS [10] 9–17.
80. J. RICHTER, Ländliches Kreditwesen in Mecklenburg im 16./17. Jahrhundert, in: JbWG 1986/I, 131–147.
81. TH. ROBISHEAUX, Rural Society and the Search for Order in Early Modern Germany. New York et al. 1989.
82. D. SAALFELD, Ländliche Bevölkerung und Landwirtschaft Deutschlands am Vorabend der Französischen Revolution, in: ZAA 37 (1989) 101–125.
83. D. SAALFELD, Bauernwirtschaft und Gutsbetrieb in vorindustrieller Zeit. Stuttgart 1960.
84. D. SAALFELD, Die Sorge um das tägliche Brot, in: Die bäuerliche Welt. Geschichte und Kultur in sieben Jahrhunderten. Hrsg. v. J. Blum. München 1982, 109–132.
85. R. SANDGRUBER, Die Anfänge der Konsumgesellschaft. Konsumgüterverbrauch, Lebensstandard und Alltagskultur in Österreich im 18. und 19. Jahrhundert. München 1982.
86. A. STRAUB, Das badische Oberland im 18. Jahrhundert. Die Transformation einer bäuerlichen Gesellschaft vor der Industrialisierung. Husum 1977.
87. M. STRAUBE, Über den Handel mit Agrarprodukten im thüringisch-sächsischen Raum in der ersten Hälfte des 16. Jahrhunderts, in: Magdeburger Beiträge zur Stadtgeschichte. H. 1. Magdeburg 1977, 61–92.
88. H. J. TEUTEBERG/G. WIEGELMANN, Der Wandel der Nahrungsgewohnheiten unter dem Einfluß der Industrialisierung. Göttingen 1972.
89. L. VOIGTLÄNDER, Das Dorf Breitenhagen, der Halbspänner Johann Christian Westphal und sein Einschreibebuch (1811–1845). Ostfildern 1983.

90. G. WIEGELMANN, Alltags- und Festspeisen. Wandel und gegenwärtige Stellung. Marburg 1967.
91. H. WIESE/J. BÖLTS, Rinderhandel und Rinderhaltung im nordwesteuropäischen Küstengebiet vom 15. bis zum 19. Jahrhundert. Stuttgart 1966.
92. H. ZÜCKERT, Die sozialen Grundlagen der Barockkultur in Süddeutschland. Stuttgart/New York 1988.

2.3 „Nebengewerbe", Protoindustrialisierung

93. W. ACHILLES, Die Bedeutung des Flachsanbaus im südlichen Niedersachsen für Bauern und Angehörige der unterbäuerlichen Schicht im 18. und 19. Jahrhundert, in: Agrarisches Nebengewerbe und Formen der Reagrarisierung im Spätmittelalter und 19./20. Jahrhundert. Hrsg. v. H. Kellenbenz. Stuttgart 1975, 109–124.
94. J. ALLMANN, Der Wald in der frühen Neuzeit. Eine mentalitäts- und sozialgeschichtliche Untersuchung am Beispiel des Pfälzer Raumes 1500–1800. Berlin 1989.
95. P. ASSION, Altes Handwerk und frühe Industrialisierung im deutschen Südwesten. Freiburg 1978.
96. P. ASSION, Die Lohnschnitter des Odenwaldes. Zur vorindustriellen Wanderarbeit und ihren volkskundlichen Aspekten, in: Beiträge zur Erforschung des Odenwaldes und seiner Randlandschaften. Hrsg. v. W. Wackerfuß. Bd. III. Breuberg-Neustadt 1980, 281–328.
97. R. BRAUN, Industrialisierung und Volksleben. Veränderungen der Lebensformen unter Einwirkung der verlagsindustriellen Heimarbeit in einem ländlichen Industriegebiet (Zürcher Oberland) vor 1800. 2. Aufl. Göttingen 1979.
98. A. FITZ, Die Frühindustrialisierung Vorarlbergs und ihre Auswirkungen auf die Familienstruktur. Dornbirn 1985.
99. H. GREES, Die Lage des Volkes im Süden des Reiches, in: wie HEITZ [56] 175–203.
100. H. GREES, Ländliche Unterschichten und ländliche Siedlung in Ostschwaben. Tübingen 1975.
101. W. v. HIPPEL, Auswanderung aus Südwestdeutschland. Studien zur württembergischen Auswanderung und Auswanderungspolitik im 18. und 19. Jahrhundert. Stuttgart 1984.
102. K. H. KAUFHOLD, Gewerbe und ländliche Nebentätigkeiten im

Gebiet des heutigen Niedersachsens um 1800, in: AfS 23 (1983) 163–218.
103. K. H. KAUFHOLD, Gewerbelandschaften in der Frühen Neuzeit (1650–1800), in: Gewerbe- und Industrielandschaften vom Spätmittelalter bis ins 20. Jahrhundert. Hrsg. v. H. Pohl. Wiesbaden/Stuttgart 1986, 113–202.
104. P. KRIEDTE/H. MEDICK/J. SCHLUMBOHM, Die Proto-Industrialisierung auf dem Prüfstand der historischen Zunft. Antwort auf einige Kritiker, in: GG 9 (1983) 87–105.
105. F. LÜTGE, Die wirtschaftliche Lage Deutschlands vor Ausbruch des Dreißigjährigen Krieges, in: Der Dreißigjährige Krieg. Hrsg. v. H. U. Rudolf. Darmstadt 1977, 458–540 (Erstveröffentlichung 1958).
106. F. MAGER, Der Wald in Altpreußen als Wirtschaftsraum. 2 Bde. Köln/Graz 1960.
107. W. MAGER, Protoindustrialisierung und Protoindustrie. Vom Nutzen und Nachteil zweier Konzepte, in: GG 14 (1988) 275–303.
108. H. MEDICK, „Freihandel für die Zunft". Ein Kapitel aus der Geschichte der Preiskämpfe im württembergischen Leinengewerbe des 18. Jahrhunderts, in: Mentalitäten und Lebensverhältnisse. Beispiele aus der Sozialgeschichte der Neuzeit (FS R. Vierhaus). Göttingen 1983, 277–294.
109. H. MEDICK, Privilegiertes Handelskapital und „kleine Industrie". Produktion und Produktionsverhältnisse im Leinengewerbe des alt-württembergischen Oberamts Urach im 18. Jahrhundert, in: AfS 23 (1983) 267–310.
110. T. MEIER, Handwerk, Hauswerk, Heimarbeit. Nichtagrarische Tätigkeiten und Erwerbsformen in einem traditionellen Akkerbaugebiet des 18. Jahrhunderts (Zürcher Oberland). Zürich 1986.
111. J. MOOSER, Ländliche Klassengesellschaft 1770–1848. Bauern und Unterschichten, Landwirtschaft und Gewerbe im östlichen Westfalen. Göttingen 1984.
112. J. RADKAU, Holzverknappung und Krisenbewußtsein im 18. Jahrhundert, in: GG 8 (1982) 513–543.
113. J. RADKAU/I. SCHÄFER, Holz. Ein Naturstoff in der Technikgeschichte. Reinbek 1987.
114. D. SABEAN, Unehelichkeit: Ein Aspekt sozialer Reproduktion kleinbäuerlicher Produzenten. Zu einer Analyse dörflicher Quellen um 1800, in: R. Berdahl et al., Klassen und Kultur.

Sozialanthropologische Perspektiven in der Geschichtsschreibung. Frankfurt a. M. 1982, 54–73.
115. J. SCHLUMBOHM, Der saisonale Rhythmus der Leinenproduktion im Osnabrücker Lande während des späten 18. und der ersten Hälfte des 19. Jahrhunderts: Erscheinungsbilder, Zusammenhänge und interregionaler Vergleich, in: AfS 19 (1979) 263–298.
116. E. SCHREMMER, Industrialisierung vor der Industrialisierung. Anmerkungen zu einem Konzept der Protoindustrialisierung, in: GG 6 (1980) 420–448.
117. E. SCHREMMER, Die Wirtschaft Bayerns. Vom hohen Mittelalter bis zum Beginn der Industrialisierung. München 1970.
118. E. SCHUBERT, Arme Leute, Bettler und Gauner im Franken des 18. Jahrhunderts. Neustadt a. d. Aisch 1983.
119. H. SCHULTZ, Landhandwerk im Übergang vom Feudalismus zum Kapitalismus. Berlin 1984.
120. R. SELIG, Räudige Schafe und geizige Hirten. Studien zur Auswanderung aus dem Hochstift Würzburg im 18. Jahrhundert und ihren Ursachen. Würzburg 1988.
121. R. P. SIEFERLE, Der unterirdische Wald. Energiekrise und industrielle Revolution. München 1982.
122. W. TROSSBACH, Der Schatten der Aufklärung. Bauern, Bürger und Illuminaten in der Grafschaft Wied-Neuwied. Fulda 1991.

2.4 Geschlechtsspezifische Arbeitsteilung

123. B. DUDEN/K. HAUSEN, Gesellschaftliche Arbeit – geschlechtsspezifische Arbeitsteilung, in: Frauen in der Geschichte I. Hrsg. v. A. Kuhn/G. Schneider. Düsseldorf 1979, 11–33.
124. F. EDER, Geschlechterproportion und Arbeitsorganisation im Land Salzburg: 17.–19. Jahrhundert. Wien/München 1990.
125. I. ILLICH, Genus. Zu einer historischen Kritik der Gleichheit. Reinbek 1983.
126. A. E. IMHOF, Leib und Leben unserer Vorfahren: Eine rhythmisierte Welt, in: Leib und Leben in der Geschichte der Neuzeit. Hrsg. v. A. E. Imhof. Berlin 1983, 21–38.
127. O. KAUFMANN, Frauenarbeit im 19. Jahrhundert im Homburger Land, in: Rheinisch-Westfälische Zeitschrift für Volkskunde 18/19 (1971/72) 76–103.
128. O. LÖFGREN, Arbeitsteilung und Geschlechterrollen in Schweden, in: Ethnologia Scandinavia 4 (1975) 49–72.

129. D. Sabean, Intensivierung der Arbeit und Alltagserfahrung auf dem Lande – ein Beispiel aus Württemberg, in: SOWI 6 (1977) 148–152.
130. Chr. Vanja, Frauen im Dorf. Ihre Stellung unter besonderer Berücksichtigung landgräflich-hessischer Quellen des späten Mittelalters, in: ZAA 34 (1986) 147–159.
131. G. Wiegelmann, Zum Problem der bäuerlichen Arbeitsteilung in Mitteleuropa, in: Aus Geschichte und Landeskunde (FS F. Steinbach). Bonn 1960, 637–671.
132. H. Wunder, Zur Stellung der Frau im Arbeitsleben und in der Gesellschaft des 15.–18.Jahrhunderts. Eine Skizze, in: Gd 6 (1981) 239–251.

3. Herrschaft und Aneignung

3.1 Strukturen der Aneignung

133. K. Andermann, Leibeigenschaft im pfälzischen Oberrheingebiet während des späten Mittelalters und der Frühen Neuzeit, in: ZHF 17 (1990), 281–303.
134. W. Berthold, Die Einkommensstruktur der adeligen Herrschaften um die Mitte des 18.Jahrhunderts, in: Nutzen, Renten, Erträge. Struktur und Entwicklung frühneuzeitlicher Feudaleinkommen in Niederösterreich. München/Wien 1989, 204–232.
135. K. Blaschke, Grundzüge und Probleme einer sächsischen Agrarverfassungsgeschichte, in: ZRG GA 82 (1965) 223–287.
136. R. Blickle, Die Tradition des Widerstandes im Ammergau. Anmerkungen zum Verhältnis von Konflikt- und Revolutionsbereitschaft, in: ZAA 35 (1987) 138–159.
137. W. A. Boelcke, Bauer und Gutsherr in der Oberlausitz. Ein Beitrag zur Wirtschafts-, Sozial- und Rechtsgeschichte der ostelbischen Gutsherrschaft. Bautzen 1957.
138. F. L. Carsten, Die Entstehung des Junkertums, in: Moderne preußische Geschichte 1648–1947. Bd. 1. Hrsg. v. O. Büsch/W. Neugebauer. Berlin/New York 1981, 265–281. (Erstveröffentlichung 1964).
139. H. W. Eckardt, Herrschaftliche Jagd, bäuerliche Not und bürgerliche Kritik. Zur Geschichte der fürstlichen und adligen Jagdprivilegien vornehmlich im südwestdeutschen Raum. Göttingen 1976.

140. L. ENDERS, Entwicklungsetappen der Gutsherrschaft vom Ende des 15. bis zu Beginn des 17. Jahrhunderts, untersucht am Beispiel der Uckermark, in: JbGFeud 12 (1988) 119–166.
141. L. ENDERS, Bauern und Feudalherrschaft der Uckermark im absolutistischen Staat, in: JbGFeud 13 (1989) 247–283.
142. K. GREVE/K. KRÜGER, Steuerstaat und Sozialstruktur – Finanzsoziologische Auswertung der hessischen Katastervorbeschreibungen für Waldkappel 1744 und Herleshausen 1748, in: GG 8 (1982) 295–332.
143. G. GRÜLL, Bauer, Herr und Landesfürst. Sozialrevolutionäre Bestrebungen der oberösterreichischen Bauern von 1650 bis 1848. Linz 1963.
144. W. W. HAGEN, The Junkers' Faithless Servants: Peasant Insubordination and the Breakdown of Serfdom in Brandenburg-Prussia, in: wie HARNISCH [71] 71–101.
145. H. HARNISCH, Bauernwirtschaft und Gutsbetrieb unter den Bedingungen der Gutsherrschaft im ostelbischen Deutschland, in: Studien zur deutschen und ungarischen Wirtschaftsentwicklung (16.–20. Jahrhundert). Hrsg. v. V. Zimány. Budapest 1985, 53–62.
146. H. HARNISCH, Die Gutsherrschaft in Brandenburg. Ergebnisse und Probleme, in: JbWG 1969/IV, 117–147.
147. H. HARNISCH, Rechtsqualität des Bauernlandes und Gutsherrschaft, in: JbGFeud 3 (1979) 311–365.
148. G. HEITZ, Die sozialökonomische Struktur im ritterschaftlichen Bereich Mecklenburgs zu Beginn des 18. Jahrhunderts (eine Untersuchung für vier Ämter), in: Beiträge zur deutschen Wirtschafts- und Sozialgeschichte des 18. und 19. Jahrhunderts. Berlin 1962, 1–57.
149. G. HEITZ, Über den Teilbetriebscharakter der gutsherrlichen Eigenwirtschaft Scharbow (Mecklenburg) im 17. und 18. Jahrhundert, in: WZ Rostock (G) 8 (1958/59) 299–320.
150. F.-W. HENNING, Herrschaft und Bauernuntertänigkeit. Beiträge zur Geschichte der Herrschaftsverhältnisse in den ländlichen Bereichen Ostpreußens und des Fürstentums Paderborn vor 1800. Würzburg 1964.
151. A. HOFFMANN, Wirtschaftsgeschichte des Landes Oberösterreich. Bd. I. Salzburg 1952.
152. F. KRÜGER, Finanzstaat Hessen 1500–1567. Staatsbildung im Übergang vom Domänenstaat zum Steuerstaat. Marburg 1981.

153. R. LEHMANN, Die Verhältnisse der niederlausitzischen Herrschafts- und Gutsbauern in der Zeit vom Dreißigjährigen Krieg bis zu den preußischen Reformen. Köln/Graz 1956.
154. F. MAGER, Geschichte des Bauerntums und der Bodenkultur im Lande Mecklenburg. Berlin 1955.
155. E. MELTON, Gutsherrschaft in East Elbian Germany and Livonia 1500–1800. A Critique of the Model, in: CEH 21 (1988) 315–349.
156. M. NORTH, Lohnarbeit und Fronarbeit in der ostpreußischen Landwirtschaft vom 16. bis zum 19. Jahrhundert, in: ZAA 36 (1988) 11–22.
157. R. SCHILLING, Schwedisch-Pommern um 1700. Studien zur Agrarstruktur eines Territoriums extremer Gutsherrschaft. Weimar 1989.
158. K.-H. SPIESS, Teilpacht und Teilbauverträge in Deutschland vom frühen Mittelalter bis zur Neuzeit, in: ZAA 36 (1988) 228–244.
159. H.-CHR. STEINBORN, Abgaben und Dienste holsteinischer Bauern im 18. Jahrhundert. Neumünster 1982.
160. W. TROSSBACH, Bauernbewegungen im Wetterau-Vogelsberg-Gebiet 1648–1806. Fallstudien zum bäuerlichen Widerstand im Alten Reich. Darmstadt/Marburg 1985.
161. W. TROSSBACH, Südwestdeutsche Leibeigenschaft in der Frühen Neuzeit – eine Bagatelle? in: GG 7 (1981) 69–90.
162. C. ULBRICH, Agrarverfassung und bäuerlicher Widerstand im Oberrheingebiet, in: ZAA 30 (1982) 149–167.
163. G. VOGLER, Die Entwicklung der feudalen Arbeitsrente in Brandenburg vom 15. bis 18. Jahrhundert. Eine Analyse für das kurmärkische Domänenamt Badingen, in: wie BERTHOLD [47] 278–309.
164. L. WERNER, Die Umwandlung des Bauerndorfes Tellow in einen gutsherrlichen Eigenbetrieb – ein Beispiel spätfeudaler Agrarentwicklung in Mecklenburg, in: JbGFeud 6 (1982) 410–429.
165. H. WUNDER, Recht und Gewalt in der Frühen Neuzeit. Ein Beitrag zur Sozialgeschichte des Herzogtums Preußen im 16. und 17. Jahrhundert, in: WürttFrank 58 (1974) 398–408.

3.2 Politische Strukturen: Herrschaft, Landschaft und Gemeinde

166. P. BLICKLE, Ländliche politische Kultur in Oberdeutschland. Zur historischen Bedeutung der Dorfgemeinde, in: Nord-Süd-Unterschiede in der städtischen und ländlichen Kultur Mitteleuropas. Hrsg. v. G. Wiegelmann. Münster 1985, 251–264.
167. P. BLICKLE, Landschaften im Alten Reich. Die staatliche Funktion des gemeinen Mannes in Oberdeutschland. München 1973.
168. P. BLICKLE, Die Revolution von 1525. 2. Aufl. München/Wien 1981.
169. R. BLICKLE-LITTWIN, Besitz und Amt. Bemerkungen zu einer Neuerscheinung über bäuerliche Führungsschichten, in: ZBLG 40 (1977) 277–290.
170. I. BOG, Dorfgemeinde, Freiheit und Unfreiheit in Franken. Stuttgart 1956.
171. M. BRECHT, Kirchenordnung und Kirchenzucht in Württemberg vom 16. bis zum 18. Jahrhundert. Stuttgart 1967.
172. R. ENDRES, Sozialer Wandel in Bayern und Franken auf der Grundlage der Dorfordnungen, in: Sozialer und kultureller Wandel in der ländlichen Welt des 18. Jahrhunderts. Hrsg. v. E. Hinrichs/G. Wiegelmann. Wolfenbüttel 1982, 211–228.
173. J. ENGELBRECHT, Die reformierte Landgemeinde in Ostfriesland im 17. Jahrhundert. Frankfurt a. M./Bern 1982.
174. P. GEHRING, Weistümer und schwäbische Dorfordnungen, in: Deutsche ländliche Rechtsquellen. Probleme und Wege der Weistumsforschung. Hrsg. v. P. Blickle. Stuttgart 1977, 41–51 (Erstveröffentlichung 1940).
175. W. GRUBE, Der Stuttgarter Landtag 1457–1957. Stuttgart 1957.
176. P.-M. HAHN, „Absolutistische" Polizeigesetzgebung und ländliche Sozialverfassung, in: JbGMOD 29 (1980) 13–29.
177. H. HARNISCH, Gemeindeeigentum und Gemeindefinanzen im Spätfeudalismus, in: JbRegG 8 (1981) 126–174.
178. H. HARNISCH, Die Landgemeinde in der Herrschaftsstruktur des feudalabsolutistischen Staates. Dargestellt am Beispiel von Brandenburg-Preußen, in: JbGFeud 13 (1989) 201–245.
179. R. HINSBERGER, Die Weistümer des Klosters St. Matthias in Trier. Studien zur Entwicklung des ländlichen Rechts im frühmodernen Territorialstaat. Stuttgart/New York 1989.
180. B. KAPPELHOFF, Absolutistisches Regiment oder Ständeherrschaft. Landesherr und Landstände in Ostfriesland im ersten Drittel des 18. Jahrhunderts. Hildesheim 1982.

181. ST. KELLNER, Die Hofmarken Jettenbach und Aschau in der Frühen Neuzeit, München 1986.
182. H. KLUETING, Bauern auf den „Erbentagen" nordwestdeutscher Territorien, in: PER 7 (1987) 41–49.
183. K. KRÜGER, Die landschaftliche Verfassung Nordelbiens in der Frühen Neuzeit: Ein besonderer Typ politischer Partizipation, in: Civitatum Communitas. Studien zum europäischen Städtewesen (FS H. Stoob). T. 2. Köln/Wien 1984, 458–487.
184. U. LANGE, Die Gemeinde als Kirchengemeinde. Beispiele aus dem Herzogtum Holstein (17. und 18. Jahrhundert), in: Landgemeinde und frühmoderner Staat. Beiträge zum Problem der gemeindlichen Selbstverwaltung in Dänemark, Schleswig-Holstein und Niedersachsen in der frühen Neuzeit. Hrsg. v. U. Lange. Sigmaringen 1988, 165–186.
185. K.-H. LORENZEN-SCHMIDT, Die Kremper-Marsch-Commüne. Gemeindestrukturen in den holsteinischen Elbmarschen 1470–1890, in: wie LANGE [184] 115–128.
186. J. MOOSER, Gleichheit und Ungleichheit in der ländlichen Gemeinde. Sozialstruktur und Kommunalverfassung im östlichen Westfalen vom späten 18. bis in die Mitte des 19. Jahrhunderts, in: AfS 19 (1979) 231–262.
187. P. MÜNCH, Kirchenzucht und Nachbarschaft. Zur sozialen Problematik des calvinistischen Seniorats um 1600, in: Kirche und Visitation. Beiträge zur Erforschung des frühneuzeitlichen Visitationswesens in Europa. Hrsg. v. E. W. Zeeden/P. Th. Lang. Stuttgart 1984, 216–248.
188. G. OESTREICH, Zur Vorgeschichte des Parlamentarismus. Ständische Verfassung, landständische Verfassung und landschaftliche Verfassung, in: ZHF 6 (1979) 63–80.
189. W. PRANGE, Der schleswigsche Bauer als Urteiler im Gericht, in: wie LANGE [184] 45–70.
190. V. PRESS, Von den Bauernrevolten des 16. zur konstitutionellen Verfassung des 19. Jahrhunderts. Die Untertanenkonflikte in Hohenzollern-Hechingen und ihre Lösungen, in: Politische Ordnungen und soziale Kräfte im Alten Reich. Hrsg. v. H. Weber. Wiesbaden 1980, 85–112.
191. V. PRESS, Herrschaft, Landschaft und „Gemeiner Mann" in Oberdeutschland vom 15. bis zum frühen 19. Jahrhundert, in: ZGO 123 (1975) 169–214.
192. V. PRESS, Der hohenzollern-hechingische Landesvergleich von

1798, in: Zeitschrift für Hohenzollerische Geschichte 101 (1978) 77–108.
193. V. PRESS, Landtage im Alten Reich und im Deutschen Bund, in: ZWLG 38 (1980) 100–140.
194. H. REYER, Die Dorfgemeinde im nördlichen Hessen. Untersuchungen zur hessischen Dorfverfassung im Spätmittelalter und in der frühen Neuzeit. Marburg 1983.
195. J. RICHTER, Wesen und Funktion der spätfeudalen Landgemeinde. Erläutert an den Dörfern der Sandpropstei des Klosteramtes Dobbertin, in: JbGFeud 11 (1987) 223–269.
196. H. CHR. RUBLACK, „Der wohlgeplagte Priester". Vom Selbstverständnis lutherischer Geistlichkeit im Zeitalter der Orthodoxie, in: ZHF 16 (1989) 1–30.
197. D. SABEAN, Das zweischneidige Schwert. Herrschaft und Widerspruch im Württemberg der frühen Neuzeit. Berlin 1986.
198. B. SCHILDT, Der Friedensgedanke im frühneuzeitlichen Dorfrecht. Das Beispiel Thüringen, in: ZRG GA 107 (1990) 187–235.
199. W. SCHNORR, Die Markgenossenschaft Wißmar an der Lahn, in: MOHessGV 43 (1959) 27–42.
200. A. THUMM, Die bäuerlichen und dörflichen Rechtsverhältnisse des Fürstentums Hohenlohe im 17. und 18. Jahrhundert. Benningen/Neckar 1971.
201. W. TROSSBACH, Soziale Bewegung und politische Erfahrung. Bäuerlicher Protest in „hessischen" Territorien 1648–1806. Weingarten 1987.
202. R. WALZ, Stände und frühmoderner Staat. Die Landstände von Jülich-Berg im 16. und 17. Jahrhundert. Neustadt a. d. Aisch 1982.
203. H. WIEMANN, Der Heimbürge in Thüringen und Sachsen. Köln/Graz 1962.

4. Determinanten der Sozialstruktur

4.1 Das „ganze" Haus

204. W. ACHILLES, Vermögensverhältnisse braunschweigischer Bauernhöfe im 17. und 18. Jahrhundert. Stuttgart 1965.
205. U. BEGEMANN, Bäuerliche Lebensbedingungen im Amt Blumenau (Fürstentum Calenberg) 1650–1850, phil. Diss. Hannover 1989 (masch.).

206. K. BAUMGARTEN, Die Tischordnung im alten mecklenburgischen Bauernhaus, in: Deutsches Jahrbuch für Volkskunde 11 (1965) 5–15.
207. H. BEISSNER, Ehebeschreibungen (Eheverträge) in den Ämtern Bückeburg und Arensburg von 1740–1770, in: ZAA 34 (1982) 160–175.
208. L. K. BERKNER, Inheritance, Land Tenure and Peasant Family Structure: A German regional Comparison, in: Family and Inheritance. Rural Society in Western Europe 1200–1800. Hrsg. v. J. Goody/J. Thirsk/E. P. Thompson. Cambridge et al. 1980, 71–95.
209. L. K. BERKNER, The Stem Familiy and the Developmental Cycle of a Peasant Household: An Eighteenth-Century Austrian Example, in: AHR 77 (1972) 398–418.
210. R. BLICKLE, Hausnotdurft. Ein Fundamentalrecht in der altständischen Ordnung Bayerns, in: Grund- und Freiheitsrechte von der ständischen zur spätbürgerlichen Gesellschaft. Hrsg. v. G. Birtsch. Göttingen 1987, 42–64.
211. R. BLICKLE, Nahrung und Eigentum als Kategorien in der ständischen Gesellschaft, in: Ständische Gesellschaft und soziale Mobilität. Hrsg. v. W. Schulze. München 1988, 73–93.
212. O. BRUNNER, Das „ganze Haus" und die alteuropäische „Ökonomik", in: Ders., Neue Wege der Sozialgeschichte. Göttingen 1956, 33–61.
213. O. BRUNNER, Land und Herrschaft. Grundfragen der territorialen Verfassungsgeschichte Südostdeutschlands im Mittelalter. 3. Aufl. Brünn/München/Wien 1943 (1. Auflage 1939).
214. B. CZERANNOWSKI, Das bäuerliche Altenteil in Holstein, Lauenburg und Angeln 1650–1850. Neumünster 1988.
215. R. VAN DÜLMEN, Kultur und Alltag in der Frühen Neuzeit. Bd. 1. Das Haus und seine Menschen 16.–18. Jahrhundert. München 1990.
216. E. EGNER, Der Verlust der alten Ökonomik. Seine Hintergründe und Wirkungen. Berlin 1985.
217. T. EHLERT, Die Rolle von „Hausherr" und „Hausfrau" in der spätmittelalterlichen volkssprachigen Ökonomik. In: Dies. (Hrsg.): Haushalt und Familie in Mittelalter und Früher Neuzeit. Sigmaringen 1991, 153–166.
218. H. FEIGL, Bäuerliches Erbrecht und Erbgewohnheiten in Niederösterreich, in: Jahrbuch für Landeskunde von Niederösterreich 37 (1967) 161–183.

219. W. FREITAG, Haushalt und Familie in traditionalen Gesellschaften. Konzepte, Probleme und Perspektiven der Forschung, in: GG 14 (1988) 5–37.
220. G. FRÜHSORGE, Die Krise des Herkommens. Zum Wertekanon des Adels im Spiegel alteuropäischer Ökonomieliteratur, in: wie BLICKLE [211] 95–112.
221. U. GERHARD, Verhältnisse und Verhinderungen. Frauenarbeit, Familie und Rechte der Frauen im 19. Jahrhundert. Frankfurt a. M. 1978.
222. H. HARNISCH, Agrar- und sozialgeschichtliche Aspekte, in: PETERS/HARNISCH/ENDERS [10] 228–289.
223. H. HEIDRICH, Grenzübergänge. Das Haus und die Volkskultur in der frühen Neuzeit, in: Kultur der einfachen Leute. Bayerisches Volksleben vom 16. bis zum 19. Jahrhundert. Hrsg. v. R. van Dülmen. München 1983, 17–42.
224. S. KRÜGER, Zum Verständnis der Oeconomica Konrads von Megenberg. Griechische Ursprünge der spätmittelalterlichen Lehre vom Haus, in: Deutsches Archiv für die Erforschung des Mittelalters 20 (1964) 475–561.
225. M. MAYR, Die Heiratspraktiken der Großbauern, in: Blätter des bayerischen Vereins für Familienkunde 47 (1984) 37–46.
226. M. MITTERAUER, Auswirkungen der Agrarrevolution auf die bäuerliche Familienstruktur in Österreich, in: Historische Familienforschung. Hrsg. v. M. Mitterauer/R. Sieder. Frankfurt a. M. 1982, 241–270.
227. M. MITTERAUER, Vorindustrielle Familienformen. Zur Funktionsentlastung des „ganzen" Hauses im 17. und 18. Jahrhundert, in: Ders.: Grundtypen alteuropäischer Sozialformen. Haus und Gemeinde in vorindustriellen Gesellschaften. Stuttgart-Bad Canstatt 1979, 35–97.
228. M. MITTERAUER, Zur Familienstruktur in ländlichen Gebieten Österreichs im 17. Jahrhundert, in: Beiträge zur Bevölkerungs- und Sozialgeschichte Österreichs. Hrsg. v. H. Helczmanovski. München 1973, 167–222.
229. M. MITTERAUER, Formen ländlicher Familienwirtschaft: Historische Ökotypen und familiale Arbeitsorganisation im österreichischen Raum, in: Familienstruktur und Arbeitsorganisation in ländlichen Gesellschaften. Hrsg. v. M. Mitterauer/J. Ehmer. Wien/Köln/Graz 1986, 185–324.
230. M. MITTERAUER, Ledige Mütter. Zur Geschichte unehelicher Geburten in Europa. München 1983.

231. M. MITTERAUER, Zur Problematik des Begriffs „Familie" im 17. Jahrhundert, in: Seminar: Familie und Gesellschaftsstruktur. Materialien zu den sozioökonomischen Bedingungen von Familienformen. Hrsg. v. H. Rosenbaum. Frankfurt a. M. 1978, 73-82.
232. M. MITTERAUER/R. SIEDER, The Developmental Process of Domestic Groups: Problems of Reconstruction and Possibilities of Interpretation, in: Journal of Family History 4 (1979) 257-284.
233. P. MÜNCH, Die „Obrigkeit im Vaterstand" - zu Definition und Kritik des „Landesvaters" während der Frühen Neuzeit, in: Daphnis 11 (1982) 15-40.
234. W. NORDEN, Eine Bevölkerung in der Krise. Historisch-demographische Untersuchungen zur Biographie einer norddeutschen Küstenregion (Butjadingen 1600-1850). Hildesheim 1984.
235. K. POLANYI, The Great Transformation. Politische und ökonomische Ursprünge von Gesellschaften und Wirtschaftssystemen. Frankfurt a. M. 1978 (englisch 1944).
236. H. REBEL, Peasant Classes. The Bureaucratization of Property and Family Relations under Early Habsburg Absolutism. Princeton 1983.
237. H. ROSENBAUM, Formen der Familie. Untersuchungen zum Zusammenhang von Familienverhältnissen, Sozialstruktur und sozialem Wandel in der deutschen Gesellschaft des 19. Jahrhunderts. Frankfurt a. M. 1982.
238. D. SABEAN, „Junge Immen im leeren Korb": Beziehungen zwischen Schwägern in einem schwäbischen Dorf, in: Emotionen und materielle Interessen. Sozialanthropologische und historische Beiträge zur Familienforschung. Hrsg. v. H. Medick/D. Sabean. Göttingen 1984, 231-252.
239. D. SABEAN, Verwandtschaft und Familie in einem württembergischen Dorf 1500-1870: einige methodische Überlegungen, in: Sozialgeschichte der Familie in der Neuzeit. Hrsg. v. W. Conze. Stuttgart 1976, 231-246.
240. R. SANDGRUBER, Innerfamiliale Einkommens- und Konsumaufteilung: Rollenverteilung und Rollenverständnis in Bauern-, Heimarbeiter- und Arbeiterfamilien Österreichs im 18., 19. und frühen 20. Jahrhundert, in: Ehe, Liebe, Tod. Zum Wandel der Familie, der Geschlechts- und Generationsbeziehungen in der Neuzeit. Hrsg. v. P. Borscheid/H. J. Teuteberg. Münster 1983, 135-149.

241. D. SAUERMANN, Hofidee und bäuerliche Familienverträge in Westfalen, in: Rheinisch-westfälische Zeitschrift für Volkskunde 17 (1970) 58–78.
242. G. SCHMIDT, Hofgröße – Familiengröße – Vererbungsgewohnheiten. Eine Fallstudie über fünf Familien auf Grund des Heuchelheimer Geschoßbuches aus dem 18. Jahrhundert, in: Historische Demographie als Sozialgeschichte. Gießen und Umgebung vom 17. zum 19. Jahrhundert. Teil 2. Hrsg. v. A. E. Imhof. Darmstadt/Marburg 1975, 687–707.
243. D. SCHWAB, „Familie", in: Geschichtliche Grundbegriffe. Hrsg. v. O. Brunner/W. Conze/R. Koselleck. Bd. 2. Stuttgart 1975, 235–301.
243a E. SHORTER, Die Geburt der modernen Familie. Reinbek 1983.
244. R. SIEDER, Sozialgeschichte der Familie. Frankfurt a. M. 1987.
245. P. STEINLE, Vermögensverhältnisse der Landbevölkerung in Hohenlohe im 17. und 18. Jahrhundert. Schwäbisch Hall 1971.
246. A. STROBEL, Agrarverfassung im Übergang. Studien zur Agrargeschichte des badischen Breisgaus vom Beginn des 16. bis zum Ausgang des 18. Jahrhunderts. Freiburg 1972.
247. P. TAYLOR/H. REBEL, Hessian Peasant Women, their Families and the Draft: A Social-Historical Interpretation of Four Tales from the Grimm Collection, in: Journal of Familiy History 6 (1981) 347–378.
248. H.-J. VOGTHERR, Die Geschichte des Brümmerhofes. Untersuchungen zur bäuerlichen Geschichte in der Lüneburger Heide. Uelzen 1986.
249. L. ZIMMERMANN, Der hessische Territorialstaat im Jahrhundert der Reformation. Marburg 1933.

4.2 Soziale Schichtung

250. K. BLASCHKE, Bevölkerungsgeschichte von Sachsen bis zur Industriellen Revolution. Weimar 1967.
251. W. A. BOELCKE, Wandlungen der dörflichen Sozialstruktur während Mittelalter und Neuzeit, in: Neue Wege und Forschungen der Agrargeschichte (FS G. Franz). Frankfurt a. M. 1967, 80–103.
252. W. A. BOELCKE, Bäuerlicher Wohlstand in Württemberg Ende des 16. Jahrhunderts, in: Jahrbücher für Nationalökonomie und Statistik 176 (1964) 241–280.
253. E. BRUCKMÜLLER, Soziale Organisationsformen der ländlichen

Arbeit, in: Beiträge zur historischen Sozialkunde 11 (1981) 53–61.
254. P. FRIED, Herrschaftsgeschichte der altbayerischen Landgerichte Dachau und Kranzberg im Hoch- und Spätmittelalter sowie in der Frühen Neuzeit. München 1962.
255. B. GREVE, Die Neukirchener Taxordnung von 1767. Ein Beitrag zum Gesindewesen der Schwalm, in: Zeitschrift des Vereins für hessische Geschichte und Altertumskunde 95 (1990) 87–105.
256. G. HANKE, Zur Sozialstruktur der ländlichen Siedlungen Altbayerns im 17. und 18. Jahrhundert, in: Gesellschaft und Herrschaft (FS K. Bosl). München 1969, 219–269.
257. W. HARTINGER, Zur Bevölkerungs- und Sozialstruktur von Oberpfalz und Niederbayern in vorindustrieller Zeit, in: ZBLG 39 (1976) 785–822.
258. W. HARTINGER, Bayerisches Dienstbotenleben auf dem Land vom 16. bis 18. Jahrhundert, in: ZBLG 38 (1975) 598–638.
259. H. HAUSHOFER, Bäuerliche Führungsschichten in Altbayern, in: Bauernschaft und Bauernstand. Hrsg. v. G. FRANZ. Limburg 1975, 103–135.
260. A. HÖCK, Gesindelöhne nach einem bäuerlichen Haus- und Rechnungsbuch, in: Zeitschrift des Vereins für hessische Geschichte und Altertumskunde 77/78 (1966/67) 149–154.
261. K. MITTELHÄUSSER, Häuslinge im südlichen Niedersachsen, in: BlfdtLG 116 (1980), 235–278.
262. M. MITTERAUER, Lebensformen und Lebensverhältnisse ländlicher Unterschichten, in: Von der Glückseligkeit des Staates. Staat, Wirtschaft und Gesellschaft im Zeitalter des aufgeklärten Absolutismus. Hrsg. v. H. MATIS. Berlin 1981, 315–338.
263. J. PETERS, Ostelbische Landarmut – Sozialökonomisches über landlose und landarme Agrarproduzenten im Spätfeudalismus, in: wie BERTHOLD [47] 213–244.
264. J. PETERS, Ostelbische Landarmut. Statistisches über landlose und landarme Agrarproduzenten im Spätfeudalismus, in: JbWG 1970/I, 97–126.
265. G. RITTER, Die Nachsiedlerschichten im nordwestdeutschen Raum unter besonderer Berücksichtigung der Kötter im Niederbergischen Land, in: BerdtLK 41(1968) 85–128.
266. D. SAALFELD, Stellung und Differenzierung der ländlichen Bevölkerung Nordwestdeutschlands in der Ständegesellschaft des 18. Jahrhunderts, in: wie ENDRES [172] 229–249.

267. K. TENFELDE, Ländliches Gesinde in Preußen. Gesinderecht und Gesindestatistik 1810 bis 1861, in: AfS 19 (1979) 189–229.
268. G. WUNDER, Bäuerliche Oberschichten im alten Wirtemberg, in: wie HAUSHOFER [259] 137–149.

5. Gemeindeleben und Volkskultur

269. R. BECK, Illegitimität und voreheliche Sexualität auf dem Land. Unterfinning 1671–1770, in: wie HEIDRICH [223] 112–150.
270. R. BECK, Der Pfarrer und das Dorf. Konformismus und Eigensinn im katholischen Bayern des 17./18. Jahrhunderts, in: Armut, Liebe, Ehre. Studien zur historischen Kulturforschung. Hrsg. v. R. van Dülmen. Frankfurt a. M. 1988, 107–143.
271. P. BECKER, Leben und Lieben in einem kalten Land. Sexualität im Spannungsfeld von Ökonomie und Demographie. Das Beispiel St. Lamprecht 1600–1860. Frankfurt a. M./New York 1990.
272. W. BEHRINGER, Hexenverfolgung in Bayern. Volksmagie, Glaubenseifer und Staatsräson in der Frühen Neuzeit. München 1987.
273. ST. BREIT, „Leichtfertigkeit" und ländliche Gesellschaft. Voreheliche Sexualität in der frühen Neuzeit. München 1991.
274. CHR. DIPPER, Volksreligiosität und Obrigkeit im 18. Jahrhundert, in: Volksreligiosität in der modernen Sozialgeschichte. Hrsg. v. W. Schieder. Göttingen 1986, 73–97.
275. B. DUDEN, Geschichte unter der Haut. Ein Eisenacher Arzt und seine Patientinnen um 1730. Stuttgart 1987.
276. H. P. DUERR, Traumzeit. Über die Grenze zwischen Wildnis und Zivilisation. Frankfurt a. M. 1985.
277. H.-V. FINDEISEN, Pietismus in Fellbach 1750–1820. Zwischen sozialem Protest und bürgerlicher Anpassung. Diss. Tübingen 1985.
278. S. GÖTTSCH, Stapelholmer Volkskultur. Neumünster 1981.
279. D. GROH, Strategien von Subsistenzökonomien, in: Schweizerische Gesellschaft für Wirtschafts- und Sozialgeschichte 5 (1986) 1–38.
280. J. HANNIG, Ars donandi. Zur Ökonomie des Schenkens im frühen Mittelalter, in: wie BECK [270] 11–37.
281. H. HEIDRICH, Keller, Küche, Krämerey. Bemerkungen zum

Wandel der ländlichen Vorratshaltung im 19. und frühen 20. Jahrhundert, in: Freilichtmuseum und Sozialgeschichte. Hrsg. v. K. Bedal/H. Heidrich. Bad Windsheim 1986, 76–98.

282. H. HÖRGER, Kirche, Dorfreligion und bäuerliche Gesellschaft. Strukturanalysen zur gesellschaftsgebundenen Religiosität ländlicher Unterschichten des 17. bis 19. Jahrhunderts, aufgezeigt an bayerischen Beispielen. T. 1 München 1978; T. 2 München 1983.

283. K. S. KRAMER, Bauern und Bürger im nachmittelalterlichen Unterfranken. Würzburg 1957.

284. K. S. KRAMER, Volksleben im Fürstentum Ansbach und seinen Nachbargebieten. Würzburg 1961.

285. K. S. KRAMER, Volksleben im Hochstift Bamberg und im Fürstentum Coburg (1500–1800). Würzburg 1967.

286. P. KRIEDTE, Die Hexen und ihre Ankläger. Zu den lokalen Voraussetzungen der Hexenverfolgungen in der frühen Neuzeit. Ein Forschungsbericht, in: ZHF 14 (1987) 47–71.

287. E. LABOUVIE, Hexenspuk und Hexenabwehr. Volksmagie und volkstümlicher Hexenglaube, in: Hexenwelten. Magie und Imagination vom 16.–20. Jahrhundert. Hrsg. v. R. van Dülmen. Frankfurt a. M. 1987, 49–93.

288. E. LABOUVIE, Männer im Hexenprozeß. Zur Sozialanthropologie eines „männlichen" Verständnisses von Magie und Hexerei, in: GG 16 (1990) 56–78.

289. H. MEDICK, Spinnstuben auf dem Dorf. Jugendliche Sexualkultur und Feierabendbrauch in der ländlichen Gesellschaft der frühen Neuzeit, in: Sozialgeschichte der Freizeit. Untersuchungen zum Wandel der Alltagskultur in Deutschland. Hrsg. v. G. Huck. Wuppertal 1980, 19–50.

290. J. PETERS, Das laute Kirchenleben und die leisen Seelensorgen. Beobachtungen an zwei Dörfern und einer Stadt (Prignitz, 17. Jahrhundert), in: Arbeit, Frömmigkeit, Eigensinn (Studien zur historischen Kulturforschung, II). Hrsg. v. R. van Dülmen. Frankfurt a. M. 1990, 75–105.

291. J. PETERS, Der Platz in der Kirche. Über soziales Rangdenken im Spätfeudalismus, in: Jahrbuch für Volkskunde und Kulturgeschichte 28 (1985) 77–106.

292. TH. ROBISHEAUX, Peasants and Pastors: Rural Youth Control and the Reformation in Hohenlohe 1540–1680, in: SocH 6 (1981) 281–300.

293. W. RUMMEL, Die „Ausrottung" des abscheulichen „Hexerey Lasters". Zur Bedeutung populärer Religiosität in einer dörflichen Hexenverfolgung des 17. Jahrhunderts, in: wie DIPPER [274] 51–72.
294. D. SABEAN, Property, Production and Family in Neckarhausen 1700–1870. Cambridge et al. 1990.
295. H. SCHMIDT, „Aufgeklärte" Gesangbuch-Reform und ländliche Gemeinde. Zum Widerstand gegen die Einführung neuer Gesangbücher im Herzogtum Oldenburg und der Herrschaft Jever am Ende des 18. Jahrhunderts, in: wie ENDRES [172] 85–115.
296. L. SCHMIDT, Gestaltheiligkeit im bäuerlichen Arbeitsmythos. Studien zu den Ernteschnittgeräten und ihrer Stellung im europäischen Volksglauben und Volksbrauch. Wien 1952.
297. G. SCHORMANN, Hexenprozesse in Deutschland. Göttingen 1981.
298. R. SCHULTE, Das Dorf im Verhör. Brandstifter, Kindsmörderinnen und Wilderer vor den Schranken des bürgerlichen Gerichts. Oberbayern 1848–1910. Reinbek 1989.
299. R. SCHULTE, Bevor das Gerede zum Tratsch wird, in: Journal für Geschichte (1985) 19–21.
300. K. D. SIEVERS, Volkskultur und Aufklärung im Spiegel der Schleswig-Holsteinischen Provinzialberichte. Neumünster 1970.
301. CHR. SIMON, Untertanenverhalten und obrigkeitliche Moralpolitik. Studien zum Verhältnis zwischen Stadt und Land im ausgehenden 18. Jahrhundert am Beispiel Basels. Basel/Frankfurt a. M. 1981.
302. A. SUTER, „Troublen" im Fürstbistum Basel (1726–1740). Eine Fallstudie zum bäuerlichen Widerstand im 18. Jahrhundert. Göttingen 1985.
303. W. TROSSBACH, Die ländliche Gemeinde im mittleren Deutschland (vornehmlich 16.–18. Jahrhundert), in: Landgemeinde und Stadtgemeinde in Mitteleuropa. Hrsg. v. P. Blickle. München 1991, 263–288.
304. C. ULBRICH, Unartige Weiber. Präsenz und Renitenz von Frauen im frühneuzeitlichen Deutschland, in: wie PETERS [290] 13–42.
305. O. ULBRICHT, Kindsmord und Aufklärung in Deutschland. München 1990.

306. CHR. VANJA, „Verkehrte Welt" – das „Weibergericht" zu Breitenbach, einem hessischen Dorf des 17. Jahrhunderts, in: Journal für Geschichte 5 (1988) 22–29.
307. K. WAGNER, Leben auf dem Lande im Wandel der Industrialisierung. „Das Dorf war auch früher keine heile Welt". Die Veränderung der dörflichen Lebensweise und der politischen Kultur vor dem Hintergrund der Industrialisierung – am Beispiel des nordhessischen Dorfes Körle. Frankfurt a. M. 1986.
308. R. WALZ, Der Hexenwahn vor dem Hintergrund dörflicher Kommunikation, in: ZfV 82 (1986) 1–18.
309. H. WUNDER, Hexenprozesse im Herzogtum Preußen während des 16. Jahrhunderts, in: Hexenprozesse. Deutsche und skandinavische Beiträge. Hrsg. v. Chr. Degn/H. Lehmann/D. Unverhau. Neumünster 1983, 179–203.
310. H. WUNDER, Sozialer und kultureller Wandel in der ländlichen Welt des 18. Jahrhunderts – Überlegungen am Beispiel von „Bauer und Religion" unter besonderer Berücksichtigung Ostpreußens, in: wie Endres [172] 43–64.

6. Aufklärung und Agrarreformen

311. H. BÖNING, Gelehrte Bauern in der deutschen Aufklärung, in: Buchhandelsgeschichte (Beilage zum Börsenblatt) 1987, B1–B24.
312. CHR. DIPPER, Die Bauernbefreiung in Deutschland 1790–1850. Stuttgart et al. 1980.
313. F. M. EYBL, Die Rede vom Lesen. Kirchliche Argumentationsmuster zum Problem des Lesens in Predigten des 18. Jahrhunderts, in: Jahrbuch für Volkskunde NF 10 (1987) 67–94.
314. P. FLECK, Agrarreformen in Hessen-Darmstadt. Agrarverfassung, Reformdiskussion und Grundlastenablösung (1770–1860). Darmstadt/Marburg 1982.
315. E. FRANÇOIS, Die Volksaufklärung am Mittelrhein im ausgehenden 18. Jahrhundert. Eine Untersuchung über den vermeintlichen „Bildungsrückstand" der katholischen Bevölkerung Deutschlands im Ancien Regime, in: JbWLG 3 (1977) 277–304.
316. J. GAGLIARDO, From Pariah to Patriot. The Changing Image of the German Peasant 1770–1840. Lexington 1969.
317. A. HAUSER, Kleinjogg, der Philosophische Bauer, in: Große

B. Literatur 143

Landwirte. Hrsg. v. G. Franz/H. Haushofer. Frankfurt a. M. 1970, 39–47.

318. E. HINRICHS, Zum Alphabetisierungsstand in Norddeutschland um 1800. Erhebungen zur Signierfähigkeit in zwölf oldenburgischen ländlichen Gemeinden, in: wie ENDRES [172] 21–44.

319. W. v. HIPPEL, Die Bauernbefreiung im Königreich Württemberg. Bd. 1. Boppard 1977.

320. S. HUGGEL, Die Einschlagsbewegung in der Basler Landschaft. Gründe und Folgen der wichtigsten agrarischen Neuerung im Ancien Regime. 2 Bde. Diss. Basel 1979.

321. D. KITTSTEINER, Die Entstehung des modernen Gewissens. Frankfurt a. M./Leipzig 1991.

322. R. KOSELLECK, Preußen zwischen Reform und Revolution. Allgemeines Landrecht, Verwaltung und soziale Bewegung von 1791 bis 1848. 2. Aufl. Stuttgart 1975.

323. H. LIEBEL, Der aufgeklärte Absolutismus und die Gesellschaftskrise in Deutschland, in: Absolutismus. Hrsg. v. W. Hubatsch. Darmstadt 1973, 488–544.

324. H. MEDICK, Buchkultur auf dem Lande: Laichingen 1768–1820, in: Glaube, Welt und Kirche im evangelischen Württemberg (Ausstellungskatalog). Stuttgart 1984, 547–568.

325. I. MITTENZWEI, Die Agrarfrage und der Kameralismus, in: wie BERTHOLD [47] 146–187.

326. H.-H. MÜLLER, Der agrarische Fortschritt und die Bauern in Brandenburg vor den Reformen von 1807, in: wie BERTHOLD [47] 185–212.

327. W. NEUGEBAUER, Absolutistischer Staat und Schulwirklichkeit in Brandenburg-Preußen. Berlin 1985.

328. W. NORDEN, Die Alphabetisierung in der oldenburgischen Küstenmarsch im 17. und 18. Jahrhundert, in: Regionalgeschichte. Probleme und Beispiele. Hrsg. v. E. HINRICHS/W. NORDEN. Hildesheim 1980, 103–164.

329. W. PRANGE, Die Anfänge der großen Agrarreformen in Schleswig-Holstein bis 1771. Neumünster 1971.

330. J. RICHTER, Zur Schriftkundigkeit mecklenburgischer Bauern im 17. Jahrhundert, in: JbWG 1981/III, 79–117.

331. R. ROZDOLSKI, Die große Steuer- und Agrarreform Josefs II. Ein Kapitel zur österreichischen Wirtschaftsgeschichte. Warschau 1961.

332. R. SCHENDA, Orale und literarische Kommunikationsformen

im Bereich von Analphabeten und Gebildeten im 17. Jahrhundert, in: wie HEITZ [56] Bd. 2, 447–464.
333. R. SCHLÖGL, Kommentar zu Clemens Zimmermann, in: Landwirtschaft und industrielle Entwicklung. Zur ökonomischen Bedeutung von Bauernbefreiung, Agrarreform und Agrarrevolution. Hrsg. v. T. Pierenkemper. Stuttgart 1989, 113–119.
334. K. SCHUMM, Pfarrer Johann Friedrich Mayer und die hohenlohesche Landwirtschaft im 18. Jahrhundert, in: [8], Anhang.
335. R. SIEGERT, Aufklärung und Volkslektüre. Exemplarisch dargestellt an Rudolph Zacharias Becker und seinem „Noth- und Hülfsbüchlein", in: Archiv für Geschichte des Buchwesens 19 (1978) 566–1344.
336. R. SIEGERT, „Der Pflüger hat den Dichterspleen". Gedichte des rheinhessischen Bauern Isaak Maus aus Badenheim, Alzey 1985.
337. TH. SOKOLL, Die Entwicklung zur allgemeinen Literalität im frühneuzeitlichen England. Einführungskurs in die Ältere Geschichte. Kurseinheit 8. Hagen 1987.
338. I. TOMKOWIAK, Curiöse Bauer-Historien. Zur Tradierung einer Fiktion. Würzburg 1987.
339. O. ULBRICHT, Englische Landwirtschaft in Kurhannover in der zweiten Hälfte des 18. Jahrhunderts. Ansätze zu einer historischen Diffusionsforschung. Berlin 1980.
340. Soziale Unruhen in Deutschland während der Französischen Revolution. Hrsg. v. H. Berding. Göttingen 1988.
341. S. VILFAN, Die Agrarsozialpolitik von Maria Theresia bis Kudlich, in: Der Bauer Mittel- und Osteuropas im sozioökonomischen Wandel des 18. und 19. Jahrhunderts. Hrsg. v. D. Berindei et al. Köln/Wien 1973, 1–52.
342. J. VOSS, Der Gemeine Mann und die Volksaufklärung im späten 18. Jahrhundert, in: Vom Elend der Handarbeit. Probleme historischer Unterschichtenforschung. Hrsg. v. H. Mommsen/W. Schulze. Stuttgart 1981, 208–232.
343. M. WISWE, Bücherbesitz und Leseinteresse Braunschweiger Bauern im 18. Jahrhundert, in: ZAA 23 (1975) 210–215.
344. R. WITTMANN, Der lesende Landmann. Zur Rezeption aufklärerischer Bemühungen durch die bäuerliche Bevölkerung im 18. Jahrhundert, in: wie VILFAN [341] 142–192.
345. H. WUNDER, Der dumme und der schlaue Bauer, in: Mentalität und Alltag im Spätmittelalter. Hrsg. v. C. Meckseper/E. Schraut. Göttingen 1985, 34–52.

346. K.-H. ZIESSOW, Ländliche Lesekultur im 18. und 19. Jahrhundert. Das Kirchspiel Menslage und seine Lesegesellschaften 1790–1840. 2 Bde. Cloppenburg 1988.
347. C. ZIMMERMANN, Entwicklungshemmnise im bäuerlichen Milieu: Die Individualisierung der Allmenden und Gemeinheiten um 1780, in: wie SCHLÖGL [333] 99–119.
348. C. ZIMMERMANN, Reformen in der bäuerlichen Gesellschaft. Studien zum aufgeklärten Absolutismus in der Markgrafschaft Baden 1750–1790. Ostfildern 1983.

Abbildungsnachweis

S. 32: 230, MITTERAUER, Mütter, 78, nach: L. K. Berkner: Inheritance. Land Tenure and Peasant Family Structure. A German Regional Comparison, in: J. Goody, J. Thirsk und E. P. Thompson: Family and Inheritance, Cambridge 1976, 75.

Register

Autorenregister

ABEL, W. 51, 53 ff., 65, 68, 70, 74, 85
ACHILLES, W. 65, 74, 79
ARNIM, V. v. 72
ASSION, P. 57 f.

BADER, K. S. 25, 28, 106
BAUMGARTEN, K. 99
BAUSINGER, W. 79
BECK, R. 14, 34, 54, 67 f., 74, 104 f., 110
BECKER, P. 111
BEGEMANN, U. 98
BEHRINGER, W. 78, 108 f.
BERKNER, L. K. 90 f., 99
BERTHOLD, R. 3
BLICKLE, P. 22, 29, 51, 55, 79 ff., 83 ff.
BLICKLE, R. 90, 95
BOELCKE, W. A. 24, 65
BÖLTS, J. 65, 73
BRAUN, R. 60 ff., 64
BRECHT, M. 106
BREIT, ST. 111
BRUNNER, O. 88 ff., 92 f.

CZERANNOWSKI, B. 34

DIPPER, CH. 69, 102, 115
DUDEN, B. 73, 76 ff., 96
DUERR, H. P. 78
DÜLMEN, R. VAN 92 ff., 96

EDER, F. 72 f., 75 ff., 91, 100
ENDRES, R. 56, 110

FEIGL, H. 23
FINDEISEN, H.-V. 87
FITZ, A. 58, 60 ff., 64, 99

FRANZ, G. 3, 40, 51, 58
FREITAG, W. 90, 92, 96

GAUTHIER, F. 114
GÖTTSCH, S. 106
GREES, H. 65, 103
GROH, D. 69
GRUBE, W. 83

HAGEN, W. W. 11
HANKE, G. 55
HANNIG, J. 69
HARNISCH, H. 9, 28, 56, 65 ff., 106, 113 f.
HARTINGER, W. 90, 100, 110
HAUSEN, K. 73, 76 f., 96
HAUSHOFER, H. 102
HEIDRICH, H. 99, 102
HELD, W. 65
HENN, V. 66
HENNING, F.-W. 16 f., 39, 67
HILTON, R. 114
HIPPEL, W. v. 5, 36, 56, 58
HÖCK, A. 70
HÖRGER, H. 109
HOFFMANN, A. 16
HOPF-DROSTE, M.-L. 70
HROCH, M. 65
HUGGEL, ST. 75

ILLICH, I. 72, 75, 77
IMHOF, A. E. 5, 34, 74, 77 f.
INGRAO, CH. 59

JACOBEIT, S. 78
JACOBEIT, W. 78
JEGGLE, U. 52

KAUFHOLD, K. H. 58, 62
KAPPELHOFF, B. 81
KAUFMANN, O. 74
KELLNER, ST. 25
KITTSTEINER, H.-D. 68
KLUETING, H. 82, 84
KORFF, G. 88
KOSELLECK, R. 101
KRAMER, K. S. 78, 99, 102, 106f.
KRIEDTE, P. 58ff., 108f., 113
KRÜGER, K. 18, 81f., 89

LABOUVIE, E. 78, 107f.
LEVI, G. 68, 116
LÖFGREN, O. 77
LORENZEN-SCHMIDT, K.-H. 81f., 85
LÜTGE, F. 11, 13ff., 18, 20, 51f., 59, 113

MAGER, W. 63
MAYR, M. 98
MEDICK, H. 55, 58, 60ff., 109
MEIER, TH. 62
MELTON, E. 9
MENDELS, F. 59
MITTERAUER, M. 32, 34f., 41, 43, 57f., 60f., 65, 90ff., 97, 99, 100
MOORE, B. 113
MOOSER, J. 42, 61f., 64, 74, 91, 101ff.
MÜLLER, H. H. 65
MÜNCH, P. 93

NORDEN, W. 70

OESTREICH, G. 85
OZMENT, ST. 102

PETERS, J. 65, 69f., 102ff.
PETRAN, J. 65
PEUKERT, D. 51
POLANYI, K. 89
PRANGE, W. 107
PRESS, V. 57, 80f., 83, 85f.

RADKAU, J. 20
REBEL, H. 65, 69, 91, 94ff., 101, 114
REICHARDT, R. 52
REININGHAUS, W. 63
REYER, H. 27ff., 105

RICHTER, J. 22, 24, 68, 102, 105
RIEHL, W.-H. 88ff., 92
ROBISHEAUX, TH. 65, 98, 101, 111, 114
ROSENBAUM, H. 61f., 89, 96, 98
RUBLACK, H. CH. 104
RUMMEL, W. 109

SAALFELD, D. 66
SABEAN, D. 13, 52, 56f., 68, 74f., 77, 87, 92, 95f., 99, 104, 106f., 109, 111, 113f.
SANDGRUBER, R. 54, 69, 75, 96
SCHLÖGL, R. 3, 54ff., 66, 68, 70, 75, 91, 103
SCHLUMBOHM, J. 58, 61ff., 101
SCHMIDT, G. 36
SCHMIDT, L. 77f., 115
SCHNORR, W. 26
SCHORMANN, G. 107f.
SCHREMMER, E. 55, 58, 64
SCHUBERT, E. 56f.
SCHUMM, K. 78
SCHULTE, R. 88, 106
SCHULTZ, H. 56
SCHULZE, W. 79, 114
SELIG, R. 58
SHORTER, E. 112
SIEDER, R. 72, 76
SIEVERS, K.-D. 77
SIMON, CH. 69, 104, 110
STEINBORN, H.-CH. 66
STEINLE, P. 35
STRAUBE, M. 65
SUTER, A. 105, 109ff.

THOMPSON, E. P. 89, 93
TROSSBACH, W. 52, 55, 61ff., 77, 80, 86, 103, 105
TSCHAJANOW, A. 67

ULBRICH, C. 72, 74, 101, 105ff.
ULBRICHT, O. 112

VANJA, CH. 72, 74ff., 105
VOGTHERR, H.-J. 97
VOIGTLÄNDER, L. 70, 103

WAGNER, K. 103
WALLERSTEIN, I. 113

WALZ, R. 83f., 107
WEBER-KELLERMANN, I. 73
WEHLER, H.-U. 89
WIEGELMANN, G. 54, 71ff., 76f.
WIEMANN, H. 25
WIESE, H. 65, 73
WITTMANN, R. 46

WUNDER, H. 24f., 71, 73f., 79, 102ff., 108f., 112, 114

ZILLHARDT, G. 1
ZIMMERMANN, C. 52
ZÜCKERT, H. 68f.

Geographisches Register

Allgäu 2, 48
Alpenländer 1, 27, 72
Altdorf, Stadt im Nürnberger Landgebiet 57
Altmark; s. a. Brandenburg 7, 12
Arensburg, schaumburg-lippesches Amt 35
Artland (im Hochstift Osnabrück) 46, 74
Aschau, bayer. Hofmark 25
Augsburg, Reichsstadt 1

Baden, Markgrafschaften 2, 6, 33, 35, 48
Badingen, kurmärkisches Domänenamt 11
Basel, Hochstift 110f.
Basel, städt. Landschaft 43, 110
Bayern, Kurfürstentum 4f., 14ff., 19, 24, 27f., 33f., 36ff., 40, 43, 48, 55f., 68, 95, 98, 103
Berchtesgaden, Fürstpropstei 80
Bergisches Land 74
Berndorf, salzb. Pfarrei 41, 90f.
Bielefeld, Umland; s. a. Ravensberg, Grafschaft 48
Brandenburg, Kurfürstentum 3f., 7ff., 10ff., 15, 24, 28, 43, 48f., 65f., 85, 103
Brandenburg-Ansbach, Markgrafschaft 46
Braunschweig-Wolfenbüttel, Herzogtum 3, 14, 33ff., 37, 46, 48, 66
Breitenbach, Dorf bei Kassel 105, 110
Bückeburg, schaumburg-lippesches Amt 35

Butjadinger Küstenmarsch; s. a. Ostfriesland 35, 45f.

Calenberg, Amt (Kurhannover) 14, 36, 98
Coburg, Feste (Herzogtum Sachsen-Coburg-Saalfeld) 1
Corvey, Reichsabtei 38

Dithmarschen; s. a. Friesland, Schleswig-Holstein 82, 86
Dobbertin, meckl. Klosteramt 45
Donauraum 5
Dorfbeuren, salzb. Pfarrei 41, 90

Eichsfeld 62
Eifel 13, 62
Egg, Dorf in Vorarlberg 60
Elbe 6, 66
Elsaß 2
England 57, 66, 81
Erfurt, Landgebiet 25
Europa 6, 77, 89

Fehmarn 82
Flachslanden (bei Ansbach) 107
Franken 2, 4, 22, 24ff., 36, 38, 43, 48, 57f.
Frankreich 19, 50, 57
Friesland 67

Gersfeld, Ritterherrschaft (Rhön) 39
Gießen, Umland 36
Göttingen, Amt (Kurhannover) 36, 58ff., 62
Grafenberg, Dorf bei Eichstätt 99

Grubenhagen, Amt (Kurhannover) 35

Halberstadt, Hochstift (Fürstentum in Brandenburg) 3, 27
Hannover, Kurfürstentum 14, 35f., 38, 47
Havelland 65
Heidenreichstein, niederösterr. Amt 90f.
Heilsbronn, Klosterverwalteramt (Brandenburg-Ansbach) 4
Hersfeld, Umland 39
Hessen 4, 19, 23f., 26ff., 33, 37, 39, 43, 59, 70, 72, 74
Hessen-Darmstadt, Landgrafschaft 26
Hessen-Kassel, Landgrafschaft 3, 19, 30, 59
Hohenlohe, Grafschaften 23, 34f., 38, 65, 98, 111
Hohenzollern-Hechingen, Grafschaft 86
Holland 3, 19, 58, 72

Jerxheim, braunschweig-wolfenbüttelisches Amt 34
Jettenbach, bayer. Hofmark 25
Jülich-Berg, Herzogtum 82ff.

Kempten, Stift 79f., 82, 84ff.
Killertal (schwäb. Alb) 57
Kleve-Mark, Herzogtum 82, 84
Koblenz, Umland 45
Königslutter, braunschweig-wolfenbüttelisches Amt 34
Kornwestheim, Dorf in Württemberg 40
Kremper-Marsch 81f., 84

Laichingen, Dorf in Württemberg 62, 64
Landsberg, bayer. Landgericht 3
Lausitz(en) 4, 7ff., 12, 38
Lippe-Detmold, Grafschaft 107
Lüneburger Heide 18, 33, 97
Lustenau, Dorf in Vorarlberg 60

Magdeburg, Erzstift (Herzogtum in Brandenburg) 27

Magdeburger Börde 37, 40, 48, 65
Mainfranken 2
Mecklenburg, Herzogtum 1, 8, 10ff., 24, 45, 115
Mitteldeutschland 15, 19, 54
Mitteleuropa 77

Nassau-Dillenburg, Grafschaft 31, 39
Nassau-Weilburg, Grafschaft 26
Neckarhausen, Dorf in Württemberg 68f.
Neuholland, Dorf im Havelland 65
Niederaula, Dorf bei Hersfeld 39
Niederbayern 43
Niederösterreich 15f., 23, 90f.
Niederrhein 2, 13f.
Niedersachsen 14, 37, 41, 44, 57f., 65, 74
Norddeutschland 5, 32, 48, 54, 67, 74, 84, 99
Nordfriesland 85
Nordostdeutschland 37, 67, 72
Nordseeküste 41, 82
Nordwestdeutschland 1, 3, 6, 14f., 17, 26f., 41, 48, 65, 81f., 85, 103
Nürnberg, Reichsstadt 4
Nürnberg, Landgebiet 28

Oberbayern 66f., 111
Oberdeutschland 79, 86
Oberhessen 36
Oberösterreich 15f., 20, 34, 65f., 69, 94ff., 98
Oberpfalz 43
Oberrhein 2, 5, 28
Oberschwaben 1
Ochsenhausen, Reichsabtei 79, 81
Odenwald 58
Oderbruch 3
Österreich 15, 19, 38, 41, 54, 58, 71, 94, 99f.
Oldenburg, Grafschaft 1, 45
Osmanisches Reich 19, 58
Osnabrück, Hochstift 5, 14, 37f., 63f., 100f.
Osteuropa 16, 59
Ostfriesland, Fürstentum; s. a. Friesland 33, 38, 81, 85
Ostindien 59

Register

Ostpreußen (Herzogtum Preußen) 3, 6, 10, 18, 33, 39f., 49
Ostseeküste 1, 8, 38, 41
Osttirol 33

Paderborn, Hochstift 14, 17f., 28, 37ff.
Paris 57
Pfalz 1f., 4f., 58
Piemont 65, 116
Pinzgau (im Erzstift Salzburg) 42
Pleß, Herrschaft in Schlesien 48
Pommern 1, 7f., 115
Prignitz, brandenburgische Landschaft 7

Quernheim, Stift (Bistum Minden) 40

Raitenbuch, Dorf bei Eichstätt 99
Ravensberg, Grafschaft (Brandenburg-Preußen); s. a. Bielefeld, Umland 41, 62ff., 101
Rheinland 5, 12, 66
Rhön 39, 57

Saale 6
Sachsen, Kurfürstentum 3, 15, 20, 24, 28, 37, 41, 43, 48
Salzburg, Erzstift 3, 34, 41, 43, 90, 100
Spanien 57f., 62
Süddeutschland 20, 28, 54, 85
Südhessen 58
Südniedersachsen 38
Südostdeutschland 8, 109
Südwestdeutschland 15, 18f., 23, 25ff., 29, 32, 48f., 56f., 65, 81f., 85, 94
Schaumburg-Lippe, Grafschaft 3, 35, 40
Schlesien 12, 37f., 48, 59
Schleswig-Holstein, Herzogtümer; s. a. Friesland 6ff., 30, 34, 48, 66, 72, 107, 115

Schönburg, Herrschaft (Kursachsen) 15
Schussenried, Reichsabtei 79f.
Schwaben 1, 20, 36, 38, 56f., 62, 65, 68
Schwalm 34
Schwarzwald 57
Schwedisch-Pommern; s. a. Vorpommern, Pommern 8, 10, 37f.
Schweiz 1f., 72

Tann, Ritterherrschaft (Rhön) 39
Tecklenburg, Grafschaft 45
Thalfingen, Dorf bei Ulm 1
Thüringen 1ff., 24ff., 65, 106
Tirol 3, 58, 79, 84f.

Uckermark, Landschaft in Brandenburg 7, 11
Ulm, Reichsstadt 1
Unterfinning, bayer. Dorf 34, 67, 110
Unterfranken 26f.

Vorarlberg 58, 60, 64, 84f., 99
Vorderösterreich 80
Vorpommern; s. a. Schwedisch-Pommern 11f.

Westdeutschland 13, 15f., 20, 32
Westerwald 62
Westeuropa 59f., 71, 105
Westfalen 14, 34, 37f., 40, 44, 57, 74
Westpreußen 28
Wetterau 1f., 15, 58
Wied-Neuwied, Grafschaft 18f.
Wilster-Marsch 81f.
Wißmar, Dorf an der Lahn 26
Württemberg, Herzogtum 2f., 5f., 13, 19, 24, 28, 30f., 33, 46, 64, 74f., 79, 83, 87, 95, 99, 103f.

Zürcher Oberland 60, 62, 64

Sachregister

Abgaben, bäuerliche 4, 6 ff., 20, 26 f., 49 f., 55, 66, 69, 80, 82, 114
Absolutismus 21, 25, 28 f., 49
Agrarkonjunktur 6, 15 ff., 34, 41, 53, 70, 81, 85
Agrarreformen; s. a. Landwirtschaft, moderne 22, 44, 48 ff., 100, 113, 115
Agrarrevolution; s. a. Landwirtschaft, moderne 74
Akademien 47
Allmende 19, 21 f., 26, 37, 47 f., 102 f., 105, 115
Alltag 23, 51 ff., 87
Alphabetisierung 45 f.
Altenteil 34, 36, 91, 97
Anschreibebücher 69 f.
Aufklärung 44 ff., 60, 68 f., 77, 101 f., 109, 115
Auswanderung 58, 60

Bannrechte 15
Bauernkrieg 79
Bauernlegen 4, 10, 12
„Bauernschutz" 11, 18, 114
Besitzrechte, bäuerliche 7, 11 ff., 33, 35, 49, 84
Besitzwechselabgaben 14, 16, 35
Bettel; s. a. Pauperisierung 28, 56 f.
Bevölkerungszunahme; s. a. Demographie, historische 36, 54, 60 f.
Bloch, Ernst 116
„Brenner-Debatte" 114
Brunnen 106

Deindustrialisierung 63
Demographie, historische; s. a. Bevölkerungszunahme, Geburtenbeschränkung, Lebenserwartung, Säuglingssterblichkeit 9, 36, 51, 60, 90, 93
Disziplinierung; s. a. Sozialdisziplinierung, „Sittenzucht" 43, 63
„Dopp-Sweezy-Kontroverse" 114
Domänen 11, 18, 33, 49
Dorfordnungen 21, 101

Dreißigjähriger Krieg 1 ff., 7, 11, 65, 107

Ehe; s. a. Heirat, Wiederverheiratung 30 f., 41, 92, 100, 110
Ehre 30, 68 f.
Eigenbetrieb 8 ff.
Einwanderungen 2 ff.
„embedded economy" 69, 89
Erbschaft; s. a. Realteilung 24, 32 ff., 38, 95, 97 f., 111, 114
Ernährung 54 f., 75 f., 96

Familienformen 40, 52, 61, 75, 90 f., 93
Faserpflanzen 48, 56 f., 62 f., 65, 74, 106
Feldgemeinschaft („Flurzwang") 22, 47, 102, 105
Feste 102, 112
Feudalismus 12, 59, 63
Finanzstaat 18
Flamen 2
Französische Revolution 46, 49 f.
Friedrich II., König von Preußen 47
Friedrich Wilhelm I., König in Preußen 5
Fron 8 ff., 14 ff., 17, 49, 71, 73, 82

Garten 72, 74, 76
Geburtenbeschränkung; s. a. historische Demographie 36, 40
Gemeinde 15, 22 f., 45, 52, 79, 82, 85, 87, 101 ff., 115
Gemeindeämter 22 ff., 84, 87
Generationenverhältnisse 31, 36, 109, 111
Gerichtsherrschaft 7, 10, 12, 14 ff., 21, 23 ff., 105
Gesangbücher 78
Geschlechterverhältnisse 22, 27, 61, 64, 71 ff., 85, 96, 102, 104 ff., 107 ff., 115
Geschwister 35, 94, 96 f.
Gesinde 5, 8 ff., 42 f., 71, 73, 75, 88, 91, 94, 96 f., 99 f., 110

Register

Gesindezwangsdienste 7, 43
Gespannshilfen 41, 103
Getreidebau 7f., 10, 41f., 54f., 58, 64, 66, 73, 75, 82, 100
Großbauern 6, 9, 14f., 20, 40f., 61, 65ff., 69, 74, 85, 94, 102f.
Grundherrschaft, allgemein 6ff.
Grundherrschaft, bayerische 14
Grundherrschaft, mitteldeutsche 15
Grundherrschaft, nordwestdeutsche 3, 14
Grundherrschaft, südwestdeutsche 15
Grundherrschaft, westdeutsche 13
Gutsherrschaft; s. a. Fron, Eigenbetrieb, Teilbetrieb, Bauernlegen, Gesindezwangsdienste, Leibeigenschaft 3f., 6ff., 14, 16f., 20ff., 24, 26, 30, 33, 38, 43f., 49, 56, 65f., 72f., 85, 89, 104, 113, 115

Handelskapital 59f., 62ff.
Handwerk 42, 55ff., 64, 70, 82
„Haus" 33, 42, 52, 59, 63, 75, 87ff., 102, 107, 109f.
Hausarbeit 72, 75f.
Haushaltsforschung 36, 90, 92, 98ff., 112
Haushaltszyklus 34, 42, 91f.
Hausväterliteratur 72, 88f.
Hebamme 106
Heilkräuter 108
Heirat; s. a. Ehe 31, 34f., 40, 60, 94, 96, 98f., 109ff.
Heuerlinge; s. a. Inwohner 38, 58, 62
Hexen; s. a. Magie 78, 187ff., 112
Hofidee 33
Hugenotten 3
Hungerkrisen 6, 55, 61, 108

Individualisierung 61, 109, 112ff.
Industrialisierung 63f., 88
Inwohner (Häuslinge); s. a. Heuerlinge, Schichten, unterbäuerliche 22, 38, 41f., 44, 88, 91, 94, 96f., 99f.

Jagd 20
Josef II., Dt. Kaiser 49

Kalender 46, 78
Kameralismus 44
Kantonsreglement 5, 28
Kapitalismus 58f., 63, 65
Kaufsystem 62
Kinder 35f., 42, 61, 76, 88, 91, 95, 97
Kinderarbeit 60
Kindsmord 112
Kleinbauern 14, 20, 37, 42, 50, 55, 67, 74
Knabenschaften; s. a. peer groups 109ff.
Körper 76, 78
Kolonien 59
Konsumverhalten 40, 60, 66, 69, 74
Koppelwirtschaft 10, 48
Kredit 30, 68f., 94, 96
Kulturgeschichte 69, 76ff.

Landbesitz 8f., 16, 38f., 55
Landerwerb 33, 68f.
Landesordnungen; s. a. „Policey" 21, 80
Landschaften 78ff., 114f.
Landwirtschaft, moderne; s. a. Agrarrevolution, Agrarreformen 20, 38, 47
Lebenserwartung; s. a. Demographie, hist. 34, 90
Leibeigenschaft 3, 7f., 12, 15, 80
Lesegesellschaften 46
„life-course-concept" 96
Löhne 5, 43, 61, 94, 96
Lohn-Preis-Schere 5
Lohnarbeit 5, 10ff., 57ff., 69, 71, 85, 99f.

Magie; s.a. Hexen 78, 108
Manufakturen 16, 19, 63
Markt/Kommerzialisierung 9, 11, 16f., 40, 48, 56ff., 64ff., 72, 76, 85, 94, 96, 101, 103, 109, 112ff.
Mentalitäten 52f., 64, 68
Milchwirtschaft 65, 67, 72f., 75, 108f.
Militär 5, 18f., 80, 105
Mitgift 35, 94
Montangewerbe 63
„moral economy" 89, 93, 95f.

Moralgerichte 25, 30f., 110
„Nahrungsspielraum" 44, 55, 58, 60
Nationalsozialismus 79

Obstbau 57
Ochsenhandel 41, 48, 65
Öffentlichkeit(en) 106, 108
„Ökonomik" 88f.
Ökotypen, historische 99ff.
Orleans'scher Krieg 5

Pacht 7, 12f., 33
Pächter 41, 49, 66, 84
Patenschaft 96f.
Pauperisierung; s.a. Bettel 42, 56
peer groups; s.a. Knabenschaften, Spinnstuben 96, 98
Peuplierung 3, 26, 38, 41, 100
Pfarrer 30, 60f., 104
Pferdezucht 82
Physiokratie 19, 44, 49
Pietismus 46, 87
„Policey"; s.a. Landesordnungen 21, 27f.
Professionalisierung 72
Protoindustrialisierung/-industrie 13, 37, 41, 45, 58ff., 65, 74, 100f., 103, 112, 114

Rathaus 27
Realteilung 35f., 38, 56, 58, 65, 68, 74, 95, 98f.
Reinertrag 16
Repräsentation 81ff.
Rohertrag 16
Rügegerichte 23ff., 31

Salzburger Emigranten 3
Säuglingssterblichkeit; s.a. Demographie, historische 74
Schichten, unterbäuerliche; s.a. Inwohner, Heuerlinge 10ff., 37f., 41ff., 56, 85, 91
Schichtung, soziale 4, 17, 26, 28, 30f., 34, 36ff., 47f., 53, 55f., 61f., 65, 67, 73f., 84ff., 100, 102ff., 109f., 114
Schule(n) 18, 45
Schwäbischer Bund 81

Sense 58, 72
Sexualität 60, 111
„Sittenzucht"; s.a. Sozialdisziplinierung 31, 110
Soldatenhandel 59
Sozialdisziplinierung s.a. „Sittenzucht", Disziplinierung 29ff.
Spanischer Erbfolgekrieg 5
Spezialisierung 57, 65
Spinnstuben 109ff.
Stadt-Land-Beziehungen 6, 41, 65
Steuern 5, 11, 16, 18f., 27, 66, 79ff., 114
Subsistenz 14, 40, 55, 59, 64, 66ff., 74, 92ff.
Symbolik 74, 77, 87, 110

Teilbetrieb 8ff.
Territorien, kalvinistische 3, 30f., 110f.
Territorien, katholische 30, 104, 110f.
Territorien, lutherische 30f., 104, 111
Textilgewerbe 59
Tiroler 3

Ungleichzeitigkeit 116

Vereinödung 48
Verlagssystem 59f., 62ff.
Verschuldung; s.a. Kredit 4, 6
Verwandtschaft 35, 41, 68, 90, 92, 95ff., 101, 115f.
Viehwirtschaft 41f., 48, 54, 64, 72, 82, 99, 108
„voie paysanne" 114f.
Volkskunde 33, 51, 54, 71, 78f., 99, 109

Wahl/Abstimmung 22f., 28, 83f., 106
Waid (Färberpflanze) 65
Wald 19ff., 80, 105
Wallonen 2
Wanderarbeit 56ff., 60, 100
„Weiberrecht" 105, 107, 110
Weinbau 56f., 64, 100
Weistümer 21
Weltbilder 77f., 115

Weltmarkt 7, 10, 59, 66, 113f.
Widerstand, bäuerlicher 4, 10ff., 16f., 19, 23, 47, 49f., 80f., 86f., 103, 105, 110, 114f.
Widerstand, weiblicher 105
Wiederverheiratung; s. a. Heirat, Ehe 34f., 73, 92, 98
Wilhelm VIII., Landgraf von Hessen-Kassel 59

Wirtschaftsherrschaft; s. a. Grundherrschaft 15f.
Wirtshaus 26, 75, 103

Zehnt 13f., 16
Züchtigung, körperliche 7, 43, 93
Zugtierhaltung 9f.

Enzyklopädie deutscher Geschichte
Themen und Autoren

Mittelalter

Demographie des Mittelalters / Neithard Bulst — Gesellschaft
Agrarwirtschaft, Agrarverfassung und ländliche Gesellschaft im Mittelalter / Werner Rösener
Adel, Rittertum und Ministerialität im Mittelalter / Thomas Zotz
Die Stadt im Mittelalter / Franz Irsigler
Armut im Mittelalter / Otto Gerhard Oexle
Geschichte des Judentums im Mittelalter / Michael Toch

Wirtschaftlicher Wandel und Wirtschaftspolitik im Mittelalter / Ludolf Kuchenbuch — Wirtschaft

Die geistige Kultur bis zur Gründung der Universitäten in Deutschland / Johannes Fried — Kultur, Alltag, Mentalitäten
Die geistige Kultur im Mittelalter / N.N.
Die ritterlich-höfische Kultur des Mittelalters / Werner Paravicini
Die materielle Kultur des Mittelalters / Hartmut Boockmann

Die mittelalterliche Kirche / Michael Borgolte — Religion und Kirche
Religiöse Bewegungen im Mittelalter / Matthias Werner
Formen der Frömmigkeit im Mittelalter / Arnold Angenendt

Die Germanen / N.N. — Politik, Staat, Verfassung
Die Slawen in der deutschen Geschichte des Mittelalters / N.N.
Das römische Erbe und das Merowingerreich / Reinhold Kaiser
Das Karolingerreich / Peter Johanek
Die Entstehung des deutschen Reiches / Joachim Ehlers
Königtum und Königsherrschaft im 10. und 11. Jahrhundert / Egon Boshof
Der Investiturstreit / Wilfried Hartmann
König und Fürsten, Kaiser und Papst nach dem Wormser Konkordat / Bernhard Schimmelpfennig
Deutschland und seine Nachbarn 1200–1500 / Dieter Berg
Die kirchliche Krise des Spätmittelalters / Heribert Müller
König, Reich und Reichsreform im Spätmittelalter / Karl-Friedrich Krieger
Landesherrschaft, Territorien und Frühformen des modernen Staates / Ernst Schubert

Frühe Neuzeit

Demographie 1500–1800 / Christian Pfister — Gesellschaft
Bauern zwischen Bauernkrieg und Dreißigjährigem Krieg / André Holenstein
Bauern 1648–1806 / Werner Troßbach
Adel in der Frühen Neuzeit / Rudolf Endres

Der frühneuzeitliche Hof / Rainer A. Müller
Die Stadt in der Frühen Neuzeit / Heinz Schilling
Armut, Unterschichten, Randgruppen in der Frühen Neuzeit /
  Wolfgang von Hippel
Unruhen in der ständischen Gesellschaft 1300–1800 / Peter Blickle
Geschichte des Judentums vom 16. bis zum Ende des 18. Jahrhunderts /
  Stefi Jersch-Wenzel

Wirtschaft
Die deutsche Wirtschaft im 16. Jahrhundert / Franz Mathis
Die Entwicklung der Wirtschaft im Zeitalter des Merkantilismus 1620–1800 /
  Rainer Gömmel
Landwirtschaft in der Frühen Neuzeit / Walter Achilles
Gewerbe in der Frühen Neuzeit / Wilfried Reininghaus
Handel und Verkehr, Banken und Versicherungen in der Frühen Neuzeit /
  Wolfgang Behringer

Kultur, Alltag, Mentalitäten
Medien in der Frühen Neuzeit / Erdmann Weyrauch
Bildung und Wissenschaft in der Frühen Neuzeit 1650–1800 /
  Anton Schindling
Die Aufklärung / N.N.
Lebenswelt und Kultur des Bürgertums in der Frühen Neuzeit /
  Bernd Roeck
Lebenswelt und Kultur der unterbürgerlichen Schichten in der Frühen
  Neuzeit / Günther Lottes

Religion und Kirche
Die Reformation. Voraussetzungen und Durchsetzung / Bob Scribner
Konfessionalisierung im 16. Jahrhundert / Heinrich Richard Schmidt
Kirche, Staat und Gesellschaft im 17. und 18. Jahrhundert / N.N.
Religiöse Bewegungen in der Frühen Neuzeit / Hans-Jürgen Goertz

Politik, Staat, Verfassung
Das Reich in der Frühen Neuzeit / Helmut Neuhaus
Landesherrschaft, Territorien und Staat in der Frühen Neuzeit /
  Winfried Schulze
Die Entwicklung der landständischen Verfassung / Franz Quarthal
Vom aufgeklärten Reformstaat zum bürokratischen Staatsabsolutismus /
  Walter Demel

Staatensystem, internationale Beziehungen
Das Reich im Kampf um die Hegemonie in Europa 1521–1648 /
  Alfred Kohler
Altes Reich und europäische Staatenwelt 1648–1806 / Heinz Duchhardt

19. und 20. Jahrhundert

Gesellschaft
Demographie des 19. und 20. Jahrhunderts /
  A. Gräfin zu Castell Rüdenhausen
Geschichte des deutschen Adels im 19. und 20. Jahrhundert / H. Reif
Geschichte der Familie im 19. und 20. Jahrhundert / Andreas Gestrich
Urbanisierung im 19. und 20. Jahrhundert / Klaus Tenfelde
Soziale Schichtung, soziale Mobilität und sozialer Protest im 19. und
  20. Jahrhundert / Josef Mooser
Von der ständischen zur bürgerlichen Gesellschaft / Lothar Gall
Das Bürgertum im 19. und 20. Jahrhundert / Dieter Hein
Die Angestellten im 19. und 20. Jahrhundert / Günther Schulz
Die Arbeiterschaft im 19. und 20. Jahrhundert / Gerhard Schildt

Juden und jüdische Gemeinschaften in Deutschland 1780–1918 / Shulamit Volkov
Geschichte des deutschen Judentums 1914–1945 / Moshe Zimmermann
Vorgeschichte, Verlauf und Charakter der deutschen industriellen Revolution / Hans-Werner Hahn — Wirtschaft
Die Entwicklung der Wirtschaft im 20. Jahrhundert / Wilfried Feldenkirchen
Agrarwirtschaft und ländliche Gesellschaft im 19. Jahrhundert / Hartmut Harnisch
Gewerbe und Industrie im 19. und 20. Jahrhundert / Toni Pierenkemper
Handel und Verkehr im 19. Jahrhundert / Karl Heinrich Kaufhold
Handel und Verkehr im 20. Jahrhundert / Horst A. Wessel
Banken und Versicherungen im 19. und 20. Jahrhundert / Eckhard Wandel
Staat und Wirtschaft im 19. Jahrhundert (bis 1914) / Rudolf Boch
Staat und Wirtschaft im 20. Jahrhundert / Gerold Ambrosius

Kultur, Bildung und Wissenschaft im 19. Jahrhundert / Rüdiger vom Bruch — Kultur, Alltag, Mentalitäten
Kultur, Bildung und Wissenschaft im 20. Jahrhundert / Horst Möller
Lebenswelt und Kultur des Bürgertums im 19. und 20. Jahrhundert / Dieter Langewiesche
Lebenswelt und Kultur der unterbürgerlichen Schichten im 19. und 20. Jahrhundert / Wolfgang Kaschuba

Formen der Frömmigkeit in einer säkularisierten Gesellschaft / Werner K. Blessing — Religion und Kirche
Kirche, Politik und Gesellschaft im 19. und 20. Jahrhundert / Gerhard Besier

Der Deutsche Bund und das politische System der Restauration 1815–1866 / Wolfram Siemann — Politik, Staat, Verfassung
Verfassungsstaat und Nationsbildung 1815–1871 / Elisabeth Fehrenbach
Die innere Entwicklung des Kaiserreichs / Hans-Peter Ullmann
Die innere Entwicklung der Weimarer Republik / Peter Steinbach
Das nationalsozialistische Herrschaftssystem / Ulrich v. Hehl
Die Bundesrepublik. Verfassung, Parlament und Parteien / Adolf M. Birke
Die Innenpolitik der Deutschen Demokratischen Republik / Günther Heydemann

Die deutsche Frage und das europäische Staatensystem 1815–1871 / Anselm Doering-Manteuffel — Staatensystem, internationale Beziehungen
Deutsche Außenpolitik 1871–1918 / Klaus Hildebrand
Die Außenpolitik der Weimarer Republik / Franz Knipping
Die Außenpolitik des Dritten Reiches / Marie-Luise Recker
Die Außenpolitik der Bundesrepublik Deutschland / Gregor Schöllgen
Die Außenpolitik der Deutschen Demokratischen Republik / Alexander Fischer

(Stand: Dezember 1992)

www.ingramcontent.com/pod-product-compliance
Lightning Source LLC
Chambersburg PA
CBHW032005220426
43664CB00005B/144